科系列教材

学前教育综合技能实训

主　编　王艳桃　史志谨

副主编　柳　妍　雷露深

参　编　李雨琪　张　梓　张偌菡　王柏然

主　审　刘淑颖

西安电子科技大学出版社

内 容 简 介

本书围绕学前教育综合技能实训展开，内容主要分为四个模块，即幼儿园教育活动设计实训、幼儿教师基本技能实训、幼儿教师学科技能实训、幼儿园保教活动分析与幼儿教师素养综合测评实训。本书将幼儿教师必备的弹、唱、跳、画等技能作为重点内容，同时又将教育活动设计、普通话、礼仪等纳入其中，较为科学、全面地呈现了幼儿教师在教育实践中应掌握的教学技能。

本书可作为普通高等师范院校学前教育专业的教材，也可作为幼儿园教师的培训用书。

图书在版编目(CIP)数据

学前教育综合技能实训 / 王艳桃，史志谨主编. —西安：西安电子科技大学出版社，2021.8
(2024.8 重印)
ISBN 978-7-5606-6146-9

Ⅰ. ①学…　Ⅱ. ①王…　②史…　Ⅲ. ①学前教育—师资培训—教材　Ⅳ. ① G61

中国版本图书馆 CIP 数据核字(2021)第 151313 号

策　　划　戚文艳
责任编辑　戚文艳
出版发行　西安电子科技大学出版社(西安市太白南路 2 号)
电　　话　(029)88202421　88201467　　　邮　　编　710071
网　　址　www.xduph.com　　　电子邮箱　xdupfxb001@163.com
经　　销　新华书店
印刷单位　西安日报社印务中心
版　　次　2021 年 8 月第 1 版　2024 年 8 月第 2 次印刷
开　　本　787 毫米×1092 毫米　1/16　印张 19
字　　数　446 千字
定　　价　47.00 元
ISBN 978-7-5606-6146-9

XDUP 6448001-2

***如有印装问题可调换

高等学校应用型本科系列教材
编审专家委员会名单

前　　言

学前教育是国民教育体系的重要组成部分，是终身教育的开端。本科学前教育专业担负着幼儿园教师职前培养和促进教师专业成长的双重任务，在教育体系中具有职业性、专业性、基础性和全民性的特点。

幼儿园教师的职业技能是在教育教学实践中运用专业知识和经验，通过训练形成的能够顺利完成教育教学任务的动作方式和智力活动方式。幼儿园教师职业技能的内容是以学前教育学、学前心理学、学前卫生学等为理论支撑，根据幼儿园教师的劳动特点和教学技能形成的规律而确定的。随着《幼儿园教师专业标准(试行)》的颁布，关于幼儿园教师专业化的研究与实践日趋深入，幼儿园教师教育技能及训练呈现出更为广阔的研究空间，并被赋予明确的专业精神、全新的专业理论和丰富的教育实践内涵。

学前教育专业具有较强的实践性，合理安排实践教学是培养幼儿园教师的重要环节，是理论联系实际的有效形式，是培养学生动手操作能力的有效措施，也体现融教、学、做于一体的职业教育的特点。为了更好地落实实践教学，使各门课程的实践实训有章可循，进一步提升学前教育专业学生的岗位职业能力，编者结合《幼儿园教师专业标准(试行)》和《学前教育专业人才培养方案》的内容要求，编写了本书。

本书深入贯彻《国家中长期教育改革和发展规划纲要(2010—2020 年)》的精神，以《教师教育课程标准(试行)》和《幼儿园教师专业标准(试行)》为依据，始终贯彻“以学生为主体，以教师为主导”的现代职业教育理念，根据幼儿园教师的岗位特点和教师职业技能形成的规律，设计了幼儿园教育活动设计实训、幼儿教师基本技能实训、幼儿教师学科技能实训、幼儿园保教活动分析与幼儿教师素养综合测评实训等内容，突出模块化，以技能训练为目标，以实践应用为落脚点，旨在全面提升学前教育专业学生的岗位职业能力。

学前教育专业的学生通过系统的实践训练，能够具有较高的职业道德水平，能够较好地掌握教育教学、艺术创作和语言表达等方面的职业能力，从而顺利进入幼儿园一线实习就业，做到从学校到用人单位的“零适应期”。

本书由西安科技大学高新学院国际教育与人文学院王艳桃老师、学前教育专业带头人史志谨教授主编，刘淑颖教授主审。王艳桃负责本书的统稿、定稿工作。学前教育教学科研团队的柳妍、雷露深、李雨琪、张梓、张偌菡、王柏然参与了本书的编写工作。本书得到了学校领导的鼎力支持以及教务处领导的大力协助，业内的许多专家也对本书提出了宝贵的意见，在这里一并表示感谢。

本书在编写过程中参考了国内外相关研究成果，在此，谨向有关专家和学者表示诚挚的谢意。

由于编者学识水平和能力有限，书中难免有不妥之处，敬请专家、同行及广大读者不吝赐教，予以指正。

编者

2021年5月

目　录

第一模块

幼儿园教育活动设计实训

第一部分 教案活动设计

实训1 幼儿园健康教育活动设计

实训目标

(1) 掌握幼儿园身心保健教育活动的方法。

(2) 能够科学设计并组织幼儿园体育活动。

实训内容

一、幼儿园健康教育的总目标

(1) 身体健康，在集体生活中情绪安定、愉快。

(2) 生活、卫生习惯良好，有基本的生活自理能力。

(3) 知道必要的安全保健常识，学习保护自己。

(4) 喜欢参加体育活动，动作协调、灵活。

二、幼儿园健康教育活动内容

1. 身心保健活动的主要内容

(1) 生活习惯和能力：盥洗的有关知识、方法和技能，穿脱衣服的有关知识和技能，保持个人和周围环境卫生的有关知识、技能及情感态度，生活作息的有关知识和习惯，学习习惯，饮食卫生习惯，坐、行、站、立的正确姿势，等等。

(2) 饮食与营养：饮食的有关知识和技能，常见食物的名称及营养知识，营养与健康的关系，膳食平衡的简单知识，等等。

(3) 人体认识与保护：身体的主要器官及其主要功能，保护器官的基本知识和技能，预防接种的有关知识和态度，常见疾病的预防知识和治疗，常见外伤的简单处理知识和方法，预防龋齿及换牙的有关知识，心理健康的有关知识，等等。

(4) 保护自身安全：生活安全常识，活动安全常识，药物安全常识，应对和处理意外事故的简单知识与技能，自我保护能力，等等。

2. 身体锻炼活动的主要内容

(1) 身体活动的知识和技能：走、跑、跳、投掷、平衡、钻爬、攀登等基本动作及有关知识，体育运动的有关知识与技能，等等。

(2) 身体素质练习：平衡、协调、灵敏、柔韧、力量、速度等身体机能练习的有关知识和技能等。

(3) 基本体操和队列队形练习：模仿操、徒手体操、轻器械体操，口令、信号与动作，列队、变化队形，等等。

三、幼儿园健康教育活动设计方法

(1) 讲解示范法：讲解——教师用语言指导幼儿理解和掌握活动的名称及练习内容；示范——教师以个体的动作为范例，使幼儿看到所要练习和掌握的动作或技能的具体形象、结构和完成的先后顺序。如：教师教幼儿，“今天我们来学一个新本领，叫侧面钻。”教师先正面站立，再转身下蹲、伸腿、双手撑地、移动身体，最后起立转身(教师边示范动作边讲解)。

(2) 练习法：教师讲解示范后，在幼儿初步建立与活动有关的表象和概念的基础上，幼儿在教师的指导下进行各种身体练习，以实现体育活动目标的一种方法。如：过河练习时，教师要及时纠正幼儿的错误，认真分析错误发生的原因。教师示范：刚才有许多小朋友在练习时，头碰到了绳子，我们怎么样才能不让头碰到绳子呢？对了!钻的时候我们要低头过去就不会碰到绳子了。

(3) 语言提示和具体帮助法：语言提示指在幼儿进行身体动作练习时，教师用简短明确的语言，提示或指导幼儿正确完成动作；具体帮助指直接帮助幼儿改正动作。如：教师在指导幼儿排队走步时说“抬头、挺胸、迈大步”。

(4) 游戏法：游戏活动是孩子最重要的学习形式，以有情节的体育活动性游戏作为主要内容。在活动的开始或结束部分，幼儿进行各种模仿性的练习。教师可用游戏的口吻或利用头饰、玩具吸引幼儿，也可增加竞赛性的游戏，并给幼儿自由活动的空间，让幼儿创新玩法。如：运动员大夺金游戏，先让幼儿跨过跳栏，走过平衡木，再搭椅子摘取金牌(教师播放运动员进行曲)。

四、案例分析

案例一 小班健康教育活动——我会自己穿脱衣服

❖ 设计意图

小班幼儿生活自理能力较弱，对成人有着很强的依赖性，他们希望得到成人的帮助，甚至希望由成人代替来完成生活中的事情。同时，受传统观念的影响，许多家长只关心孩子的智力开发，忽视了对孩子生活自理能力的培养，在生活中给予过多的照顾，致使孩子生活自理能力低下，依赖性强。《幼儿园教育指导纲要(试行)》健康领域目标指出：“要培养小班幼儿良好的生活、卫生习惯，提高其基本的生活自理能力。”而本活动旨在让幼儿体验自己穿脱衣服的快乐，学习按照合理的顺序穿脱衣服，从而逐步培养幼儿良好的生活自理能力，保障幼儿的身体健康。

❖ 活动目标

(1) 体验自己穿脱衣服的快乐。

(2) 学习正确穿脱衣服的顺序。

❖ 活动准备

(1) 经验准备：幼儿已有穿脱衣服的经验。

(2) 材料准备：教师自编故事《穿穿脱脱》，自编儿歌《穿穿脱脱》，小兔子毛绒玩具1个，游戏提示卡2张(一张提示卡的画面是一个准备脱衣服睡觉的小朋友；另一张提示卡的画面是一个准备起床穿衣服的小朋友)。

❖ 活动重点

学习正确穿脱衣服的顺序。

❖ 活动过程

1. 讲述故事《穿穿脱脱》的前两段内容，引导幼儿了解脱衣服的顺序

(1) 教师操作小兔子毛绒玩具，讲述故事《穿穿脱脱》的前两段内容。

师：请小朋友们听听故事里的小动物们是按照怎样的顺序脱衣服的。

(2) 根据故事内容，教师引导幼儿了解脱衣服的顺序。

师：大象老师为什么要奖励给小动物每人一个小贴画？正确的脱衣服顺序是怎样的呢？

(3) 小结：脱衣服时，要先脱袜子，再脱裤子，最后脱上衣。有顺序地脱衣服可以保护好小动物的身体，避免着凉。

2. 结合生活经验，引导幼儿猜一猜小动物是怎样有顺序地穿衣服的

师：小动物知道有顺序地脱衣服可以不生病。小朋友们猜一猜，小动物又是怎样有顺序地穿衣服，保护好自己的身体的呢？(幼儿自由表达自己的观点)

3. 讲述故事《穿穿脱脱》的后两段内容，引导幼儿了解穿衣服的顺序

(1) 教师操作小兔子毛绒玩具，讲述故事《穿穿脱脱》的后两段内容。

师：请小朋友们听听故事里的小动物们是按照怎样的顺序穿衣服的。

(2) 根据故事内容，引导幼儿了解穿衣服的顺序。

师：大象老师奖励给哪个小动物一个大大的拥抱呢？正确的穿衣服顺序是怎样的呢？

(3) 小结：穿衣服时，先穿上衣，再穿裤子，最后穿袜子。有顺序地穿衣服可以保护好小动物的身体，避免着凉。

4. 看图片做动作，引导幼儿体验按顺序穿脱衣服的快乐

(1) 教师分别出示两张游戏提示卡，帮助幼儿理解其表示的内容。

(2) 教师介绍游戏的玩法：游戏开始前，教师(或一名幼儿)将两张提示卡的画面朝下。当教师(或一名幼儿)宣布游戏开始后，教师(或一名幼儿)迅速翻开其中一张提示卡，参加游戏的幼儿根据游戏提示卡的内容，按正确的顺序穿衣服(或脱衣服)。

(3) 游戏过程中，教师和幼儿边朗诵儿歌《穿穿脱脱》边做动作。

① 当游戏提示卡的内容是准备穿衣服起床的小朋友时，教师可引领幼儿边朗诵儿歌《穿穿脱脱》中关于穿衣服的内容边做动作。

② 当游戏提示卡的内容是准备脱衣服睡觉的小朋友时，教师可引领幼儿边朗诵儿歌《穿穿脱脱》中关于脱衣服的内容边做动作。

③ 建议：幼儿在做动作时，教师要注意观察幼儿穿脱衣服的动作顺序，及时肯定按顺序做穿脱衣服动作的幼儿。如果幼儿没能按顺序做穿脱衣服的动作，配班教师要及时进行个别指导。

5. 活动延伸

(1) 在午睡环节，可鼓励幼儿迁移故事中习得的经验，像小动物们一样能有顺序地穿脱衣服，保护自己的身体健康。

(2) 有针对性地提供娃娃或者小动物玩偶，引导幼儿给娃娃或者小动物有顺序地穿脱衣服。

(3) 在睡眠室的墙面上粘贴小朋友穿脱衣服的顺序图，提示小朋友按照正确的顺序穿脱衣服。

(4) 在“家长园地”中将儿歌《穿穿脱脱》的内容和家长分享，鼓励家长在家庭中和幼儿边说儿歌边玩“穿穿脱脱”的游戏，帮助幼儿掌握正确的穿脱衣服的顺序，提高幼儿按顺序穿脱衣服的速度。

附：故事

穿穿脱脱

动物幼儿园里，小动物们吃过午饭准备脱衣服睡午觉。大象老师说：“孩子们，你们在幼儿园学到了很多本领，今天来试试自己脱衣服，不用老师帮忙好不好？”小动物们都说好。

小兔子三下两下就把上衣脱完，再脱掉袜子和裤子，举起手大声说：“大象老师，我是第一名！”小猫和小兔不一样，小猫先脱掉袜子，然后脱裤子，最后才脱上衣。大象老师先称赞了所有小动物都能自己脱衣服，奖励给他们每人一个小贴画，然后微笑着问小猫：“你为什么要先脱袜子再脱裤子，最后才脱上衣呢？”小猫骄傲地说：“因为最后脱上衣就没那么容易着凉了！”大象老师在小猫的脸上亲了亲，说：“你真会照顾自己！”小兔和小熊也向小猫竖起了大拇指。小猫高兴地笑了。

小动物们从美美的午觉中醒来啦！大象老师说：“我们怎样穿衣服，才能不着凉呢？”小兔说：“先穿上衣，就能让身体暖和。”小兔想了想又说：“不对，不对，我们先穿裤子，就能让两条腿暖和。”小猫喵喵地叫着，不慌不忙地说：“先穿上衣，然后去卫生间小便，最后再穿裤子、袜子，这样又暖和又方便。”

大象老师眯眯地笑着，给了一个小动物一个大大的拥抱。请小朋友们说说这个拥抱给了哪个小动物？为什么？

附：儿歌

穿穿脱脱

铃铃铃铃，时间到，宝宝脱衣要睡觉。
先来脱掉小袜子，再来脱掉小裤子。
最后脱掉小上衣，呼呼呼呼睡大觉。
铃铃铃铃，时间到，宝宝起床把衣穿。
先来穿上小上衣，再来穿上小裤子。
最后穿上袜两只，暖暖和和身体棒。

❖ 专家评析

整个活动动静交替，由浅入深，教师引导幼儿积极主动参与。本活动目标及内容符合小班幼儿现有发展需要。在活动过程中，绝大多数幼儿表现出积极参与的学习状态。教师通过讲述故事和游戏体验的方式展开环节，绝大多数幼儿都能掌握穿脱衣服的正确顺序。本活动利用故事、儿歌、游戏等多种形式，变抽象的说教内容为形象的，可被幼儿模仿、感受、体验的内容，激发了小班幼儿参与活动的积极性。通过多个途径引领、鼓励幼儿主动参与活动的过程。在本节活动的设计中，教师并未直接将正确的穿脱衣服顺序教给幼儿，而是在“猜一猜”“听一听”“试一试”的环节中，鼓励幼儿主动参与活动过程。但是依据小班幼儿的认知特点，故事《穿穿脱脱》的内容中，应让不同的小动物多次重复正确脱衣服的顺序，借以加深幼儿对“正确脱衣服顺序”的理解。

案例二　中班健康教育活动——乖宝宝

❖ 设计意图

日常生活中，大多数幼儿午睡起床后，不去叠被子、整理床铺。而《幼儿园教育指导纲要(试行)》指出：“避免过度保护和包办代替，鼓励并指导幼儿自理、自立的尝试。”“乖宝宝”活动旨在让幼儿学会自己叠被子和整理床铺，养成自己的事情自己做、不会的事情学着做的习惯，提高生活自理能力。

❖ 活动目标

(1) 体验自己的事情自己做的乐趣。
(2) 学习叠被子、整理床铺。

❖ 活动准备

(1) 材料准备：幼儿午睡时和起床时的两段录像；笑脸花贴画若干，儿歌《起床歌》。
(2) 人员准备：提前请配班教师和两名大班幼儿排练好情景剧《小花熊和小黑熊》。

❖ 活动重点

锻炼幼儿自己叠被子、整理床铺。

❖ 活动过程

1. 观看录像一

(录像内容：大部分幼儿在安静午睡，个别幼儿在床上玩，没有睡觉)

师：请小朋友说一说他们在做什么呀？为什么要午睡？

小结：良好的午睡有利于身体健康。

2. 观看情景剧《小花熊和小黑熊》

(1) 电话铃响，教师接电话后告诉幼儿："熊妈妈打来电话，邀请我们班的小朋友去看她的孩子小花熊和小黑熊是怎样起床的。我们一起去看看，好吗？"

(2) 幼儿观看情景剧。

师：熊妈妈家有哪两个宝宝？你喜欢哪只小熊？为什么喜欢他？你们喜欢小黑熊吗？告诉小黑熊，怎么做你们就喜欢他了？

小结：小花熊真能干，睡觉前会把自己的衣服叠整齐，起床后会自己穿衣服、叠被子、整理床铺。小花熊能够做到自己的事情自己做，我们奖给他一朵笑脸花。

(3) 师：小黑熊不自己叠被子是因为担心叠不好，我们应该怎样去鼓励他？(引导幼儿以鼓励的口吻激发小黑熊的自信心)

(4) 表演儿歌《起床歌》。

师：我们一起把我们学过的《起床歌》教给小黑熊吧！

3. 观看录像二

(录像内容：幼儿起床后，只有个别幼儿叠被子、整理床铺，其他幼儿没有叠被子就直接走出睡眠室)

(1) 师：小朋友都看到自己了吗？你起床后是谁帮你叠被子、整理床铺的？

(2) 师：你还看到了谁？他是怎样起床的？

(3) 小结：很多小朋友和小花熊一样能干，在幼儿园会自己叠被子、整理床铺，还有一些小朋友需要老师帮忙才能叠好被子、整理好床铺。

4. 叠被子比赛

(1) 师：我们来进行一场叠被子比赛，好吗？老师这儿还有许多笑脸花，如果你们有进步，笑脸花就会跟你交朋友。

(2) 有目的地挑选依赖性强的幼儿参加比赛。

(3) 小结：看到小朋友的进步，笑脸花很高兴，也希望你们以后在家和在园里一个样，坚持自己的事情自己做，笑脸花会继续跟你做朋友。

5. 活动延伸

(1) 设计"乖宝宝"记录表，记录幼儿自己午睡、叠被子、整理床铺的情况，每周一次小结评比，对做得好的幼儿进行奖励。

(2) 家园共育：把“乖宝宝”记录表贴在“家园宣传栏”中，让家长和幼儿都能看到记录的情况，并请家长引导幼儿在家也要做到自己的事情自己做，不会的事情学着做。

(3) 在日常游戏中，鼓励幼儿将自己的物品收放整齐，养成良好的习惯。

附：情景剧

小花熊和小黑熊

(布景：小花熊的衣服整整齐齐地放在椅子上，小黑熊的衣服乱乱地放在地上、椅子上)

熊妈妈(配班教师扮演)：小花熊，小黑熊，起床喽!(说完，熊妈妈去厨房做饭)

小花熊(一名大班幼儿扮演)：唉，起床了。(说着从床上坐起来，熟练地穿衣、穿裤、系鞋带、叠被子、整理床铺；而小黑熊仍缩在被窝里睡觉，不理妈妈)

熊妈妈(又喊)：小黑熊，起床喽!

小黑熊(另一名大班幼儿扮演)：不，我不会穿衣服。

熊妈妈：你看，小花熊自己穿衣服，真是个好孩子!你也自己学着穿吧，不会的地方妈妈来教你，好孩子要自己穿。

小黑熊(撒娇)：我不，我怕穿不好，我还怕烦，我要妈妈给我穿，我要妈妈叠被子、整理床铺。

熊妈妈：真没办法。(说着帮小黑熊穿起衣裤来)

小花熊：妈妈，我穿好了，我自己洗脸去。(小花熊下场)

熊妈妈：好孩子，去吧。(小黑熊也穿好衣服，下场)

附：儿歌

起床歌

小朋友，起床啦，
穿好衣，叠好被，
整理床铺我都会，
大家都夸我不累!

❖ 专家评析

学习叠被子和整理床铺是培养中班幼儿自理能力的内容之一。教师能利用教育活动的形式，帮助幼儿学习这项生活技能，不仅培养了幼儿自我服务的意识和能力，而且使幼儿懂得自己的事情自己做是快乐的。教学活动内容来源于幼儿的生活，符合幼儿的发展需要，制定的目标也比较适宜中班幼儿的接受能力。在教学活动中，教师运用了以下策略：第一，录制了本班幼儿在午睡起床环节中的问题，引发幼儿对叠被子、整理床铺等问题的讨论。第二，通过情景表演的方式引发幼儿的思考。这样的学习方式，符合中班幼儿的学习特点，幼儿参与性比较强。最后，运用儿歌总结提炼，帮助幼儿记住午睡起床后要做的事情。朗朗上口的儿歌让幼儿边说边做，幼儿非常感兴趣。

案例三　大班健康活动——我爱洗香香

❖ 设计意图

幼儿园大班的孩子已经初步具备了独立洗澡的能力，但是很多家长不愿意让孩子自己洗澡。究其原因，一是怕孩子自己洗不干净；二是怕孩子独自洗澡时存在安全隐患。结果，导致幼儿过于依赖家长，不愿意自己动手洗澡。此外，也有一些幼儿不知道洗澡的正确方法和应当注意的问题。“我爱洗香香”活动可以培养幼儿独立洗澡的能力，帮助幼儿掌握浴室内的安全常识。

❖ 活动目标

(1) 学会独立洗澡，养成讲卫生的习惯。

(2) 掌握浴室内的安全常识，提高自我保护能力。

❖ 活动准备

玩具熊 1 个，洗浴用品图片，《我爱洗澡》的乐曲，洗澡时表现出不适宜行为的 PPT。

❖ 活动重点

学会独立洗澡，掌握浴室内的安全常识。

❖ 活动过程

1. 情景导入，激起兴趣

(1) 教师出示玩具熊，说：今天妈妈不在家，乖乖熊和小伙伴玩的时候弄了一身泥，他该怎么办呢？不洗行不行？为什么？(鼓励幼儿思考后回答)

(2) 提问：你在家经常洗澡吗？洗澡的时候是爸爸妈妈帮助你洗还是自己洗?

小结：小朋友要做讲卫生的好孩子，自己的事情自己做。

2. 回忆叙述，梳理洗澡过程

师：请小朋友们回忆一下，我们在洗澡之前都要准备什么？(“毛巾、洗发液、香皂、沐浴液、换洗衣物等”)洗澡时都洗了哪里？(“面部、头发、耳后、颈部、上肢、腋下、躯干、腰部、屁股、下肢等”)是怎样洗的？(随着幼儿的叙述，教师展示图片)

小结：洗澡之前要准备充分，洗澡时要先把身体淋湿，抹上洗发液或沐浴液揉搓，再用清水冲干净

3. 动脑筋想办法，安全洗澡

(1) 师：洗澡的东西都准备好啦!可是，乖乖熊还是不敢去洗澡，你知道为什么吗?(幼儿自由回答)

(2) 播放 PPT，提问：洗澡时是先放冷水还是先放热水？洗发液进了眼睛里该怎么办？能一边洗澡一边跳舞吗？小朋友可以用爸爸的剃须刀和妈妈的洗发香波吗？洗完澡用电

吹风吹干头发时，要注意什么呢？(幼儿讨论回答，教师予以补充)

小结：洗澡前，浴室中要铺好防滑地垫；洗澡时，先放冷水，再放热水，水温不冷不热时再洗；洗发液进眼睛后要及时用流水冲洗；小朋友不可以用爸爸妈妈的洗浴用品，等等。

4. 跳《我爱洗澡》舞

放音乐，请幼儿和乖乖熊一起跳《我爱洗澡》舞。

❖ 活动延伸

在角色区有意识地引导幼儿给娃娃洗澡，鼓励幼儿回家后尝试自己洗澡。

❖ 专家评析

我国著名教育家陈鹤琴先生说过："凡是幼儿能自己做的，应该让他们独立去做！幼儿习惯养得不好，终身受其累。"可见，从小培养幼儿的生活自理能力及卫生习惯对幼儿的发展具有重要意义。为了培养幼儿的自理能力，成人要让幼儿自己动手去做自己的事情。本次活动以乖乖熊的故事为线索，从洗澡的顺序到洗澡需要注意的安全问题，逐一梳理幼儿已有的经验，鼓励幼儿自己洗澡。活动内容符合大班幼儿的实际情况、年龄特点和认知水平，有助于幼儿生活自理能力的培养和提升。

注意事项

(1) 活动目标要符合健康教育的年龄段目标。
(2) 活动过程要引导幼儿看一看、做一做、说一说、想一想等。
(3) 教授新技能时，要有必要的讲解示范，可采用幼儿示范或者教师示范的方式。

实训2 幼儿园语言教育活动设计

实训目标

(1) 明确幼儿园语言教育的目标和内容。
(2) 掌握幼儿园语言教育活动的方法。

实训内容

一、幼儿园语言教育总目标

(1) 乐意与人交谈，讲话有礼貌。
(2) 注意倾听对方讲话，能理解日常用语。
(3) 能清楚地说出自己想说的事。
(4) 喜欢听故事，看图书。
(5) 能听懂和会说普通话。

二、幼儿园语言教育活动的内容

(1) 谈话活动：指培养幼儿在一定范围内运用语言与他人进行交流的语言教育活动。

(2) 讲述活动：指运用完整的句子、连贯的语言，围绕一个主题描述事物，表达思想的语言教育活动。讲述时所运用的独白语言，是比谈话更为复杂的口语表达形式。

(3) 早期阅读：指以阅读简单的文字、图画等为基本内容而设计的，有目的、有计划地培养幼儿学习书面语言的教育活动。

(4) 文学活动：指以幼儿文学作品为基本教育内容而设计组织的语言教育活动。它从一个具体的文学作品入手，围绕作品展开一系列相关的活动，帮助幼儿理解文学作品中的艺术语言。

三、幼儿园语言教育活动的方法

(1) 示范模仿法：指有目的地以教师的示范技能作为有效的刺激，以引起幼儿相应的行动，使他们通过有成效地模仿掌握必要的技能的一种学习方法。示范模仿是一种基本学习方法，比较适合学习技能的初期。

(2) 视听讲做结合法："视"是指教师提供具体形象的讲述对象，让幼儿充分地观察；"听"是指教师通过语言描述、启发、引导、暗示、示范等，让幼儿充分地感知与领会；"讲"是指幼儿在感知理解的基础上，充分地表述个人的认识；"做"是指教师给幼儿提供一定的想象空间，通过幼儿的参与或独立的操作活动，帮助幼儿充分构思，从而组织起更加丰富、连贯、完整、富有创造性的语言进行表述。视听讲做结合法的四个方面必须有机地结合，"视""听""做"都是为"讲"服务的，"讲"的过程可促使幼儿语言能力的发展。

(3) 游戏法：也称为体育游戏法，是由基础运动动作组成的一种具有情节的体育手段。游戏是一项古老的、至今仍充满活力的活动。运动游戏具有基础性、简易性、情节性、趣味性、教育性、适应性、开放性、娱乐性等特点。孩子在幼儿园接受的体育教育也恰恰正是这种运动游戏，它可以使幼、小体育教育自然过渡，使幼儿能很快适应小学的体育教学。虽然幼儿园体育教学以游戏为主，但是游戏目的应明确——把幼儿的课程常规培养好，因此游戏的设计要有很强的针对性。

(4) 表演法：指在教师的指导下，幼儿学习表演文学作品，以提高口语表现力的一种方法。

四、文学活动设计的基本过程

(1) 创设情境，引出文学作品。通过直观教具导入、猜谜导入、提问导入等方法，引起幼儿的兴趣。

(2) 初步感知作品内容。在引起幼儿的兴趣后，教师辅以适当的直观教具，用生动有感情的语言完整讲述作品内容，让幼儿对内容有基本的了解。

(3) 理解作品内容。通过挂图、教具、故事表演，以提问的方式帮助幼儿理解作品内容。提问内容：人物、情节、重要对话等。

(4) 围绕作品开展相关语言活动。

① 将幼儿的直接经验与文学作品相关联，加深幼儿的情感体验。

② 复述故事、续编故事、创编故事。

③ 表演游戏。

五、案例分析

案例一 小班语言教育活动——懒惰虫和勤快人(儿歌)

❖ 设计意图

《懒惰虫和勤快人》这首儿歌结构简单、语句简短、诙谐幽默，念起来朗朗上口，适合小班幼儿学习，能让幼儿在自然、有趣的情境中，通过感受和体验，享受朗读的乐趣。活动中，教师运用生动有趣的方式，创设了一个宽松、自由的语言环境，支持、吸引幼儿愉快地投入活动，让幼儿充分感受儿歌的韵律和趣味，并鼓励每个幼儿在活动中大胆地表达自己的看法，激发幼儿的表达欲望。

❖ 活动目标

(1) 感受儿歌中幽默诙谐的语句，能积极、愉快地参与活动。

(2) 能大胆地表达自己的想法，形象地进行表演。

(3) 在游戏与讨论中明白要做个勤快人的道理。

❖ 活动准备

小鸡、小鸭布偶各一个；提前邀请大班的幼儿扮演懒惰虫。

❖ 活动重点

通过语言活动训练，幼儿可以形象生动地进行表演。

❖ 活动过程

1. 观察木偶，了解懒惰虫的形象

教师出示小鸡、小鸭的布偶，引导幼儿观察。

指导语：你是小小鸡，你是小小鸡，你唱歌叽叽叽。你是小小鸭，你是小小鸭，你唱歌嘎嘎嘎。还有一只小动物在睡懒觉，你们猜猜是谁呀？(幼儿讨论，自由发言)

2. 熟悉、了解儿歌的前半部分(即前两句)

(1) 大班幼儿表演懒惰虫，教师与幼儿一起叫懒惰虫起床。

师：懒惰虫，懒惰虫，起床了！

大班幼儿(懒惰虫)：不行，不行，我的手也痛。

教师和幼儿：懒惰虫，懒惰虫，起床了！

大班幼儿(懒惰虫)：不行，不行，我的脚也痛。

教师和幼儿：懒惰虫，懒惰虫，起床了！

大班幼儿(懒惰虫)：不行，不行，我的全身都在痛。

(2) 教师有节奏地朗读儿歌的前半部分。

指导语：为什么懒惰虫的全身都在痛？

(3) 教师与幼儿一起有节奏地朗读儿歌的前半部分。

3. 玩“你是懒惰虫”的游戏

教师随意地指着某一个幼儿，说：“你是懒惰虫，你是懒惰虫。”这名幼儿要迅速站起来，大声说：“我不是懒惰虫。”

4. 熟悉、了解儿歌的后半部分(即后两句)

指导语：我们都不是懒惰虫，平时我们都会做一些什么事情？

(1) 教师有节奏地朗读儿歌的后半部分。

(2) 教师与幼儿一起有节奏地朗读儿歌的后半部分。

5. 教师幼儿共同表演儿歌

教师幼儿共同表演以下儿歌。

附：儿歌

懒惰虫和勤快人

你是懒惰虫，你是懒惰虫，你呆着不想动。
你的手也痛，你的脚也痛，你的全身都在痛。
我是勤快人，我是勤快人，我全身都不痛。
我的手不痛，我的脚不痛，我天天在劳动。

6. 活动延伸

教师和幼儿根据儿歌《懒惰虫和勤快人》创编绘画作品。

❖ 专家评析

《懒惰虫和勤快人》是一首非常有韵律、朗朗上口的儿歌。因为韵律让儿歌变得很有趣味，所以非常适合小班幼儿学习。活动一开始，教师用手偶吸引了幼儿的注意。活动中，情境的表演很好地调动了幼儿学习儿歌的积极性，而情境中的学习充满游戏性，符合小班幼儿的心理特点。之后，教师适时地帮助幼儿梳理了儿歌中较难记忆的部分。之后的师幼共同表演儿歌，一方面降低了表演难度，另一方面可以有目的地解决幼儿存在的困难，也进一步激发了幼儿参与活动的兴趣。

案例二　中班语言教育活动——小老鼠的魔棒(故事)

❖ 设计意图

变魔术是中班幼儿喜闻乐见的游戏，他们对有魔力的东西充满向往。故事《小老鼠的魔棒》讲述了一只小老鼠有根神奇的魔棒，小老鼠将魔棒指向某样东西并念出咒语，那样东西就会变大或变小。小老鼠利用这根魔棒，不但方便了自己，还帮助了小伙伴。故事内容浅显易懂，非常适合中班幼儿理解和感受。此活动能够充分发挥幼儿的主体性和想象力，让幼儿在听故事的同时积极参与故事创编，充分体验魔棒的神奇，并感受小老鼠用魔棒帮助别人带来的快乐，以及自己创编故事的乐趣。

❖ 活动目标

(1) 初步理解故事内容，尝试讲述小老鼠使用魔棒的有趣情节。

(2) 体验魔棒的神奇，体会帮助别人带来的快乐。

(3) 创编故事结尾，感受创作的乐趣。

❖ 活动准备

一根“魔棒”；《小老鼠的魔棒》动画片；小老鼠、小鸭、小兔、蘑菇、太阳的头饰；课件。

❖ 活动重点

根据教师给的故事案例，幼儿自己创编故事。

❖ 活动过程

1. 了解故事第一段，初步感受魔棒的神奇

教师出示“魔棒”教具后，说：“这可不是一般的小棒，它是一根有魔力的‘魔棒’，你想知道这根‘魔棒’是谁的吗？瞧！原来它是小老鼠的。这根魔棒到底有什么样的魔力呢？我们一起来看一段动画片吧。”

2. 观看动画片第一段，理解故事

(1) 指导语：小老鼠带着他的魔棒出去玩的时候，遇到了什么事情？大风把小老鼠的帽子吹到了树上，小老鼠想了什么办法？小老鼠念了一句什么神奇的话，大树就变小了？(幼儿自由回答)

(2) 教师让幼儿拿着魔棒对大树念“咒语”，教师通过操作课件，配合幼儿的“咒语”，让大树变小或变大。

指导语：小老鼠拿到帽子后又是怎么说的？谁愿意来当这只小老鼠，拿着魔棒对大树施展魔法，看一看大树能不能变大或变小。

小结：小老鼠的魔棒真神奇，只要一念咒语，它就能把东西变大或者变小。

3. 猜想故事第二段，讲述并表演故事情节

(1) 教师出示故事中的画面(草地)，让幼儿自由猜想。

指导语：小老鼠来到了哪里？找到了哪些好朋友？

(2) 教师点“下雨”按钮后，提问：忽然发生了什么事情？小老鼠会想什么办法呢？

(3) 教师播放部分动画内容，并和幼儿合作表演该段情节。

提问：小老鼠想了什么办法？他是怎样念咒语的？(教师和幼儿自选角色，合作表演这个情节)

4. 观察故事中的画面(太阳出来了)，讲述故事

(1) 教师出示“太阳出来了”的画面，提问：天晴了，太阳出来了，小老鼠又会怎么做呢？(请幼儿说说让蘑菇变小的咒语)

(2) 播放动画片第二段，幼儿跟着小老鼠一起念咒语。

5. 教师完整地讲述第二段故事，幼儿分角色表演

师：你们看，这儿有小老鼠、小鸭、小兔、蘑菇、太阳的头饰，你们想不想扮演这些小动物来表演这段故事？(教师讲述故事，幼儿分角色扮演)

6. 创编故事结尾

指导语：小老鼠玩累了，想要回家，走着走着，一条小河挡住了去路，该怎么办呢？(引导幼儿完整表述)

指导要点：引导幼儿仔细观察画面，进行合理猜测，比如小河边有些什么？小老鼠会想什么办法来过河？每想到一种办法，就请幼儿来扮演小老鼠，对着树枝(或胡萝卜、树叶)念咒语。教师操作课件，让树枝(或胡萝卜、树叶)变大，变成树枝桥(或胡萝卜桥、树叶桥)。

7. 给故事起名字，完整欣赏故事

(1) 师：你喜欢这根“魔棒”吗？为什么？如果你是小作家，你会给故事起什么样的名字呢？

(2) 师：我们把故事完整地欣赏一遍，小朋友可以边听边跟着说一说。

附：故事

小老鼠的魔棒

有一只小老鼠，他有一根神奇的魔棒。

一天，小老鼠戴着他漂亮的帽子出去玩。走着走着，忽然，刮起了一阵大风，把小老鼠的帽子吹到了树上。小老鼠拿不到帽子，怎么办呢？小老鼠拿起魔棒指着大树说：“魔棒魔棒，让大树变小吧。”咦，大树真的变小了。小老鼠拿到了自己的帽子。接着，他又拿起魔棒对着树说：“魔棒魔棒，让小树变大吧。”小树真的变成了大树，和原来的一模一样。

小老鼠来到一块草地上，找到了小兔和小鸭作朋友，他们高高兴兴地在一块儿玩耍。突然天上下起了大雨，他们找不到避雨的地方好着急呀！小老鼠拿起魔棒，指着蘑菇说："魔棒魔棒，让蘑菇变大吧。"蘑菇真的变大了，变成了一把蘑菇伞。他们躲到蘑菇伞下避雨。天晴了，太阳出来了，小老鼠又拿起魔棒，指着蘑菇说："魔棒魔棒，让蘑菇变小吧。"蘑菇真的变小了，和原来的一模一样。

小老鼠继续往前走，一条小河挡住了去路，河上没有桥怎么办呢？小老鼠拿起魔棒对着树枝说："魔棒魔棒，让树枝变大吧。"树枝真的变大了，变成了一座树枝桥。小老鼠高高兴兴地过了河。

8. 活动延伸

幼儿两两结伴做换名字游戏。

指导语：现在小朋友试一试，将自己的名字和朋友的名字换一换。每个人先大声说出自己的名字，我数 5 个数后，你们马上要说出对面朋友的名字。看谁能又快又好地完成。

❖ 专家评析

《小老鼠的魔棒》故事情节很有趣，又融入了关爱、助人的社会性情感，对于喜欢新奇事情、喜欢交往但缺乏助人体验的中班幼儿来说，有一定的教育价值。活动中，教师的做法有三点值得借鉴：首先，教师大胆地打破了传统的故事教学模式，借助多媒体资源，利用可操作、互动的动画，帮助幼儿更加直观、形象地感知小老鼠"变大""变小"的过程；其次，教师尊重幼儿的主体地位，不断地引导幼儿自主观察、发现，同时提问也是多样性、开放性的；最后，教师巧妙地将幼儿日常游戏的兴趣点和故事中"念咒语变魔术"的趣味点进行联结，三段故事也采用了不同的呈现方式，由易到难层层递进，幼儿学得主动、学得轻松。

案例三　大班语言教育活动——十二生肖(故事)

❖ 设计意图

"十二生肖"是中华民族传统文化的结晶，与人们的生活也息息相关。大班阶段的孩子，开始从关注周围事物转到关注自己。每一次只要谈论到自己的年龄，他们都会兴奋地说："我属狗。""我属兔。"……在他们的印象中，小动物成为他们的属相是一件开心、自豪的事情。此活动借助幼儿对生肖的喜爱和兴趣，能激发幼儿对民间传说的好奇心，帮助他们感受我们民族文化的博大精深。

❖ 活动目标

(1) 感知十二生肖这一中国特有的民族文化，萌发民族自豪感。

(2) 能主动、大胆地用较完整连贯的语言表达自己对作品的理解。

(3) 通过故事，初步了解十二生肖的由来。

❖ 活动准备

(1) 知识经验：幼儿已经知道自己和家人的生肖。

(2) 物质材料：十二生肖小图片一套，动画《十二生肖》，十二生肖的工艺品若干，故事《十二生肖的来历》。

❖ 活动重点

通过认识十二生肖，幼儿了解中国传统文化，锻炼言语表达能力。

❖ 活动过程

1. 自我介绍，激发活动兴趣

(1) 教师示范如何进行自我介绍。

指导语：大家好！我叫××，今年×岁了，我是属×的。

(2) 相互讨论各自的属相。

提问：你的生肖是什么？你还知道什么生肖？

小结：生肖也叫属相，都是由动物代表的。今天，我们一起来听故事《十二生肖的来历》。

2. 欣赏故事，初步理解故事内容

提问：属相里面有没有猫？为什么没有猫呢？属相里面谁排在了第一？为什么小小的老鼠排在了第一位呢？

3. 欣赏动画，进一步理解故事内容

(1) 再次欣赏故事，共同讨论故事内容。

提问：有哪些动物被选为生肖了呢？一共有多少个生肖？

(2) 欣赏动画，了解有关属相循环的知识。

提问：每一年的生肖一样吗？一年只有几个生肖？

4. 情感迁移，丰富有关生肖的其他经验

引导幼儿欣赏十二生肖的民间工艺品，了解十二生肖是我国特有的传统文化。

小结：十二生肖是我们中国人世世代代流传下来的宝贵财富。

5. 活动延伸

请幼儿调查朋友、老师、家人的生肖，制作图文式的统计表。

附：故事

十二生肖的来历

很久很久以前，有一天，人们说："我们要选十二种动物作为人的生肖，一年一种动物。"天下的动物有多少呀？怎么个选法呢？这样吧，定好个日子，这一天，动物们来报名，就选先到的十二种动物为十二生肖。

猫和老鼠是邻居，又是好朋友，他们都想去报名。猫说："咱们得早点儿起来去报名，可是我爱睡懒觉，怎么办呢？"老鼠说："别着急，别着急，你尽管睡你的大觉，我一醒来，就去叫你，咱们一块儿去。"猫听了很高兴，说："你真是我的好朋友，谢谢你了。"

到了报名那天早晨，老鼠早就醒来了，可是他光想到自己的事，把好朋友猫给忘了，就自己去报名了。

结果，老鼠被选上了。猫呢？猫因为睡懒觉，起床太迟了，等他赶到时，十二种动物已被选定了。

猫没有被选上，就生老鼠的气，怪老鼠没有叫他，从这以后，猫见了老鼠就要吃他，老鼠就只好拼命地逃。现在还是这样。

十二生肖的顺序是：鼠、牛、虎、兔、龙、蛇、马、羊、猴、鸡、狗、猪。

怎么让小小的老鼠排在第一名呢？这里也有个故事。

报名那天，老鼠起得很早，牛也起得很早，他们在路上碰到了。牛个头大，迈的步子也大，老鼠个头小，迈得步子也小，老鼠跑得上气不接下气，才刚刚跟上牛。老鼠心里想：路还远着呢，我快跑不动了，这可怎么办？

他脑子一动，想出个主意来，就对牛说："牛兄弟，牛兄弟，我来给你唱支歌。"牛说："好啊，你唱吧——咦，你怎么不唱呀？"老鼠说："我在唱哩，你怎么没听见？哦，我的嗓门太细了，你没听见。这样吧，让我骑在你的脖子上，我唱起歌来，你就听见了。"牛说："行，行!"老鼠就沿着牛腿爬到了牛脖子上，让牛驮着他走，可舒服了。他摇头晃脑，真的唱起歌来："牛兄弟，牛兄弟，过小河，爬山坡，驾，驾，快点儿!"

牛一听，乐了，撒开四条腿使劲跑，跑到报名的地方一看，谁也没来，高兴得哞哞叫起来："我是第一名，我是第一名!"牛还没把话说完，老鼠就从牛脖子上一蹦，蹦到地上，刺溜一蹿，蹿到牛前面去了。结果是老鼠得了第一名，牛得了第二名，所以，在十二生肖里，小小的老鼠就排在最前面了。

❖ 专家评析

生肖在中国传统文化中非常具有代表性。本活动不是让幼儿枯燥地学习十二生肖的名称和顺序，而是通过故事，形象地展示了十二生肖的由来，并结合幼儿自己的生肖进行讨论交流，丰富了幼儿的学习经验，引导幼儿感知了生肖这一传统文化，萌发了民族自豪感。活动中，教师利用图片、课件声情并茂地向幼儿讲解有关生肖的知识(来历、数量等)，并结合自身的生活经验，鼓励幼儿了解自己、朋友、老师、家人的生肖，使生肖从一个模糊的概念变成一个有趣的话题，这不仅可以激发幼儿进一步了解生肖知识的兴趣，还能培养幼儿乐于探索新知识、获取更多信息的学习品质。此外，教师还通过课件展示了许多关于十二生肖的艺术品，展现了中国人的勤劳和智慧，丰富了幼儿的生活经验，激发了幼儿作为中国人的民族自豪感。整个活动层次分明，由易到难、由此及彼，使幼儿在交流、表达中获得愉悦的情感体验。

注意事项

(1) 结合《幼儿园教育指导纲要(试行)》和《3～6 岁儿童学习与发展指南》认真学习幼儿园语言教育年龄阶段目标。

(2) 故事、诗歌、儿童散文都可以参考以上流程。

(3) 不同年龄段幼儿园语言教育活动的内容和方法应有阶段性差异，不能“一刀切”。

(4) 要通过多种直观的形象展示作品内容，符合幼儿思维的特点。

实训 3　幼儿园社会教育活动设计

实训目标

(1) 明确幼儿园社会教育的目标和内容。

(2) 掌握幼儿园社会教育活动的方法。

实训内容

一、幼儿园社会教育的总目标

(1) 能主动参与各项活动，有自信心。

(2) 乐意与人交往，学习互助、合作和分享，有同情心。

(3) 理解并遵守日常生活中基本的社会行为规范。

(4) 能努力做好力所能及的事，不怕困难，有初步的责任感。

(5) 爱父母、长辈、老师和同伴，爱集体，爱家乡，爱祖国。

二、幼儿园社会教育活动的内容

1. 人际关系

人际关系指幼儿在与家长、老师、同伴等交往的过程中形成的相互关系，主要包括交往态度和技能，以及交往中形成的自我意识。

2. 社会环境

社会环境指幼儿生活中经常接触的一些社会机构和其中的社会角色。这类内容可以帮助幼儿了解自己周围的环境，了解与自己生活有关的人及他们的劳动，从而丰富生活经验。

3. 社会行为规范

社会行为规范指幼儿在社会生活中和与人交往中需要了解和掌握的各种行为准则。

4. 社会文化

社会文化指幼儿需要了解的人类历史长河中所创造的物质财富和精神财富，主要包括我国的文化精品、民间节日和艺术、世界文化等。

三、幼儿园社会教育活动的方法

1. 幼儿园社会教育的一般方法

(1) 语言法，包括讲解法、谈话法和讨论法。

(2) 直观法，包括演示法和参观法。

(3) 行为练习法。

(4) 行为评价法。

(5) 陶冶法。

2. 幼儿园社会教育的特殊方法

(1) 移情训练法。

(2) 角色扮演法。

(3) 观察学习法。

四、案例分析

案例一　小班社会教育活动——小刺猬找朋友

❖ 设计意图

目前，大多数幼儿为独生子女，他们在家庭中的交往对象多为成人，幼儿常常以自我为中心、孤僻、不合群，不会也不善于与同伴交往。《幼儿园教育指导纲要(试行)》明确指出："要建立良好的同伴关系，要让幼儿在集体生活中感受到温暖，心情愉快。"本活动以故事为媒介来培养幼儿的社会交往能力，使幼儿感受到礼貌交往的快乐。

❖ 活动目标

(1) 理解故事的主要内容，萌生向朋友表达爱的愿望。

(2) 学习向朋友表达爱的方式。

(3) 体验找到朋友的快乐。

❖ 活动准备

角色头饰：小刺猬，小猴子，小兔子；《小刺猬找朋友》的动画课件。

❖ 活动重点

通过活动，锻炼幼儿的交往能力。

❖ 活动过程

1. 师幼谈话，导入活动

(1) 师：你有朋友吗？他是谁？你喜欢你的朋友吗？你会用什么方式向他表达你喜欢他？(幼儿自由讨论、回答)

(2) 师：今天，小刺猬想找一位好朋友，它是用什么方式找朋友的呢？

2. 播放课件，讲述故事

师：小刺猬第一次想找谁做好朋友？小刺猬第二次想找谁做好朋友？找到了吗？(“没有。”)

师：小刺猬为什么没有找到好朋友？(“小刺猬的刺扎人。”)

师：刺猬最后找到朋友了吗？它的朋友是谁？它开心吗？(“小刺猬找到刺猬妹妹做好朋友，和好朋友抱了抱，它很开心。”)

教师请幼儿学一学小刺猬找刺猬妹妹做朋友的方式，学说“×××，我喜欢你，抱一抱”。

3. 表演故事，体验快乐

请幼儿戴上角色头饰，表演故事，感受拥抱朋友的快乐。

小结：想找到好朋友，就不能把好朋友弄哭，也不能伤害到好朋友；可以和好朋友抱一抱，牵一牵好朋友的手，和好朋友讲一讲悄悄话，和好朋友一起玩玩具。只有与好朋友友好相处，朋友才会越来越多，自己也才会越来越开心、快乐。

4. 活动延伸

(1) 本园教育活动延伸：鼓励幼儿玩音乐游戏“碰一碰”，提示幼儿用自己喜欢且同伴能接受的方式表演；在日常活动中创造机会和氛围，使幼儿能正确地表达对好朋友的爱和交往的愿望。

(2) 家庭教育活动延伸：建议家长尽可能为幼儿提供与同伴交往的机会，鼓励幼儿大胆地表达交往的愿望和对朋友的爱。

❖ 专家评析

良好的同伴关系能让幼儿在集体生活中感受到温暖，保持心情愉悦，有利于促进幼儿主动地进行社会交往。由于小班幼儿年龄较小，他们不会也不善于采取适宜的方式与同伴正常地交往。教师选择的《小刺猬找朋友》，虽然是一个简单的故事，但是幼儿在听故事的同时明白了交往要采取恰当的方式，否则就会像小刺猬一样，即使你的交往动机是好的，别人也会被你的“刺”扎到，而不愿与你做朋友。此次，活动还有一个亮点就是活动过程简单，故事贯穿始终，利用课件讲述故事、利用游戏表演故事，让幼儿投入到故事情节中，亲身体验找到朋友的快乐，积累与同伴交往的经验。活动中教师的小结部分起到了画龙点睛的作用，幼儿有了前期活动中的体验、感受，在教师的点拨之下就会明白：要用心对待朋友，要用合适的方式表达对朋友的爱，这样自己的朋友才会越来越多，自己和朋友也才会越来越开心、快乐。整个活动过程清晰、流畅，目标达成度高。教师在今后的活动中应继续创造机会和氛围使幼儿尽情地表达和交流自己的感受和体验，强化幼儿的积极体验，促进幼儿良好行为的内化。

案例二　中班社会教育活动——我上中班了

❖ 设计意图

中班幼儿应该具备一些自理能力，但有部分小朋友在家吃饭、穿衣都要依赖父母。根据《3～6岁儿童学习与发展指南》要求，教师应该教给中班幼儿生活自理的基本方法，鼓励他们做力所能及的事情，不论幼儿做得好坏，都要给予适当的肯定，不因幼儿做不好或做得慢而包办代替，以免剥夺他们发展自理能力的机会。

❖ 活动目标

(1) 具有初步的自我服务意识。

(2) 学会自己的事情自己做。

(3) 在生活实践中感受到成长的快乐。

❖ 活动准备

(1) 知识经验：幼儿会朗诵儿歌《别说我小》。

(2) 物质材料：卡通娃娃豆豆，小床，椅子，录音机(用于播放起床的音乐)，豆豆婴儿时期和现在的照片。

(3) 环境创设：中班午睡室。

❖ 活动重点

通过案例的导入，锻炼幼儿自己的事情自己做的能力。

❖ 活动过程

1. 照片导入

(1) 观察豆豆婴儿时期的照片，让幼儿了解人在婴儿时期是不会走路的，需要爸爸妈妈的帮助。

(2) 观察豆豆现在的照片，让幼儿了解现在的豆豆上中班了，会自己走、自己跑。

2. 创设午睡场景，让幼儿模仿

师：这是什么地方？(“午睡室。”)

师：谁来扮演豆豆？(请多名幼儿扮演)

师：豆豆正在干什么？(“自己解纽扣。”“脱衣服。”“脱鞋子。”)

师：衣服脱下应怎样放？鞋子脱下应怎么放？(引导幼儿说衣服脱下应叠起来放在椅

子上，鞋子脱在床边地上)

师：豆豆午睡时有没有讲话或者睁着眼睛？(“没有，豆豆闭着眼睛安静地午睡。”)

起床音乐响起时，教师提问：“谁给豆豆穿衣、穿鞋？”(“豆豆自己穿衣、穿鞋。”)

小结：豆豆上中班了，长大了，他能自己穿衣服、穿鞋子，豆豆真能干。

3. 鼓励幼儿自己的事情自己做

(1) 教师问卡通娃娃豆豆：“你在幼儿园自己的事自己做，在家是不是也是自己的事自己做呀？”

卡通娃娃回答：“我在家也是自己的事自己做。小朋友们，你们也要像我一样，自己的事自己做，做个爱劳动的乖宝宝。”

(2) 组织幼儿讨论：上中班了自己应该怎样做。

4. 朗诵儿歌，做游戏

(1) 和幼儿一起朗诵儿歌《别说我小》，教育幼儿自己的事情自己做。

(2) 玩游戏“穿衣接力赛”。

附：儿歌

别说我小

妈妈你别说我小，我会穿衣和洗脚；
爸爸你别说我小，我会擦桌把地扫；
奶奶你别说我小，我会给花把水浇；
现在我呀长大了，会做的事情真不少。

5. 活动延伸

(1) 本园教育活动延伸：鼓励幼儿帮助小班的弟弟妹妹扣纽扣、穿鞋子。

(2) 家庭教育活动延伸：请幼儿跟家长分享自己穿衣、扣纽扣成功后的喜悦之情。

❖ 专家评析

《3～6岁儿童学习与发展指南》明确指出：幼儿在活动过程中表现出的积极态度和良好行为倾向是终身学习与发展所必需的宝贵品质。我们身边的一些幼儿由于长辈的溺爱，失去了很多锻炼的机会，比如自己吃饭穿衣、整理房间等。本次活动目标明确，旨在让幼儿通过自己的劳动感受成长的快乐，增强幼儿的自我认同感。

卡通娃娃豆豆具有活泼可爱的形象，它的出现让幼儿产生亲切感，活动通过豆豆一系列的表现，激发幼儿向豆豆学习的热情；让孩子们知道自己上中班了，长大了，应该学会自己的事情自己做，并以服务自己、帮助他人为乐，感受成长的快乐。

本次活动还有一大亮点，即教师引导幼儿不仅在幼儿园自己的事情自己做，在家里也要自己的事情自己做。如果教育者能够及时将这些信息传递给家长，让幼儿在家里同样得到锻炼的机会，相信活动后孩子们会有很大的进步。

案例三 大班社会教育活动——中国“年”的故事

❖ 设计意图

春节，是中华民族的传统节日，“过年”是中国几千年来的传统，经过世代的沿袭，逐渐形成了各种各样的风俗习惯，如贴对联、贴窗花、穿新衣、吃团圆饭、放鞭炮、亲友互相拜年、长辈给晚辈压岁钱、吃饺子等。过年是小朋友最快乐的时候，关于过年有说不完的话题，然而，幼儿在感受过年热闹气氛的同时，对“年”的来历并不了解。本活动旨在帮助幼儿了解过年的来历，从而激发幼儿热爱中国传统文化的情感。

❖ 活动目标

(1) 了解“年”的来历，知道我国过年的几种传统习俗。

(2) 感受中国的传统节日文化和喜庆的节日气氛。

❖ 活动准备

(1) 知识经验：让家长帮助幼儿简单了解过年的传统习俗。

(2) 物质材料：有关过年的各种庆祝活动的图片，有关“年”的来历的课件，彩色纸，剪刀，橡皮泥，演出服装。

❖ 活动重点

学习传统文化，感受中国传统节日文化。

❖ 活动过程

1. 参观“过年”图片展，了解过年的几种习俗

(1) 引导幼儿观看图片展览。

(2) 提问：过年了，大家是怎么庆祝的？说说自己最喜欢过年时的哪项活动。

(3) 小结：过年真热闹。

2. 看课件，了解过年的来历

(1) 播放课件前半部分。

师：在很久以前，人们可没有过年这个习俗。每年的这个时候是人们最痛苦、最害怕的日子。你们知道为什么吗？请幼儿猜一猜，说一说。

师：到底是什么原因呢？我们来看一段有趣的动画。幼儿看课件前半部分，了解人们害怕的原因。

师：原来人们是怕“年”这个怪兽。小朋友们，你们快帮这些人想想办法，怎样对付

“年”这个怪兽吧。教师引导幼儿讨论，发表意见与想法。

(2) 继续看课件，了解人们战胜“年”的故事。

师：大家想的办法都不错，但最后到底是谁的好办法战胜了怪兽“年”呢？我们继续往后看。

师：白胡子老爷爷是用什么办法对付“年”这个怪兽的呢？为什么他用这些办法？

怪兽“年”最害怕红色、灯光和响声，所以白胡子老爷爷用穿红衣服、贴红对联、放爆竹、点灯的方法来对付它。从此以后，每年过年的时候，人们都穿红衣服，贴红对联、红福字，放爆竹，点亮灯，一家人团聚在一起守岁。过年的习俗就形成了。通过“年”的故事，让幼儿了解过年习俗的来历，对我国的传统节日“春节”有了进一步的认识。

3. 引导幼儿根据生活经验讲述并体验过年的热闹气氛

(1) 引导幼儿说说自己过新年的感受。重点引导幼儿说说过年都有哪些开心的活动。

师：现在，过年的庆祝活动越来越丰富，越来越热闹。小朋友们，你们知道过年时还有哪些庆祝活动吗？(“有好看的活动。”“有好玩的活动。”)

师：你们都这么喜欢过年，那我们一起来玩个过年的游戏吧。

(2) 幼儿分组体验，或者手工制作新年的物品，或者表演节目，欢欢喜喜迎新年。

4. 活动延伸

(1) 向幼儿介绍具有特色的其他节日，如“元宵节”“端午节”等。

(2) 讨论与交流：你还知道哪些传统节日？

❖ 专家评析

春节是幼儿都喜欢的中国传统节日，每个幼儿都有过年的感受，因此本节活动内容既贴近幼儿的生活，又能激发幼儿的兴趣。在活动实施过程中，教师既注重了对幼儿原有经验的唤醒，又注重了新经验的拓展和提升。比如，幼儿都知道并且喜欢过中国年，但对过年为什么要贴对联、放鞭炮、拜年、给压岁钱可能并不了解，教师通过多媒体手段，生动形象地向幼儿进行了介绍，有效地激发了幼儿的学习兴趣和求知欲望，使幼儿在学习和相互交流中获得了许多关于中国年的知识。在活动中，教师设计了有价值、有意义的提问，激发幼儿有益的思考。比如在幼儿说起人们过年都很快乐的时候，教师突然话题一转，提出在很久以前，每当这个时候人们都非常害怕，引起了幼儿的兴趣。再比如教师询问有什么好办法打败它，调动了幼儿以往看动画片获得的经验，他们想出了各种对付年兽的方法。

注意事项

(1) 可以通过多种方法学习新知识：社会认知方面的内容，可以用讲解法、谈话法和讨论法等语言法；社会情感方面的内容，可以用移情训练法、角色扮演法、陶冶法；社会行为方面的内容，可以用观察学习法、行为练习法。

(2) 活动设计要能够引导幼儿从不同角度思考问题，主动参与实践操作，勇于创新。适时总结，肯定幼儿取得的进步。

实训4 幼儿园科学活动设计

实训目标

(1) 通过多种形式，鼓励幼儿从不同角度进行体验和探索，丰富幼儿的科学小知识。

(2) 鼓励幼儿大胆想象和创造，能用适当的方式表达，并能大胆地表现自己的情感和体验。

(3) 帮助幼儿学会运用观察、比较、分析、推论等方法进行探索活动，使其展示自我，获得自信心，并学会相互交流与合作。

实训内容

一、幼儿园科学教育的基本概念

幼儿科学教育的实质是对幼儿进行科学知识、科学的方法与技能、情感态度等的早期培养。中央教育科学研究所课程教学研究部幼儿教育研究中心研究员刘占兰认为，幼儿科学教育应是引发、支持和引导幼儿主动探究，经历探究和发现的过程，获得有关周围物质世界及其关系的经验的过程，它使幼儿获得乐学、会学这些有利于幼儿终身发展的长远教育价值。

二、幼儿园科学教育的价值

(1) 科学教育有助于满足幼儿天生的好奇心。

(2) 科学教育有助于幼儿建构科学概念。

(3) 科学教育有助于幼儿学习科学探究的技能。

(4) 科学教育有助于幼儿的全面和谐发展。

(5) 科学教育会给幼儿的一生带来深刻的影响。

三、科学实验的核心

生命科学：生物的身体特征、生物的基本需求、生物的简单行为、生物的生命周期、生物的多样性、生态与环境的相互作用。(小班认识人体的外部特征及各部位的作用，如嘴巴吃东西、耳朵听声音)

物质科学：物体与材料的特性、物体的位置和运动、声光电磁热等物理现象。(中班发现物体的性质会影响其运动，如圆的球会滚动；5～6 岁感知物体的运动状态会随着外界条件的改变而发生变化，如改变坡度，球的滚动距离发生变化。小班发现光能够产生影子；中班探索光和影子的关系；大班发现影子的大小和形状跟物体和光源的位置有关)

地球与空间科学：地球物质的特性、天气和气候、太阳与月亮的活动、地球与人类活动。(中班知道地球物质具有不同的用途，如石头可以用来建造房子；发现不同季节有各自的特点；了解月相是不断变化的，如月亮有时是圆的、有时是弯的)

四、案例分析

案例一　小班科学活动——猜猜哪杯是清水

❖ 设计意图

小班阶段是儿童味觉、嗅觉等感觉迅速发展的时期。水是孩子们生活的必需品，也是他们最熟悉的，但对于水有哪些特征以及怎样才能在几种液体中分辨出清水等问题，小班幼儿却不是十分清楚。“猜猜哪杯是清水”这个科学活动，旨在引导幼儿运用视觉、味觉、嗅觉等多种感觉通道分辨出清水，从而了解清水的基本特征，同时培养幼儿乐于参与科学活动的兴趣，提高幼儿观察、比较、探究、表达的能力。

❖ 活动目标

(1) 能运用多种感官感知辨别清水，了解清水的基本特征。

(2) 能大胆地表述自己的发现，体验探索的乐趣及成功感。

❖ 活动准备

贴有不同颜色标记的透明杯子若干(里面分别装有清水、白糖水、白醋、牛奶)，彩色棋子。

❖ 活动重点

引导幼儿积极参加科学实验，提高幼儿的探究能力。

❖ 活动过程

1. 导入活动，引发探索兴趣

(1) 儿歌导入：“眨眨我的小眼睛，摸摸我的小鼻子，嘟嘟我的小嘴巴，它们是我的好朋友，帮我找出清水来。”

(2) 引导幼儿分别说说眼睛、鼻子、嘴巴的作用。

2. 感官探索游戏：找找哪杯是清水

(1) 游戏：眨眨我的小眼睛，找出清水来。

环节目的：请幼儿看一看，用视觉分辨出哪杯是清水。

① 出示两杯颜色不同的液体(分别装有清水和牛奶)，提问：我们平时喝的水有没有颜色？两个杯子里的液体的颜色一样吗？哪杯是清水？

② 小结：用眼睛看一看，牛奶是白色的，而清水是无色透明的。

(2) 游戏：摸摸我的小鼻子，找出清水来。

环节目的：请幼儿闻一闻，用嗅觉分辨出哪杯是清水。

① 出示两杯气味不同的液体(分别装有清水和白醋)，提问：我们平时喝的水有没有气味？两个杯子里的液体的气味一样吗？哪杯是清水？(引导幼儿根据自己的判断把棋子作为标志放在相应的杯子旁边)

② 幼儿分组实验并验证判断结果。

③ 小结：用鼻子闻一闻，白醋酸酸的，而清水是没有气味的。

(3) 游戏：嘟嘟我的小嘴巴，找出清水来。

环节目的：请幼儿尝一尝，用味觉分辨出哪杯是清水。

① 出示两杯液体(分别装有清水和白糖水)，提问：它们既没有颜色也闻不出气味，你觉得哪杯是清水？(请幼儿根据自己的想法把棋子放在相应的杯子旁边)

② 鼓励幼儿尝一尝，判断猜得对不对。在尝之前，提醒幼儿注意平时不能随便尝不知道是什么的东西。

③ 小结：用嘴巴尝一尝，甜甜的是糖水，没有味道的是清水。

3. 交流分享探索结果，激发进一步探究的兴趣

(1) 交流分享，请幼儿说一说自己是用哪个器官帮忙才找出清水的。

小结：用眼睛看一看，白色的是牛奶；用鼻子闻一闻，气味酸酸的，一定不是清水；用嘴巴尝一尝，甜甜的是糖水，没有味道的是清水。原来清水是没有颜色，没有味道的。眼睛、鼻子、嘴巴一起合作，本领可真大。

(2) 带领幼儿学说儿歌："眨眨我的小眼睛，摸摸我的小鼻子，嘟嘟我的小嘴巴，它们是我的好朋友，帮我找出清水来。"鼓励幼儿继续保持探究兴趣。

4. 活动延伸

把两个小塑料杯装满水，放进冰箱里，待完全结冰后取出，在其中一个塑料杯中的冰块上面撒上食盐。观察两个塑料杯中冰块的变化。

❖ 专家评析

本活动是小班阶段比较典型的科学活动，它以幼儿生活经验为基础，不仅帮助幼儿在已有经验和未知经验之间建立了链接，还激发了幼儿探索世界的乐趣。第一，注重幼儿的直观感受，让操作体验更具科学性。小班幼儿的观察能力处于较低水平，经常只能关注到事物的表面特征和非常明显的现象。为此，整个活动中，教师注重让幼儿通过看、闻、尝多种方法充分地感知体验，以验证他们最初的判断。这样的操作探索更符合小班幼儿的年龄特点。第二，分次投放不同材料，充分调动幼儿的思维。在第一个操作环节，教师投放了一杯清水和一杯牛奶，让幼儿通过视觉来辨别。在第二个操作环节，教师投放了一杯清水和一杯白醋，这时幼儿单单通过视觉已经难以辨别，嗅觉的加入帮助幼儿解决了问题。在第三个操作环节，教师将白醋换成了白糖水，推动幼儿通过味觉来辨别。三组材料的投放，简单、直观、有趣，循序渐进，遵循了幼儿探究的规律，引发并促进了幼儿与材料的充分互动。

案例二 中班科学活动——吹泡泡

❖ 设计意图

幼儿园的科学探究活动就是让幼儿亲身经历真实的研究过程。“吹泡泡”活动就是围绕这一理念，通过一系列富有趣味的操作活动，让幼儿探究吹泡泡工具的多样性和可变性。在活动开始阶段，我们为幼儿提供了钥匙、漏勺、苍蝇拍、刷子等生活中常见的物品，引导幼儿在操作中逐步发现吹泡泡工具的特点；再启发幼儿根据前面得出的结论把树叶、细铜丝等材料变成吹泡泡的工具。在层层递进的操作活动中，遵照“做在前，说在后；感知在前，总结在后”的教育策略，给予幼儿适当的引导，让幼儿正确地探究科学、体验科学，并体会探索、发现、成功的快乐。

❖ 活动目标

(1) 探索各种吹泡泡的工具，了解有小洞或间隙的材料能吹出泡泡。
(2) 尝试改变物体的形状，自制吹泡泡的工具。
(3) 体验吹泡泡的乐趣。

❖ 活动准备

(1) 吸管、钥匙、漏勺、苍蝇拍、鞋刷、树叶、细铜丝若干。
(2) 泡泡液、小毛巾、筐子等。
(3) 实验统计表(见表 1-1)。

表 1-1 实验统计表

材料	猜猜(人数)	第一次试验验证(人数)	第二次试验验证(人数)
苍蝇拍			
漏勺			
鞋刷			
钥匙			

❖ 活动重点

通过了解各种吹泡泡的工具，掌握自制吹泡泡工具的方法。

❖ 活动过程

1. 选用吸管吹泡泡，感知吹泡泡的技巧以及注意事项

(1) 谈话活动：请幼儿说说自己喜欢的游戏。

(2) 呈现材料(吸管、泡泡液)，请幼儿选用吸管自由吹泡泡。吹泡泡之前，给幼儿提示注意事项，比如：只能往外吹，不能吸；注意别把泡泡液洒出来等。

(3) 幼儿自由吹泡泡，教师提示幼儿，慢慢吹才能吹出大泡泡。如果有个别幼儿洒出泡泡液，提示幼儿用小毛巾擦干净。

2. 尝试运用多种特别的材料吹泡泡，了解吹泡泡工具的共同特点

(1) 讨论：还有什么东西可以吹出泡泡。

(2) 教师一一呈现苍蝇拍、漏勺、鞋刷、钥匙等材料，请幼儿猜想是否可以吹出泡泡。

教师可以每呈现一种材料就询问幼儿是否可以吹出泡泡，统计一下认为可以的人数，并记录下来(记录在表 1-1 的“猜猜”一栏中)。

(3) 每个幼儿四种材料，分别进行实验验证。请幼儿把能够成功吹出泡泡的材料收集到一个筐子中，把不能吹出泡泡的材料仍然放进自己手中的材料袋中。

(4) 交流分享：哪一种材料能吹出泡泡？哪一种吹不出泡泡？再次统计人数，记录在表 1-1 中。对于幼儿吹不出泡泡的材料，教师带领幼儿重新试一试，尽可能让每个幼儿都能体验成功。

(5) 探究泡泡是从哪里出来的。请幼儿认真观察，感知材料的共同特点。

小结：苍蝇拍、漏勺、鞋刷、钥匙等材料能吹出泡泡，是因为它们都有小洞或间隙。有小洞或间隙的材料就能吹出泡泡。

3. 创造性地迁移和运用经验，自制吹泡泡工具

(1) 探索如何利用树叶制作吹泡泡工具。

① 呈现树叶，请幼儿观察，询问：用树叶可以吹出泡泡来吗，为什么？

② 每人一片树叶，请幼儿尝试用树叶吹出泡泡。

③ 讨论交流：自己是如何把树叶变成吹泡泡工具的。

小结：在树叶上穿出小洞就可以吹出泡泡。

(2) 探索如何改变铜丝形状制作吹泡泡工具。

① 呈现铜丝，询问幼儿：用铜丝可以吹出泡泡来吗？怎样做就可以让铜丝变成吹泡泡工具？

② 每人一根铜丝，请幼儿尝试用铜丝吹出泡泡，并请幼儿相互交流。

小结：改变铜丝的形状，扭出任意形状的小孔或间隙就可以吹出泡泡。

4. 活动延伸

不同形状的吹泡泡工具会吹出不同形状的泡泡吗？吹出的泡泡是什么颜色的？

❖ 专家评析

吹泡泡几乎是每个小孩子都会钟情的游戏。现在的孩子们吹泡泡都是用买来的工具和材料，没有机会自己制作吹泡泡工具和泡泡液。“吹泡泡”活动聚焦在吹泡泡工具上，符合中班幼儿的兴趣、特点和能力，又具有可操作性和变化性。此活动的核心目标有两个：一是探索各种吹泡泡工具，了解有小洞和间隙的材料能吹出泡泡；二是尝试改变物体的形状，自制吹泡泡工具。这两个目标之间具有密切的逻辑关系，后面的目标的实现依赖前面的目标，是前面的目标的迁移运用，体现的是幼儿运用知识和经验解决问题的能力。

案例三　大班科学活动——有趣的电动玩具

❖ 设计意图

玩具是孩子们喜爱的物品，那些造型美观、会跑、会亮、会唱歌的电动玩具更是孩子们的最爱。但是大班孩子已不仅仅满足于单纯地摆弄玩具，他们更喜欢探究玩具里的奥秘。电动玩具为什么会动起来呢？本活动可以抓住孩子们的这一兴趣点，通过提供丰富的材料，引导幼儿在多次探究的过程中了解电池的作用，并初步培养幼儿的环保意识。

❖ 活动目标

(1) 初步了解电池在电动玩具中的作用以及正确安装电池的方法。

(2) 产生对电动玩具的好奇心，培养探索发现的兴趣。

(3) 了解废旧电池的回收方式，萌发保护环境的意识。

❖ 活动准备

(1) 学具：电动玩具若干，电池若干。

(2) 教具：毛绒小猴一只，有关如何安装电池的PPT课件，回收废旧电池的视频，环保回收箱等。

❖ 活动重点

通过玩具游戏，使幼儿掌握玩具电池的安装方法。

❖ 活动过程

1. 创设活动情境，激发幼儿的兴趣

教师创设“小猴聪聪邀请小朋友去参加电动玩具展览会”的情境，吸引幼儿玩一玩自己喜欢的电动玩具，探索玩法。

2. 分析讨论电动玩具的共同特征，猜测电动玩具能动的秘密

(1) 请幼儿说一说，自己玩的是什么玩具，都有哪些本领。

(2) 请幼儿猜一猜，这些玩具为什么能动、能响。

小结：所有的电动玩具里面都有电池。

3. 第一次探索：认识电池并了解电池在电动玩具中的作用

(1) 请幼儿寻找玩具中的电池，观察并描述电池的外形特征。

(2) 请幼儿将玩具中的电池取出，观察玩具是否还能动，说一说为什么。

小结：原来，没有电池玩具就不能动了，电池的本领可真大!

(3) 组织幼儿观看电池的图片，认识电池，了解电池的简单构造。教师可设计以下问题引导幼儿观察。

师：电池是什么形状的？电池都一样大吗？电池两端一样吗？看到不一样的符号了吗？

小结：电池有各种形状，有的是圆的，有的是方的，有的很大，有的较小；电池两端长得也不一样，一端有一个突出的头，画着“+”号，一端是凹进去的，画着“–”号。

4. 第二次探索：怎样使不动的玩具动起来

(1) 请幼儿另外选择一个未装电池的玩具，选择合适型号的电池给玩具安装上。

(2) 请幼儿试一试：装上电池以后玩具能动了吗？为什么有的玩具还是不能动？

(3) 请实验成功的幼儿讲一讲，自己是怎样安装电池的。

(4) 组织幼儿观看如何安装电池的 PPT 课件，了解安装电池的正确方法。

(5) 幼儿相互交换玩具后再次尝试，给玩具正确安装电池，并让玩具动起来。

5. 讨论电池的用途和废旧电池的回收问题

(1) 教师提出问题：“生活中还有哪些东西需要用到电池？”请幼儿讨论，帮助幼儿拓展对电池的广泛用途的了解。

幼儿自由发言后，教师可以出示部分能够用到电池的常见物品，如手机、手电筒、钟表等，帮助幼儿了解电池在生活中的广泛用途。

(2) 组织幼儿讨论废旧电池的回收问题，使幼儿萌发初步的环保意识。

① 观看回收废旧电池的视频，讨论用完的废旧电池应该怎么处理。

② 出示环保回收箱，鼓励幼儿把用过的废旧电池交到幼儿园，放在回收箱里一起回收。

6. 活动延伸

将废旧电池回收，引导幼儿拼出更多的图案。进一步观察，看废旧材料可以制作成什么玩具。

❖ 专家评析

该活动选择了幼儿在生活中经常接触的电动玩具作为探究的材料，并把“初步了解电池在电动玩具中的作用以及正确安装电池的方法”作为活动要实现的主要目标，这对于好奇心与探究欲望都逐渐增强的大班幼儿来说是适宜的。在活动设计中，教师充分遵循“幼儿在前，教师在后”的原则，注重让幼儿在自主的探索中主动获得经验，并提供了几次不同的探索机会，帮助幼儿了解电池的作用。针对这个探究型的科学活动，教师提供了充分的探索材料和探索机会，使整个活动富有操作性和趣味性，相信这样的活动会很受孩子们的喜爱。

注意事项

(1) 加强理论学习，帮助幼儿树立科学的教育观：教师在授课过程中应结合幼儿心理学、教育学的相关知识进行讲解，加强教法课与理论基础课的联系，使幼儿不仅知其然还知其所以然。

(2) 建立由理论到实践的教学流程，保证活学活用：每讲完一个专题，就为幼儿提供一次试教的机会，或者请幼儿设计一次活动，从中，教师可以了解幼儿的掌握情况及存在的问题，师生共同探讨学习，保证较高的学习效率和较好的学习效果。

(3) 应注意幼儿科学素养的培养，将教学和科学有机结合起来：幼儿科学教育的内容有着明显的生活化的特点，因此教师应注重幼儿科学素养的培养。

(4) 运用科学的评价方法提高幼儿的学习兴趣和效果：教师要合理分配考评比重，突出试教和平时作业的成绩，多用激励的方法帮助幼儿建立良好的教学常规，使幼儿具有“我能做一个好老师”的信心，鼓励幼儿在活动设计中多动脑多创新，肯定试教中的点滴进步。

实训5　幼儿园艺术教育活动设计

实训目标

(1) 明确幼儿园美术教育的目标和主要内容。

(2) 掌握幼儿园美术教育活动的方法。

(3) 明确幼儿园音乐教育的目标和主要内容。

(4) 掌握幼儿园音乐教育活动的方法。

实训内容

一、幼儿园美术教育活动的内容

1. 绘画活动

绘画活动是幼儿在教师的引导下，运用笔、纸、颜料等绘画工具，通过线条、形状、色彩、构图等表现形式创造视觉形象，从而表达对周围生活的认识和情感的艺术活动。

(1) 简笔画：通过观察，提取客观形象最典型、最突出的特点，以平面化的形式和简洁洗练的笔法，表现出既有概括性又有可识性和示意性的绘画。

(2) 儿童画：由表面看来是不讲什么技法的，不讲“画理”“画法”，逾越了透视、解剖、构图等一般常规，是非“学院派”的画派。在造型上，儿童画常常不按物体的实际比例进行描绘；在表现形式方面，如色彩、构图上，也有自己的特点。

(3) 装饰画：儿童装饰画是幼儿运用简单的点、线、几何图形和动植物等图案，有目的地在教师已经画好的各种生活用品的纸形上，和谐地、有规则地进行美化和装饰。装饰画要求对事物进行刻意修饰，使之具有规范化、图像化、程式化的特点，正好满足了幼儿的心理需要。

2. 手工制作活动

手工制作活动是幼儿运用一些物质材料，如纸、泥等，使用各种手工工具，运用剪、撕、折、贴、塑等方法，制作平面或立体物体形象的活动。

3. 欣赏活动

欣赏活动是指幼儿通过感受美术作品、自然景物和周围环境中的美好事物，从而受到艺术的感染，使精神愉悦的一种审美活动。

二、幼儿园美术教育活动的方法

1. 观察欣赏法

教师引导幼儿有意识、有目的地感知、欣赏周围生活、美术作品，以及大自然中美好的人、物、事，并用头脑进行思考和比较。利用观察欣赏法引导幼儿观察物象的形状、颜色、结构等主要特征，以及该事物与相关事物之间的关系，了解对称、均衡美，感受其形式美和内容美，从而丰富幼儿的审美经验，培养幼儿的审美情感和评价能力。

2. 图式预知法

通过各种方法和手段，帮助幼儿在头脑里获得对物象鲜明的、深刻的图式，以便引导幼儿在创作中形成对图式的分化能力、联想能力，以及对图式的组合能力，为幼儿的创作积累原材料。

3. 讲解示范法

实际示范操作与语言解释有机结合，把操作的过程和方法展示出来。如对工具和材料的理解和运用、对外界信息的掌握，以及对形状、颜色和空间的认识与使用，手眼的协调能力与手的控制能力等必要的技能，是通过教师的讲解示范而习得的。

4. 范例教学法

运用范例进行美术教学，使幼儿能够通过这些范例，掌握一般的美术技能和方法。幼儿美术活动中的范例是指为了便于幼儿掌握某项美术活动的技能或方法而专门提供的相关样式，这种样式是多样化的(能够表现对象的形状、颜色、结构等)。

5. 游戏练习法

在娱乐和玩耍中进行美术活动，使幼儿在自然、轻松、愉快中饶有兴致地反复学习和操作，在情感体验的同时获取知识技能。美术活动是幼儿手眼脑并用、自我创作的实践活动，对手部肌肉的发育、手指和手腕的灵活性、视觉记忆与视觉思维的发展都起着促进作用。

6. 启发探索法

教师在活动中依靠幼儿已有的知识，启发他们去探索并获得新的知识和操作经验。这是幼儿在教师指导下进行创造性美术活动的重要方法。启发探索法最大的优点是能激发幼儿动手操作的主动性，独立探索并获得成功体验。

7. 丰富联想法

教师在幼儿的美术活动中引导他们以感知事物为基础，根据自己的所见、所闻、所想，围绕着活动主题回忆、联想与之有关的人、事、物，不断丰富自己的作品内容。这种方法对丰富幼儿操作的构思以及想象具有重要作用。

三、幼儿园美术教育活动设计的基本过程

1. “感知体验”环节

调动多种感官仔细观察，丰富幼儿的想象。

(1) 提供给幼儿感知的作品要典型、多样。

(2) 通过感知体验，掌握事物的基本特征。

2. “探索与发现”环节

探索美术操作技法或各种工具材料的特性及使用方法。

(1) 为幼儿提供充分的自主探究和自我发现的空间。

(2) 以幼儿自主探究为主，教师及时发现问题，推动活动发展。

(3) 不是所有的美术材料都适合此环节。

3. “创作与表现”环节

通过艺术构思与设计、操作与装饰两个阶段，将自己的经验、想法或情感用艺术手段表达出来。

(1) 创作前教师要交代操作的要求。

(2) 引导幼儿将临摹、仿制与独创结合起来。

(3) 创设宽松的创作环境。

4. “欣赏与评议”环节

幼儿欣赏自己和同伴的作品，评议过程。

(1) 作品评议与过程评议相结合。

(2) 采用幼儿自述、教师引导、同伴欣赏等相结合的方法。

(3) 评议环节要关注幼儿审美能力和创造能力的发展，也要关注幼儿行为习惯、意志品质方面的发展。

四、幼儿园音乐教育活动的内容

1. 歌唱活动

歌唱活动是借助嗓音表达思想、交流情感的一种艺术活动形式。在歌唱时应当以“声”表“情”，以“情”感人，用富有情感的歌声表达自己内心的感受。歌唱活动需要幼儿保持正确的歌唱姿势，合理地运用气息并借助正确的发声方法，以声音的高低、长短等变化来表现歌曲的内容和情感。

2. 韵律活动

韵律活动是在音乐伴奏下用协调的身体动作表达艺术形象的一种较为复杂的音乐活

动形式，包括律动、舞蹈和音乐游戏。由于这一活动体现了音乐与动作的关系，并且动作的表达受到音乐的指挥和制约，因此，韵律活动首先必须是在有音乐伴奏的情况下进行的，没有音乐伴奏的身体动作不能称为韵律活动；其次是在活动中要用协调的动作来表现音乐，即动作要能够体现音乐节奏的疏密、旋律的起伏、情绪的变化，能够跟随音乐的变化而产生及时的、相应的变化。

3. 打击乐器演奏活动

打击乐活动是借助打击乐器或替代性的打击乐器，通过一定的音色、节奏和力度的变化表现音乐的一种活动。它是幼儿表达音乐的一种最自然、最直接的方式，也是最能令幼儿在敲敲打打中感受到乐趣的一种音乐活动。由于幼儿的打击乐活动大多是伴随歌曲或者旋律器乐曲进行的，因此幼儿需要具备一定的打击乐器演奏的知识和技能，这样才能使打击乐器演奏与歌(乐)曲变化协调一致，使个体和整体声部之间协调一致。

4. 音乐欣赏活动

音乐欣赏活动是让幼儿在倾听音乐的过程中，对音乐作品进行感受、理解、分析和鉴赏的一种审美活动。音乐欣赏不仅可以使幼儿接触到更多优秀的音乐作品，还能培养幼儿良好的倾听习惯，锻炼幼儿听觉的敏感性。不过，幼儿在欣赏音乐时很难像成人一样安静地、单纯地倾听，因此，还需要借助身体动作、与音乐情感吻合的视觉材料，以及能够表达音乐内涵的文字材料作为辅助感知手段，一方面通过多种感官的刺激让幼儿更好地了解音乐的内涵与思想，另一方面也为幼儿在欣赏之后的自由表达提供了更多的素材。

五、幼儿园音乐教育活动的方法

1. 示范法

示范法是指在幼儿园音乐教育活动中通过教师的演唱、演奏、动作表演，使幼儿能够获得清晰的音乐表象，提高学习兴趣，从而优化学习效果的一种教学方法。

2. 语言法

语言法是指音乐教育活动中以语言传递为主，通过教师和幼儿口头语言以及幼儿独立阅读书面语言为主的一种教学方法。

3. 角色变换法

角色变换法是指在音乐教育活动中，教师运用自身角色的变化对幼儿的学习进行指导的一种教学方法。

4. 整体教学法

整体教学法是指一种以“教学整体”为工具，利用“教学整体”的知识性与功能性相统一的特征，规范幼儿的思维模式，帮助幼儿体验人生，把握科学知识，控制学习进度，达成学习目标，完成学习任务，构建能力素养，形成科学理念的一种教学方法。

5. 多通道参与法

多通道参与法是指活动中教师引导幼儿通过多种感官参与活动，使其在不知不觉中对活动内容产生兴趣的一种教学方法。

六、幼儿园歌唱教育活动设计的基本过程

1. 介绍新歌，用多种方法激发幼儿的兴趣

(1) 韵律导入：在进行韵律活动时，教师可借助故事、儿歌、猜谜等手段，将幼儿引入音乐所表现的游戏情境中，激发幼儿对活动的兴趣。

(2) 游戏导入：通过参与游戏来调动幼儿的学习兴趣，激发幼儿内在的学习动力，促进幼儿思维想象的独特性发展，让幼儿愉快地接受教育，成为学习的主体。

(3) 情境表演导入：在导入新课时，教师有目的地精心创设音乐情境，引导幼儿进入学习环境中。

(4) 歌词朗诵导入：教师运用有声有色、有情有趣、新颖别致的歌词朗诵导入活动，唤起幼儿学习的激情，使其愿意主动参与学习。

(5) 直观形象导入：教师借助直观的图形引入概念，帮助幼儿理解音乐的内容，并通过设置一些问题让幼儿初步学会应用。

2. 幼儿熟悉、记忆歌词

教师运用填充提问法、逻辑提问法、直观教具提示法和节奏朗诵法来帮助幼儿熟悉并记忆歌词。

3. 教师范唱

根据幼儿的不同生理和心理特点，教师应该采用一些相应的方式来进行歌曲的范唱教学。

4. 教唱新歌

一般是教师先唱一两遍，再一句一句地教，然后让幼儿跟着教师一起唱，唱几遍后让学得快的幼儿唱，最后大家一起合唱。

5. 复习歌曲

在巩固复习歌曲的时候，教师应该注意找出以前没有发现的问题、错误。

6. 注意对幼儿创作能力的培养

(1) 幼儿自己为歌曲配动作。

(2) 幼儿为歌曲仿编歌词。

七、案例分析

案例一　小班美术教育活动——有趣的格子王国

❖ 设计意图

《红黄蓝的构成》是荷兰著名画家彼埃·蒙德里安的代表作之一，作品中不对称的平衡风格色块大小的对比以及三原色的搭配给人一种有节奏的动态美。该作品最突出的特点是看似随意组合的横直线条、竖直线条和三原色色块的运用，很适合小班幼儿欣赏。本活动旨在借助作品，引导幼儿在一种游戏情境中感知色彩、线条、构图等美术要素，初步积

累美术经验。

❖ 活动目标

(1) 欣赏彼埃·蒙德里安的作品《红黄蓝的构成》，感受直线与红黄蓝色块搭配的美。

(2) 尝试用油画棒连接直线，并在空格处用棉签进行水粉填色。

(3) 体验在游戏情境中创作的快乐。

❖ 活动准备

(1) 经验准备：幼儿会使用油画棒，在美工区玩过用棉签进行水粉涂鸦的游戏。

(2) 材料准备：彼埃·蒙德里安的《红黄蓝的构成》及其他相关作品，方形空白底图，黑色油画棒，红黄蓝三色颜料，棉签。

❖ 活动重点

通过训练，培养幼儿对色彩的认识。

❖ 活动过程

1. 情境导入，引起兴趣

(1) 创设情境，邀请幼儿去“格子王国”玩一玩。

师：有一个有趣的王国，我们一起去那里玩一玩吧!

(2) 出示大幅彼埃·蒙德里安创作的《红黄蓝的构成》(见图 1-1)，鼓励幼儿自由说一说看到了什么。

师：你喜欢格子王国吗？为什么？

2. 进一步欣赏大师作品，感受直线与色块的组合美

(1) 引导幼儿发现画面中直直的“马路”与红黄蓝的“房子”。

师：请你们指一指马路和房子分别在哪里，是什么样子的？(用贴近小班幼儿生活经验的情境引导幼儿解读大师作品)

(2) 欣赏彼埃·蒙德里安的其他相关作品(见图 1-2 和图 1-3)，引导幼儿欣赏感知线条和色块的变化。

师：格子王国真有趣，又变样子啦！你们看到了什么？

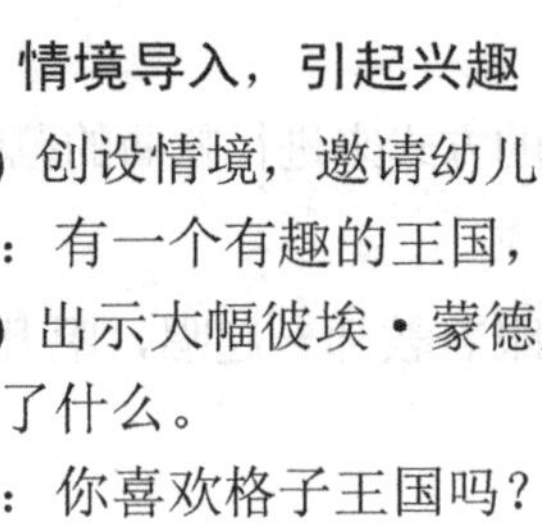

图 1-1

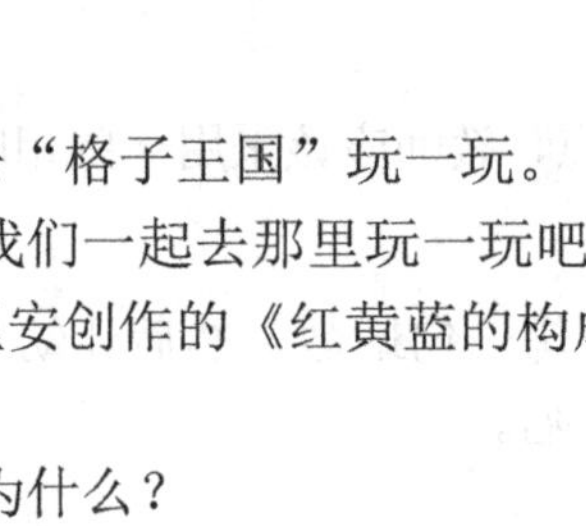

图 1-2

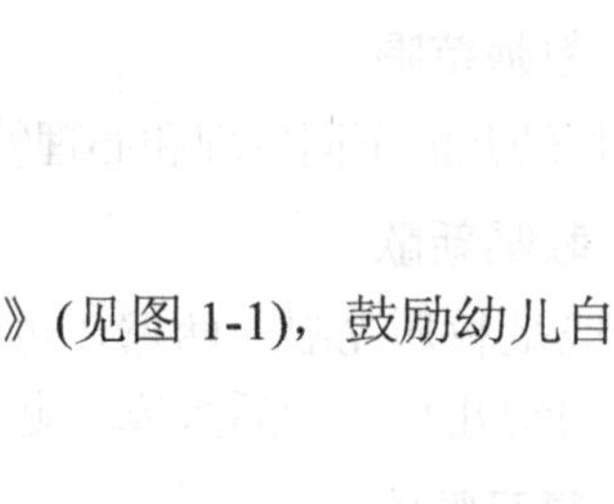

图 1-3

3. 探索连接直线及在格子里涂色的方法

(1) 出示空白底图，引起幼儿绘画的兴趣。

师：红点点和好朋友住在街对面，他们想手拉手去格子王国玩一玩，谁来帮帮他们？

请个别幼儿连一连直线。

小结：从红点点开始用笔走，走呀走，走成一条直线，一直走到他的好朋友(另一个红点点处)。再从蓝点点开始走，一直走到另一个蓝点点处。

(2) 在“为格子王国刷房子”的情境中示范在格子里涂色。

小结：用笔蘸上颜料，将一个格子涂满，小心不要涂到格子外面。涂好一个，可以换一种颜料涂另一个格子。

4. 幼儿创作

(1) 介绍绘画材料，提出绘画要求。

师：今天我们要用油画棒和水粉笔来画画，用油画棒画线，用水粉笔蘸颜料涂颜色，看看谁像大画家。

(2) 幼儿创作，教师指导。

在幼儿创作过程中，教师应提醒幼儿画直线时要用点劲，涂鸦时颜色要尽量涂在格子线内。

5. 展示作品，体验成功的快乐

(1) 在教室里展示幼儿的作品(见图 1-4 和图 1-5)。

(2) 引导幼儿找找自己的作品在哪里，并鼓励幼儿说一说还喜欢谁的作品。

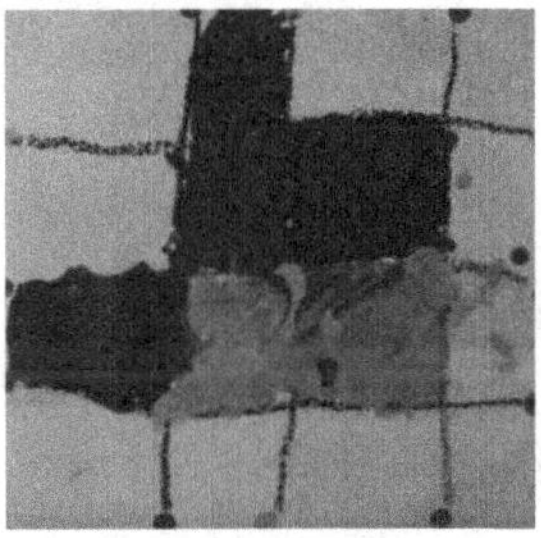

图 1-4

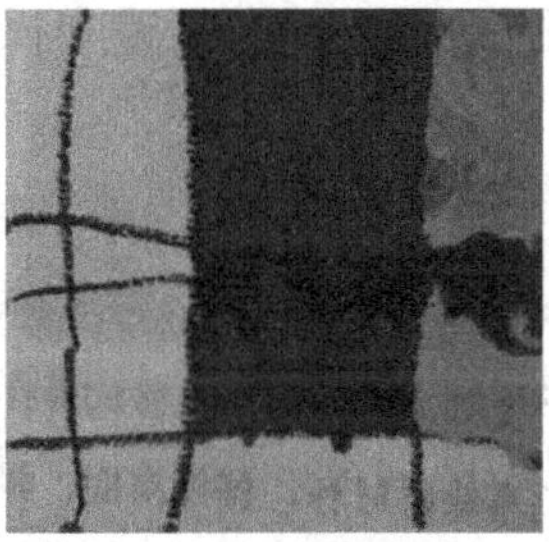

图 1-5

❖ 专家评析

同样一幅作品，在一百个人眼里也许会有一百种解读。彼埃·蒙德里安的作品《红黄蓝的构成》所传递的意义，对于小班幼儿来说，也许不会被理解，但线条和色块是幼儿可以直接感觉到的，这也是该作品中最突出的形式美。直直的“马路”与红黄蓝的“房子”，也许更接近小班幼儿对画面的解释；“为格子王国刷出大大小小的彩色房子”等游戏情境贯穿始终，符合小班幼儿的年龄特点；通过连接相同颜色的圆点来帮助小班幼儿练习画横直线和竖直线，降低了难度。此外，用棉签涂色块的方法非常适宜，因为水粉颜料遇到油画棒的线条会自然排开，这样既不会使颜色盖住线条，又能帮助幼儿很快完成涂色，收获成功后的喜悦。建议在幼儿能熟练地画直线后，教师提供空白纸，鼓励幼儿按照自己的意愿自由画直线，组成马路。

案例二　中班美术教育活动——漂亮的指印画

❖ 设计意图

指印画游戏的特点是材料简单，操作便利，能激发想象力。但是，由于单独一个指印画面较小，不容易形成富有视觉震撼力的作品，因此，如何激发幼儿的想象力使作品内容更为多样化，以及有没有更好的呈现方式以解决作品表现零散的问题，是教师组织幼儿指印画活动需要考虑的。《3～6 岁儿童学习与发展指南》指出：要“丰富其想象力和创造力，引导幼儿学会用心灵去感受和发现美，用自己的方式去表现美和创造美”，“鼓励幼儿用自己的作品或艺术品布置环境”。基于这些考虑，本活动以挂件为载体，把分散的指印画作品组合起来，既增加了视觉美感，又让幼儿成为布置装点教室的主人，感受到创造的成功与喜悦。

❖ 活动目标

(1) 通过欣赏、观察单个指印的或由多个指印组合的指印画，了解制作指印画的基本方法。

(2) 能根据自己的想法，将指印画装扮成漂亮的挂件。

(3) 喜欢指印画添画活动，能遵守操作规则。

❖ 活动准备

(1) 经验准备：幼儿已有图形想象添画的经验。

(2) 材料准备：指印画幻灯片，指印画课件，视频仪，计算机；各种形状的小纸片，勾线笔，各色印泥，回形针；每组 1 个小筐，每组 2 块抹布。

❖ 活动重点

通过指印画训练，锻炼幼儿的想象力。

❖ 活动过程

1. 出示单个指印，引起幼儿兴趣

(1) 出示单个指印，激发幼儿想象。

师：这里有个图形，请小朋友们仔细看一看、想一想，你们觉得它像什么？

(2) 播放课件，使指印逐步变为一只小刺猬。

师：你们想不想知道它会变成什么？看老师变魔术！变！变！变！原来这个图形经过添画变成了刺猬！(引导幼儿观察图形变成刺猬的步骤，见图 1-6～图 1-9)

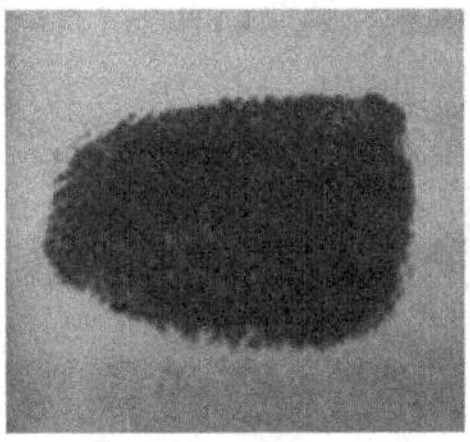

图 1-6

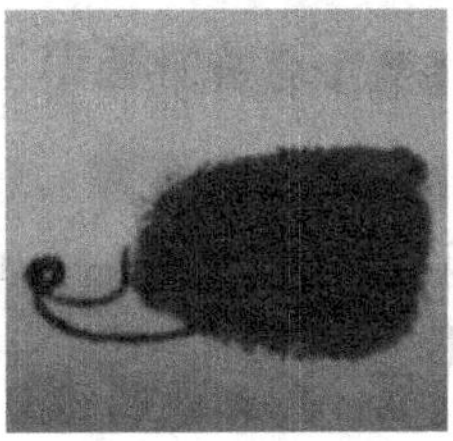

图 1-7

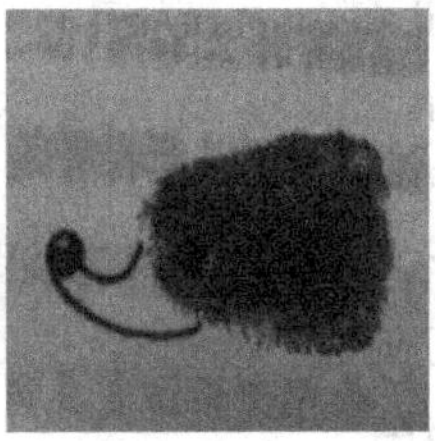

图 1-8

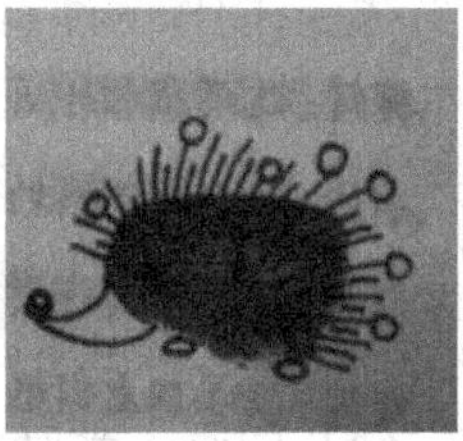

图 1-9

小结：这种印好指印再进行添画的方法，叫指印画。让我们一起来学一学指印画，好吗？

2. 欣赏幻灯片，学习指印添画的基本方法

(1) 观看幻灯片(见图 1-10～图 1-12)，了解单个指印想象添画的方法。

图 1-10

图 1-11

图 1-12

提问：指印变成了什么？请大家用手指比一比，看看可能是用哪根手指印的？指印还可以变出哪些水果、人或动物？(帮助幼儿了解，用不同的手指，用横印或竖印进行指印画创作)

(2) 对比欣赏用多个指印组合添画的指印画(见图 1-13、图 1-14)。

图 1-13

图 1-14

提问：这两张指印画和前几张有什么不同？

小结：原来，用不同的指印组合也可以变出有趣的指印画。

(3) 请幼儿与同伴交流自己的想法。

提问：请小朋友们想一想，你想把指印变成哪些形象，和旁边的小朋友说一说。

(4) 介绍工具材料，请幼儿探索操作方法。

提问：每一组都有一筐小纸片和一组印泥，谁愿意上来印指印？(引导幼儿观察操作过程，并注意一些细节，如提醒幼儿用抹布擦手等)

(5) 提示创作的注意事项。

师：请大家选择自己需要的颜色在小纸片上做指印画，两面都要做。如果要换颜色可以和旁边的小朋友商量交换。

出示事先已做好的挂件，帮助幼儿了解穿挂件的方法：教师把指印画变成了漂亮的挂件，请你做好以后也用回形针把它们穿起来吧。

3. 幼儿印画，教师指导

(1) 提出制作要求：选择不同的小纸片，根据自己的想法印指印画，可以是单个指印的，也可以是由多个指印组合的。印完后再添画，然后用回形针将小纸片穿成挂件。

提问：大家想一想，指印可以变成我们生活中的哪些东西？比一比，看谁画得多。

(2) 幼儿作画，教师指导。

作画重点：学习指印画的基本方法，能用简单的线条进行添画。

作画难点：能根据指印画大胆想象，尝试用不同指印画表现自己熟悉的事物。

4. 幼儿作品欣赏

幼儿相互欣赏并介绍作品：请小朋友们拿着自己做好的挂件和旁边的小朋友相互欣赏、交流一下。

5. 活动延伸

把指印画挂件做成漂亮的窗帘或门帘装扮教室，对教室的活动区域起到点缀美化的作用。

❖ 专家评析

中班幼儿的精细动作能力正在发展，他们开始可以描绘细节，他们对物体的主要特征有着来自“直觉”的准确性，他们有许多“无厘头”的想法，游离在“想法”和“现实”中。我们常发现幼儿说的比画的好，在这个阶段，引导幼儿对形状进行想象或者变形想象，都能使幼儿把自己的想法变成现实。指印画正是借助了印画和添画，把幼儿对形状的想象表现出来，这需要激活幼儿的想象力，需要幼儿对物体特征的感知，也需要幼儿有一定的细致表现能力。教师运用了挂件的方式，独具匠心，使得指印画以中国民俗的方式表征，既传承了中国文化，又渗透了审美教育，值得推荐。不过，在活动中教师应注意以下几点：第一，这个活动旨在激活幼儿的想象力，而不是让儿模仿教师，所以范例应提供多种类型，多让幼儿大胆想象。第二，在让幼儿了解指印画的过程以及制作挂件的步骤时可以制作步骤图，方便幼儿自主学习。第三，在完整示范指印画的过程时，可以先拍好视频，这样能使幼儿看得更加清楚。第四，为调动幼儿参与的兴趣和丰富幼儿表达的内容，应提供多色印泥，或者利用海绵自制需要的颜色。

案例三 大班美术教育活动——蔬菜造型

❖ 设计意图

蔬菜，除了可以用来烹饪美味的菜肴，还可以用来做什么呢？换一个角度观察蔬菜，它像什么呢？本活动利用蔬菜，启发幼儿用灵巧的双手通过剖、剪、切、组合等方式，创造出一个个新奇百变的形象！这里，蔬菜就是一个想象的载体，给予幼儿发挥的空间；牙签就是材料的“连接器”，而塑料小餐刀、小剪刀就是裁切的小工具。快乐就在拼拼摆摆中，创造就在不经意的游戏中!

❖ 活动目标

(1) 观察各种蔬菜的外形，通过想象、重组创造出新的造型。

(2) 能使用塑料小刀、牙签等工具对需要的蔬菜进行分割与组合。

(3) 不浪费蔬菜，做事细心，安全使用工具材料。

❖ 活动准备

蔬菜造型 PPT，西红柿、葱、黄瓜、茄子、花菜等蔬菜，牙签等工具。

❖ 活动重点

将蔬菜变成幼儿的手工作品。

❖ 活动过程

1. 欣赏蔬菜造型 PPT，开启蔬菜的另一种风貌

教师展示桌上的蔬菜，提问：小朋友们看看桌子上有什么？这些东西有一个共同的名称叫蔬菜。这些蔬菜是做什么用的呢？

师：蔬菜不仅可以用来制作美味佳肴，还可给我们的生活带来乐趣呢！我们一起来欣赏一下。(播放蔬菜造型幻灯片，见图 1-15～图 1-18)

图 1-15

图 1-16

图 1-17

图 1-18

提问：说一说蔬菜都变成了什么？(通过蔬菜造型范例激发幼儿对蔬菜造型的兴趣)

2. 仔细观察蔬菜造型的图片，分析蔬菜们的“大变身”

指导语：这些蔬菜是怎么变的呢？我们仔细来看看。谁来说说，你最喜欢哪一个造型？它是用什么变的？为什么觉得很像呢？这个蔬菜还像什么？怎么变？

小结：蔬菜大变身，有的变成了小企鹅，有的变成了鸭子，有的变成了金鱼，有的变成了萝卜精灵，这些都是用一种蔬菜变的。它们都是依据各自的特点进行加工改造，然后变成有趣的物体形象的。

3. 教师示范

教师展示西红柿、花菜、葱、茄子、黄瓜、白菜等蔬菜。

提问：我们将它们组合一下，看看最后变成了什么。

4. 幼儿操作，教师指导

指导要点：

(1) 提醒幼儿使用工具时注意安全。

(2) 启发有困难的幼儿，在观察蔬菜外形特点的基础上，确定自己的想法。

(3) 鼓励能力强的幼儿尝试自己设计并制作出相应的作品。

(4) 对于喜欢模仿的幼儿，鼓励其在模仿的基础上加入自己的想法，有所创新。

小结：以茄子和黄瓜为主要材料，牙签作为点缀，可以拼成小坦克。以西红柿、茄子和葱为主要材料，花菜、蘑菇、青椒作为辅助材料，可以拼成自行车。以白菜和胡萝卜为主要材料，再添加“小眼睛”，可以拼成美丽的鹅。

5. 作品展示、欣赏与评价

展示幼儿的作品(见图 1-19～图 1-21)，帮助幼儿体验到成就感。

指导语：快把你们的作品放到展览台上吧！看看蔬菜们都变成了什么？请给大家介绍一下，你是怎么变的。

图 1-19

图 1-20

图 1-21

6. 活动延伸

把蔬菜和水果结合制作成手工作品。

❖ 专家评析

本活动有以下三个值得借鉴的地方：第一，选材易得，体现生活化。蔬菜在我们的生活中很常见，但是离幼儿又近又远，因为孩子们对于蔬菜的认识更多地体现在“吃”上，对于蔬菜到底是怎样的，他们却很少接触到。而本活动将蔬菜变成一种可以创作的材料，不仅让幼儿可以直接触摸摆弄，认识蔬菜、熟悉蔬菜，还可以经过创意、组合、美化，将它们变成赏心悦目的艺术品。第二，富有创意，体现审美感。这个活动通过带领孩子们摆弄蔬菜，发掘出无限的创造空间，把蔬菜变成小坦克、自行车、鹅等，这是一种爱生活的审美教育，体现出教师创造美好生活的愿望，这也在潜移默化地影响着孩子们。第三，动手动脑，体现教育性。本活动引导的重点是开拓幼儿的思路，激活幼儿的创造力；技能运用的重点是合理使用工具，锻炼幼儿的小肌肉，满足幼儿好玩、好模仿、好探索的天性。此外，还有以下两点活动建议：第一，可以邀请幼儿参与到蔬菜的准备活动中，请他们从家中带来 1～2 种蔬菜，这有利于幼儿熟悉、亲近蔬菜。第二，活动结束后如有多余的蔬菜，可以送到幼儿园厨房或者请小朋友带回家，培养幼儿节约的品质。

案例四　小班音乐教育活动——胖胖的小企鹅

❖ 设计意图

《胖胖的小企鹅》是一首风趣、欢快的幼儿歌曲，适于 3～5 岁幼儿演唱。企鹅是一种生活在严寒地区的游禽，它的外表看上去气度不凡，就像是穿燕尾服的“绅士”，走起路来一摇一摆，十分惹人喜爱。教师通过讲述小企鹅憨态可掬的神态和摔倒后坚强乐观的态度，引导幼儿充分发挥想象力。请幼儿边唱边表演，从中体会企鹅的可爱和唱歌的乐趣。

❖ 活动目标

(1) 让幼儿感知歌曲，熟悉歌词，尝试边唱边表演，并用木鱼为歌曲进行伴奏。

(2) 幼儿能够在感知歌曲时做出相应的动作，特别是在小企鹅摔倒时，能根据音乐中的音效提示慢慢摔倒，学会控制自己的身体。

(3) 幼儿根据歌词词意进行表演，模仿小企鹅憨态可掬的样子，并在表演游戏中学习摔倒且能够像小企鹅一样勇敢不哭，乐观面对困难。

❖ 活动准备

(1) 经验准备：了解企鹅的外形特征和生活习性。

(2) 物质准备：呼啦圈、木鱼、颤音叉、蛙鸣筒等。

❖ 活动重点

幼儿能根据音乐的提示做出相应的身体动作，在摔倒的时候能控制自己的身体慢慢倒下，并尝试用木鱼为歌曲进行伴奏。

❖ 活动过程

1. 导入新课

(1) 教师出示图片，通过与幼儿讨论企鹅的生长环境和外貌引入歌曲，并进行示范演唱。

“小朋友，你们见过企鹅吗？在哪里见的？它会飞吗？那它是鸟吗？”

“企鹅长什么样子？除了有圆圆的肚子和短短的腿，还有什么特点？”

“哇，你们说得非常详细。”

“今天老师带来了很多可爱的图片。请看！这是什么啊？是小企鹅吗？除了小企鹅还有什么呢？有蓝天和白云，还有什么呢？地上是什么啊？对，是冰块。那为什么有冰块呢？因为企鹅要住在很冷的地方，那是企鹅的生长环境。”

(2) 播放歌曲。

“现在我们来听一首关于企鹅的歌，看看歌里唱的企鹅跟大家见过的一样不一样。”

2. 歌唱与律动

(1) 教师播放音乐，边唱歌词边做动作，并带幼儿一起做出和歌词相应的动作。(重复两遍，帮助幼儿感知歌曲)

“这首歌是怎么唱的呢？小企鹅的手是不是同时夹在身体两边？”

“小朋友们，把肚子挺起来，听老师的鼓声！”

“当老师唱到‘圆圆的肚子’时，小朋友要找自己的小伙伴，肚子碰肚子。可以两个人，也可以多人。”

小结：企鹅具有非常独特的外形特征，又白又圆的大肚子，黑色的背，退化的翅膀，短短的腿，直立的姿势，走路时一摇一摆的模样等。

(2) 教师通过逐句清唱，鼓励幼儿创编企鹅的动作，表现出企鹅憨态可掬的模样。

“你喜不喜欢企鹅？那我们学一学它的样子好不好？”

“你要怎样表现短短的腿？”

“哎哟，冰太滑了，企鹅滑倒了！”

(3) 教师通过轻唱带领幼儿模仿企鹅的姿态，待幼儿熟悉歌词并能大胆表现企鹅走路、摔倒的肢体动作后，再伴随音乐进行整体的肢体动作表现。

3. 游戏互动

在幼儿基本熟悉《胖胖的小企鹅》的歌词内容、歌曲的旋律，以及基本的律动动作之后，教师可通过设计丰富有趣的游戏活动，进一步加深幼儿对企鹅的认识，带领幼儿在自由安全的氛围里，感知音乐中的快乐情感。在本环节中，教师引导幼儿模仿企鹅的姿态，并伴随不同的音色指令进行听辨反应游戏和角色扮演游戏。

游戏一：听辨反应游戏

(1) 教师在幼儿对歌曲有了基本了解之后，击鼓带动幼儿做游戏。

① 根据不同的击鼓声音，幼儿需要用不同的身体部位做出反应。

② 击鼓时，幼儿学企鹅走路。鼓声停了，幼儿用肚子和别人打招呼。

③ 击鼓时幼儿走，鼓声停时幼儿学小企鹅慢慢摔倒。

(2) 教师击鼓伴奏，幼儿根据歌词的内容做出相应的动作。

① 唱到“圆圆的肚子”的时候，两个幼儿要相互用肚子碰肚子打招呼。

② 教师借助颤音叉作为声音提示，提示小企鹅摔倒的动作，幼儿模仿摔倒。

游戏二：角色扮演游戏。

教师拿出呼啦圈分发给幼儿。幼儿将呼啦圈作为企鹅的肚子进行随乐扮演游戏。

“我们要跟着小企鹅一起游戏啦，看看谁扮演的企鹅最可爱。”

"谁会唱歌了？你会不会学小企鹅一边走路一边唱歌呢？"

4. 乐器伴奏、小结

(1) 教师带领幼儿用蛙鸣筒为歌曲进行完整伴奏。

(2) 活动结束。教师引导幼儿有序整理乐器，培养幼儿活动后整理东西的好习惯。

❖ 专家评析

观察图片时，教师引导幼儿着重观察企鹅的身体形态和特征，引导幼儿用自然声、合适的力度和速度，清晰地演唱歌曲，用合适的自然声表达出歌曲情绪。但是，教师应注意提醒幼儿在歌曲中出现"咻"，即企鹅摔倒时，控制身体慢慢地摔倒。活动通过装扮游戏有效提升了小班幼儿的表达能力、交往能力，丰富了幼儿的游戏经验，提高了幼儿的游戏水平。教师在引导幼儿探索蛙鸣筒的不同演奏方法所产生的不同音色时，可给予幼儿更多的自由度。当幼儿已掌握歌曲和律动动作时，教师可视情况适时退出，在观察幼儿律动或乐器演奏时给予鼓励。

案例五　中班音乐教育活动——丰收的季节

❖ 设计意图

歌谣《丰收的季节》巧妙地将自然界四季的变化、生活常识及简单的数目等融为一体，帮助幼儿认识世界。歌谣的念词充满童趣，具有诗词的感觉，幼儿很容易在其中找到规律，有助于幼儿记忆歌词和旋律。通过动作创编和打击乐演奏，幼儿可以体验、感受收获的乐趣，懂得珍惜劳动果实。通过秋游、劳动等引导幼儿观察秋季的变化和景象，让幼儿感受秋天独特的季节特征，激发幼儿探索大自然奥秘的兴趣。

❖ 活动目标

(1) 让幼儿感受、表现歌谣的节奏，初步认识节拍；让幼儿学会理解和运用强弱的变化在音乐中的表现作用。

(2) 带领幼儿探索用不同的动作表现歌谣内容；尝试用响板、蛙鸣筒为歌谣伴奏。

(3) 让幼儿乐于探索和表演，并能按照要求合作；幼儿能愉快地和同伴进行友好合作。

❖ 活动准备

(1) 经验准备：幼儿已熟悉歌谣《丰收的季节》，对蛙鸣筒的使用方法有一定的认识。

(2) 物质准备：蛙鸣筒、响板、秋天图片、彩带、彩色塑料圈、软布球等。

❖ 活动重点

通过歌谣和游戏的方式，引导幼儿认识打击乐器响板，掌握它的演奏方法。

❖ 活动过程

1. 导入新课

教师出示图片并进行提问，引导幼儿观察图片中的内容。

“秋天是一个美丽的季节，你见过的秋天是什么样子的呢？”

“小朋友们先来看看这张图片，你看到了什么？”

“树上的叶子是什么颜色的？”

“叶子为什么是这个颜色？”

“秋高气爽好天气，所以他们要去干什么？”

“你们知道都有什么水果或农作物是在秋天成熟的吗？”

2. 歌谣与律动

(1) 幼儿倾听并随音乐、随歌谣韵律进行身体摆动。

(2) 教师带领幼儿感受稳定拍。在幼儿聆听歌谣时，教师用拍手的动作抓住幼儿的注意力，引导其感受稳定拍，培养幼儿的恒拍感。同时，以另一种动作区别间奏部分的拍子。

3. 游戏互动

(1) 教师带领幼儿通过肢体动作，表现歌谣节奏。

“好了，刚才小朋友们念得特别好，现在我们要挑战一个更难的任务了，我们要把嘴巴念的用一根手指点出来。”

(2) 在随乐念歌谣的基础上，教师引导幼儿两两合作，进行双人游戏。

“现在我们要跟好朋友一起用身体来表现这首歌了。老师拍鼓的时候你们拍拍手，老师摇鼓的时候你们踏步走，好吗？”

“这是什么声音？(教师示范摇奏或拍奏铃鼓)听到这个声音要怎么做？非常好！”

(3) 教师带领幼儿进行角色扮演游戏。

“有一只小松鼠呀，它也要在这个秋高气爽的好天气里去登山找吃的。我们一会儿就扮演成这只小松鼠，一边登山一边找吃的，好不好？”

“它要怎么登山呢？它是一边唱歌一边走路去的，秋高气爽好天气(教师念唱歌词并示范动作)，你们学会了吗？”

(4) 幼儿扮演小松鼠，排队领取尾巴，然后有秩序地回到座位上。教师用小呼啦圈在地上布置地洞。

“你们看，刚刚老师布置的地洞里没有东西，现在你们要跟着音乐把水果藏到你觉得最好的‘洞’里。”

(5) 教师示范，在歌谣第一段间奏时，幼儿要将水果放入“洞”中；歌谣结尾时则要把水果收回来。

4. 探索、体验、感知乐器

(1) 教师出示蛙鸣筒，与幼儿一起回顾乐器的名称和使用方法。

“这是不是我们以前演奏过的乐器？”

(2) 认识打击乐器响板，了解它的演奏方法。

“今天我们的新乐器就是它(响板)。它的嘴巴好像青蛙的嘴巴。老师一会儿演奏的时候，把它摊开放在手上，把大嘴巴对着外面。”

“现在我要用它来演奏我们学过的音乐。”

(3) 教师发放响板，让幼儿自己探索其声音，体验响板发出响声的过程。

(4) 教师示奏响板，为歌谣伴奏，幼儿进行模仿，并吟唱歌谣。

5. 活动小结

教师对活动进行总结。

“今天小朋友们做得非常好，给自己拍拍手。”

“我们把嘴巴念的用小手拍出来了、用小脚走出来了，用乐器演奏出来了节奏，还用两种乐器一起进行了合奏。”

❖ 专家评析

在学习歌谣《丰收的季节》之前，教师提前将作品的创作来源以故事的方式讲述给幼儿听，让幼儿熟悉故事情节，做好情境铺垫。引导幼儿用自然声、合适的速度和力度清晰地念唱歌谣。幼儿在念唱过程中既不喊，也没有过分小声，而是用合适的自然声表达出歌谣情绪。在为歌谣内容创编动作时，教师需提供丰富的情境，调动幼儿参与的积极性，并鼓励幼儿想出与他人不同的动作来表达歌谣内容。在学习动作来表现歌谣时，教师引导幼儿相互观摩、相互学习。用乐器为歌谣伴奏时，教师引导幼儿把握适度的音量，没有过分用力，以免干扰到其他幼儿念诵歌谣。歌谣是幼儿非常喜欢的语言念读形式，具有非常稳定的节拍感、节律感和节奏感，也是幼儿学习儿歌之前的铺垫。建议在幼儿熟练念诵歌谣后，尝试运用本土方言进行念诵，使得歌谣更加有趣，这样对于传承本土方言也有一定的促进作用。

案例六 大班音乐教育活动——海龟之舞

❖ 设计意图

本首歌曲时值短、歌词密、一字一音。歌词形象鲜明，充满童趣，主要采用了同头重复法，即重复了歌曲中第一句“我是一只大海龟”或第二段的“我是一只小海龟”。幼儿很容易在其中找到规律，有助于其对歌词和旋律的记忆。歌曲富有音乐感，节奏鲜明，歌词语言活泼，具有一定的文学感染力，形象有趣地帮助幼儿认识自然界，给幼儿以美的享受和情感熏陶，对培养幼儿语言的连贯能力和表达能力有很大帮助，最终通过这首歌曲引导幼儿进行审美迁移和经验积累。幼儿能从活动中感知音乐速度的快与慢，感受美的形式和美的要素，以达到审美的提升。

❖ 活动目标

(1) 引导幼儿通过律动表演和乐器伴奏进一步熟悉歌曲，加深对歌曲中慢板、快板等不同速度所表现出的海龟形象的认知。

(2) 让幼儿运用已有知识经验，创编不同海龟爬行的动作，尝试用不同的方式来表达对音乐速度快慢的感受，并用高低木鱼为歌曲伴奏。

(3) 使幼儿在情境中愿意积极投入游戏活动，能在独立游戏时很快地调动已有经验进行大胆表现，引导幼儿在使用乐器时愿意积极探索不同音色和演奏方法，体验用不同方式表达歌曲的乐趣。

❖ 活动准备

(1) 经验准备：幼儿已会唱歌曲《海龟之舞》；能够看懂教师指挥，听音乐做出不同的回应；有空间游戏和合作游戏的经验。

(2) 物质准备：三角铁、碰铃、铃鼓。

❖ 活动重点

幼儿能够根据歌曲速度的变化，用动作表演、乐器演奏等方式表达歌曲的形象和情感，并且能够在教师的指挥下用简单的打击乐器为歌曲伴奏。

❖ 活动过程

1. 导入新课

(1) 教师出示图片，导入故事情境。

“我们来看下这张图片，你们在图片里看到了什么？”

“小青蛙住在井里，它觉得井就是最棒的世界。它的朋友就告诉它：才不是这样呢，外面有更大的世界，有很大的海，海里有很多动物。在大海里面，住着海龟，今天这只海龟要出来唱歌。”

(2) 播放《海龟之舞》。教师带领幼儿一边听，一边用动作表现大海龟和小海龟在大海中自由玩耍的情境。

(3) 教师提出问题，幼儿带着问题听歌，重点关注歌曲的内容和节奏。

“我们来听听看音乐里有几只海龟，是年纪大的海龟还是年轻的海龟？”

(4) 教师动作示范节奏，幼儿进行模仿，初步熟悉歌曲。

(5) 教师用提问的方式引导幼儿感知乐曲的音色和节奏的变化。

“有几只海龟？前面一只是老的还是年轻的？”

2. 歌唱与律动

(1) 教师带领幼儿一起扮演大海龟，模仿大海龟“慢悠悠”的动作。教师示范，幼儿模仿教师动作，进行第一段歌词部分动作的练习，使幼儿记忆动作的同时，感知歌曲旋律和内容。

“刚才的歌曲里面有几只海龟？哪只是大海龟？哪只是小海龟？”

“大海龟是怎么走路的？我们来学一学。”

(2) 教师带领幼儿扮演小海龟，“爬行”动作速度加快。

“后面那一段是大海龟吗？”

“小海龟是怎么爬的？还是很慢吗？”

(3) 教师提醒幼儿动作要和歌曲的节奏相一致。音乐慢则动作慢。

“刚开始大海龟爬的速度是快还是慢？”

(4) 教师和幼儿一起边听歌边用手拍出歌曲的节拍。

3. 多人游戏互动

(1) 合作表演游戏。教师发放道具，并进行分组。幼儿五人为一组，组合成一只海龟，分别扮演海龟的四肢和头部。角色由幼儿自行分配，然后共同完成“海龟爬行”的动作，体验音乐中的快板与慢板。

(2) 教师请一个幼儿击鼓，其余幼儿五人一组，根据击鼓的速度进行“快慢行进”的反应。

(3) 五个幼儿分别使用呼啦圈和彩色水袖装扮成海龟随乐律动。教师让落单的幼儿观察其他幼儿的动作，提高落单幼儿的活动参与度。

“小裁判，你告诉老师，刚刚哪个组走得最慢，最像大海龟？”

4. 乐器感知

(1) 教师出示三角铁和碰铃，并让幼儿感受其音色。

(2) 教师分发乐器，让幼儿自主探索音色。教师应强调乐器发放秩序，这有利于幼儿秩序感的进一步建立，养成良好的乐器收发习惯。幼儿拿到铃鼓，开始探索各种敲击方式，并感知铃鼓发出的不同音色。

(3) 教师指挥，引导幼儿学会看指挥，并做出正确反应。熟练之后，教师指挥幼儿为歌曲进行伴奏。

5. 活动小结

教师带领幼儿一起回顾歌曲中慢速、快速的不同，加深幼儿对慢板与快板的感知，并带领幼儿进行练习。

“大家看老师的手势，左边的小朋友看我右手，右边的小朋友看我左手。”

“今天，我们在这首歌里听到了两只乌龟，一只是慢慢的大乌龟，它在音乐里的速度叫作慢板，一只是爱跳舞的小海龟，它在音乐里的速度叫作快板。”

❖ 专家评析

在学习歌曲《海龟之舞》时，教师提前带幼儿玩一些“节奏反应”和“走走停停”的游戏，建立幼儿的游戏规则意识。引导幼儿用自然声、合适的力度和速度清晰地演唱歌曲。由于本首歌曲在演唱时需要注意速度、情绪的变化，因此教师在范唱时需借助肢体动作来表现慢板和快板。在五人一组游戏时，幼儿如果无法很快分工，教师需及时提供帮助。在活动中，无论是律动、乐器演奏，还是演唱，最终目的是让幼儿感知音乐不同速度所表现的海龟形象的变化，激发幼儿的想象力。教师在游戏时需要通过观察幼儿的回应，适时退出，充分给予孩子自主的空间。

注意事项

(1) 在设计美术活动时，可以灵活地根据个人创意进行改变。

(2) 依据不同年龄段幼儿的特点，在设计音乐活动的导入环节时，应根据具体歌曲的特点选择导入方式，如《开火车》属于动作性较强的歌曲，可采取韵律导入，《小红帽》属于故事性较强的歌曲，可采用情境表演导入。复习歌曲环节，练习方式要多样化，可采用个别演唱、集体演唱、小组演唱、跟配乐演唱、男女对唱等形式。

背景知识

知识 1：如何科学合理制定活动目标

我国《幼儿园教育指导纲要(试行)》中指出：幼儿各领域的内容是相互渗透的，从不同的角度促进幼儿情感与态度、能力、知识与技能等方面的发展，活动设计要全面落实幼儿园教育的三层次目标，即活动目标要根据知识和能力，过程和方法，情感、态度与价值观三个维度设计。幼儿园各领域目标：健康领域，旨在增强幼儿体质，培养健康生活的态度和行为习惯。科学领域，旨在激发幼儿的好奇心和探究欲望，发展认识能力。社会领域，旨在增强幼儿的自尊、自信，培养幼儿关心、友好的态度和行为，促进幼儿个性健康发展。语言领域，旨在提高幼儿语言交往的积极性，发展语言能力。艺术领域，旨在丰富幼儿的情感，初步培养感受美、表现美的情趣和能力。

知识 2：教师为何要写详案

简案能够帮助我们了解每个活动的目标和它的主要环节，让我们了解每个活动大致由哪儿部分组成。可以说简案给了我们一个前进的方向。但是，如何前进，如何有效地实现目标，如何达成每个环节的作用，这就需要我们备详案。如果说每个环节是为了达成目标而服务的，那每个提问就是为了达成环节而服务的。所以每个提问的设计都是需要我们根据目标和环节的作用进行思考后提出的。怎么写详案，详细到什么程度呢？每个环节都有主要的大问题，而每个大问题又都包含一系列的小问题，这些小问题就是辅助提问。在整个教学活动中，教师虽然预设了许多问题，但是也会出现一些孩子生成的新问题，此时就需要教师在活动中进行调整。

知识 3：幼儿园教育活动的特点

第一，幼儿园教育活动是基于幼儿园的保育和教育目标而制定的有目的、有计划的活动，不是幼儿自发的活动。第二，幼儿园教育活动是引导幼儿主动活动的过程，幼儿是活动的主人，教师应重视幼儿在教育活动中的主体地位，促进幼儿体、智、德、美全面发展。第三，幼儿园教育活动是多种形式的教育过程，幼儿园教育活动是指幼儿园一日活动中的各项活动，分为集体活动、小组活动、个别活动，生活活动、游戏活动、教育活动，等等。

作　业

1. 以“有趣的鞋盒”为主题，在8开纸上设计幼儿健康教育活动。
2. 以“乌鸦喝水”为主题，在8开纸上设计幼儿科学教育活动。
3. 以“地球招聘清洁工”为主题，在8开纸上设计幼儿美术教育活动。
4. 以“地球招聘清洁工”为主题，在A4纸上设计幼儿语言教育活动。

地球招聘清洁工

有一天，地球公公在一棵榆树上挂了一块牌子，牌子上写着“地球清洁工报名处”。没有半天的工夫，就来了许多报名者。海鸥说：“我是海面的清洁工，我能把海面上漂着的死鱼和人们从船上倒进海里的剩饭、剩菜等都吃掉，使海面干干净净的。”河里的鲫鱼从水中伸出头来，说：“我每天在河里吃水虫、水草，还吃河里的垃圾，河水被我打扫得干干净净。”穿着一身黑衣的乌鸦说：“别看我样子丑，我专吃地面上的蝇蛆、地蚕，我把地面上的虫子吃掉，地面就变得干净了。”蚯蚓从泥土里钻出头来，说：“我在地下吃的是垃圾，经过我的消化后，垃圾就变成了肥料。”地球公公听了大家的话，哈哈大笑起来：“你们为我做了那么多的清洁工作，我真要谢谢你们啊！”

5. 以“变废为宝”为主题，在8开纸上设计幼儿社会教育活动。

第二部分 说课活动设计

实训1 幼儿园教育活动说课基本流程——说教材

实训目标

学会分析教材的特点。

实训内容

说教材就是教师通过分析所选活动的主题内容的特点，指明它在整体或主题网络活动中的地位。因此，教师首先必须说清楚此次活动的内容是什么，以及为什么要选择这些内容。要说明教材的选择是基于当时、当地幼儿群体的需要。如果在选材方面涉及地域特色或者幼儿园特色，教师则要更加突出说明，以此来体现园本课程的特色。

幼儿园教育活动内容和教材不是同一概念，活动内容来源于教材，但不局限于教材。

例如，某教师对大班音乐活动“歌唱春天”分析如下。

“歌唱春天”是大班艺术领域的教育活动。该活动是大班“美丽的春天”主题活动中的一次音乐活动。春天到了，我们的周围充满了春的气息，小草开始变绿，花儿含苞欲放，小河开始苏醒，天空变得蔚蓝，生机盎然的春天就这样来了。我和孩子们一起在园内散步，吹着柔暖的春风，嗅着扑鼻的花香，尽情地感受一路歌唱而来的、柳绿桃红的春天，美丽的春天活动主题由此产生。在此主题之下，我又设计了“春天的景色”“春天的植物”“春天的变化”和“春天的人物”一系列活动。

注意事项

可先建立主题网络图，再分析本次活动在主题网络中的地位。

实训2　幼儿园教育活动说课基本流程——说幼儿

实训目标

学会分析幼儿的特点。

实训内容

说幼儿就是简要分析幼儿的年龄特点、身心发展状况，原有知识经验和基础技能的掌握情况，以及非智力因素如幼儿的兴趣、动机、行为习惯、意志等。这一环节，教师要将平时对幼儿观察的零散印象，逐步条理化、明晰化，有针对性地表述出来，这样既能更清楚地了解幼儿，又能使教师将幼儿发展水平与教学活动设计的关系紧密联系起来，以此作为确定活动目标、选择活动内容和方法的依据，使教育活动有效地促进幼儿的发展。

例如，某教师对大班语言活动“彩色的雨”分析如下。

我班幼儿的口语表达能力较好，他们表达事物连贯、具体、口语化。进入大班以来已学会了一些散文，如《云彩和风儿》《叮咚叮咚的琴声》等，对散文的语言美和意境美有了一定的感受，由于幼儿年龄小，生活经验贫乏，对事物的理解能力较弱，尤其对散文中用精练的语句所表达的画面的理解有一定的困难。因此，让幼儿学会用散文中的优美语句来回答问题，可以更好地发展幼儿的口语表达能力，培养幼儿的艺术思维能力。同时，我班幼儿的动手操作能力较强，为了发扬幼儿动手能力强的优势，本次活动我也选择了动手操作的内容，引导幼儿通过发挥想象来恰当选用各种材料制作“彩色的雨”，展现雨中情景，体验散文优美的意境。

注意事项

平时加强观察，观察幼儿在日常活动如生活活动、游戏活动和教育活动中的表现，在观察中了解幼儿。

实训3　幼儿园教育活动说课基本流程——说活动目标

实训目标

学会分析某一教育活动的目标。

实训内容

活动目标是活动设计的重要环节，它既是教育活动设计的起点，又是教育活动设计的终点。说活动目标时，要先说主题活动的目标，再说本次活动的目标。教师可以从情感、认知、能力三方面综合阐述活动目标，并体现主题教育要求。最后还要分析确立此目标的依据。目标确定之后，教师要根据幼儿的年龄特点和已有的知识经验，分析本次活动的重点和难点，并确定解决重点和突破难点的具体措施。

在这一部分，教师应注意，既要有陈述，又要有分析。

例如，某教师对大班美术活动“美丽的蝴蝶”的活动目标分析如下。

活动目标是教育活动的起点和归宿，对活动起着导向作用。根据大班幼儿的年龄特点，我设计了以下3个目标。

(1) 体验绘画的乐趣。

(2) 在老师的引导下学画正面蝴蝶的基本外形特征，并用对称图案装饰蝴蝶的翅膀，尝试用冷暖色对比的方法涂色、装饰。

(3) 发展动手操作能力。

根据活动目标，我把活动的重点放在学习画正面蝴蝶和用对称图案装饰蝴蝶的翅膀上。活动的难点是尝试用冷暖色对比的方法给蝴蝶翅膀上的图案涂色。我将通过教师讲解、个别指导，以及引导幼儿观察、比较和模仿操作的方法来解决重点和突破难点。

注意事项

(1) 应根据主题网络中一级主题的活动目标，分析本次活动的目标。

(2) 注意目标表述的角度要一致，目标表述要简洁，以2～3个为宜。

(3) 目标要与相关的活动相结合，避免以学习过程的方式表述目标。

实训4　幼儿园教育活动说课基本流程——说活动准备

实训目标

学会分析某一教育活动的准备工作。

实训内容

幼儿园教育活动准备包括知识经验准备、物质准备和环境准备。

(1) 知识经验准备主要是指幼儿积极主动地参与本次活动并顺利完成活动任务应具备的能力。

(2) 物质准备包括活动前的准备(家长工作、社区协调、环境创设、资料收集、幼儿园活动等)，活动中的准备(有关玩具、教具，如幼儿用书、课件、教学挂图等)。

(3) 环境准备是指所创设的主题活动环境，包括场地的选择、墙面和地面的布置。活动准备的目的是让教师引导幼儿通过与环境、材料的相互作用来促进幼儿的发展。因此，活动准备必须与幼儿的能力、兴趣、需要等相适应。

例如，某教师在小班科学活动“观察西红柿”中做了如下准备。

(1) 知识经验准备：幼儿在日常生活中见过西红柿、吃过西红柿。

(2) 物质准备：

教具：图标 1 张，感官标记卡、特征标记卡若干；布口袋 1 个；西红柿、黄瓜、荔枝、红苹果标记卡各 1 张；篓子 3 个；塑料刀具 1 把；课件。

学具：幼儿每人 1 个盘子(盘上有盖布)；西红柿、黄瓜、荔枝、红苹果实物人手 1 套。

(3) 环境准备：将活动室布置成小厨房的情境。

注意事项

要能够结合活动主题分析活动准备。

实训 5　幼儿园教育活动说课基本流程——说教法

实训目标

掌握幼儿园教育活动的教法，学会分析某一教育活动的教法。

实训内容

说教法就是教师要说明“怎样教”“为什么要这样教”。

教学方法是教师有效地传递信息、指导幼儿的途径。说教法主要说明在本次活动中教师将采用的教学方法和运用的教学手段，以及这样做的原因，要着重说明自己独创的做法，特别是培养幼儿创新精神和实践能力的具体做法。

幼儿园教育活动中常用的教学方法有启发式教学法、情境教学法、活动操作法、暗示教学法、发现法、电教演示法、交流讨论法、审美熏陶法等。

例如，某教师在大班音乐活动“喜洋洋”中是这样说教法的。

要使幼儿在学习中具有浓厚的兴趣，能大胆地表现自己的情感和体验，教师的教法是至关重要的。这次音乐活动，我将激发兴趣贯穿整个过程，激发幼儿参与活动的积极性，建立自信心，培养幼儿敢于表现、敢于创新和乐意合作的精神。为此，我采用了以下教法。

1. 体验法

教师用亲切、温和的语言引导幼儿围绕“包饺子”主题开展活动。利用幼儿已有的经验，鼓励幼儿想象、模仿各种包饺子的动作，激发幼儿学习的主动性，并肯定幼儿的表现，树立其自信心。

2. 情境教学法

游戏是幼儿的基本活动，它具有教育性、娱乐性、创造性的特点。我利用幼儿熟悉的“包饺子”的游戏情节，结合乐曲《喜洋洋》，用打节奏的方式表现擀、捏、舀、盛等动作，引导幼儿融入热烈、欢快的气氛中，掌握乐曲的节奏。

3. 直观教学法

音乐与其他艺术一样，具有形象性特点。幼儿园音乐教育常常通过刺激幼儿的感知觉，去理解音乐中生动的艺术形象、情感与思想。如第三层次的第三环节，我就借助图形乐谱这一视觉材料帮助幼儿更好地了解音乐的曲式结构、节奏，为下一环节的合奏活动作铺垫。在图形乐谱的设计上，我注意把通用简谱、身体动作总谱、图形总谱结合在一起，使其更加形象。身体动作总谱就是声势练习，也就是用身体动作来表现节奏，将擀、捏、舀等动作运用其中，为下一环节的配器活动埋下伏笔。最后我让幼儿自主选择乐器，看着图谱探索如何配乐演奏，学会合作分享，以此培养幼儿自主学习、合作学习的能力。

注意事项

要根据教材的特点、幼儿的实际、教师的特长以及教学设备情况等，来说明选择某种方法或手段的依据。

实训6　幼儿园教育活动说课基本流程——说学法

实训目标

学习分析幼儿在某一教育活动中的学习方法。

实训内容

说学法就是说明幼儿要“怎样学”“为什么这样学”。

教师要说出教给幼儿哪些学习方法，培养幼儿哪些能力。教师在说学法时要说出活动中幼儿应怎样学，依据是什么；自己在活动中如何激发幼儿的学习兴趣，引导幼儿主动、积极地探索；还要说出如何根据幼儿的年龄特点和已有的知识经验开展教育活动，在活动中遵循了哪些教育教学规律。

幼儿在活动中常用的学法有多通道参与法、体验法、操作法、小组合作法、观察法等。

例如，某教师在大班音乐活动“喜洋洋”中是这样说学法的。

音乐相当于兴奋的语言，它对幼儿的愉悦功能是其他任何艺术形式都不能比拟的。所以我给幼儿创设了宽松、自由、幽默的学习环境，利用科学的学习方法引导幼儿学习，将幼儿的浅层兴趣引申并扩展到具有一定深度的动机水平，把幼儿原有的兴致导向内化，将表面的热情转化为主动参与活动的推动力，使幼儿进入积极主动的学习状态。我从幼儿熟悉的生活经验中找话题，挖掘幼儿多种能力，如表现力、听说能力、言语能力等。我围绕包饺子的话题，引导幼儿想象如何包饺子，并模仿包饺子的动作，把乐曲的节奏渗透到里面，提升幼儿的模仿力，最后将模仿的动作再迁移到操作乐器的环节上，引导幼儿自主学习，让幼儿在玩中学、学中玩，保证活动目标的全面实现。

1. 游戏法

首先以“包饺子”游戏的形式感受乐曲的曲式结构，接着看图谱，用语言节奏和动作节奏相结合的方式具体掌握节奏型，最后匹配乐器进行合奏，让幼儿逐层深入地了解音乐作品，表现音乐形象。

2. 多渠道参与法

《幼儿园教育指导纲要(试行)》指出：“幼儿艺术活动是一种手、眼、脑并用的活动，它需要幼儿用多种感官去感知审美对象，用动作和材料的操作去表现自己的思想情感和所见所闻。”因此，活动中我通过跳一跳、看一看、说一说、敲一敲等丰富的活动，让幼儿不知不觉地完成学习目标。

3. 操作法

在活动的前几个环节中，幼儿已经初步熟悉了音乐与节奏，我趁热打铁，将幼儿已有经验迁移到乐器的使用上，让幼儿在操作练习中进一步感知乐曲节奏，体验欢快、祥和的节日气氛，锻炼幼儿与同伴的合作能力及反应能力。

4. 探索尝试法

陈鹤琴先生说过“做中教，做中学，做中求进步”，在活动中，我们不断地设障，让幼儿不断地接受挑战。例如，引导幼儿自己尝试配器、加大鼓等来尝试不同乐器的使用方法。幼儿自主选择乐器后，老师引导幼儿结合图谱选择乐曲演奏的最佳方法，目的是让幼儿在探索尝试的过程中进一步感受音乐，体验乐曲欢快、热烈的节奏，更好地为活动目标服务。通过商量、比较，幼儿的思维活跃起来，探索出更合适的演奏方法。

5. 练习法

我鼓励幼儿采用整体与分段相结合的方法练习乐曲。幼儿先用丰富有趣的身体动作整体感受音乐节奏；再把动作节奏转化为用乐器演奏节奏；最后合奏。整个过程通过使用“整体—分段—整体”的方式，使幼儿逐步体验和学习乐曲。其间，教师要提醒幼儿在合作中注意自己与其他声部的协调。这种方法着眼于幼儿主动探索学习过程，教师关注幼儿的全面发展，也注意学习的结果，使幼儿能够较完美地演奏作品并享受演奏的乐趣。

注意事项

(1) 说明幼儿要“怎样学”的问题和“为什么这样学”的道理。

(2) 理解案例中教师是如何激发幼儿的学习兴趣，引导幼儿主动、积极地探索的。

(3) 领会案例中教师所采用的方法，如教师是怎样根据班级特点和幼儿的年龄、心理特征，运用哪些教育教学规律指导幼儿进行学习的。

实训7　幼儿园教育活动说课基本流程——说活动过程(开始部分)

实训目标

能设计并阐述教育活动过程的导入环节。

实训内容

活动过程是说课的重点部分，它反映了教师的教学思想、教学个性与风格，只有通过对活动过程设计的阐述，才能了解教师的活动安排是否合理、科学，是否具有艺术性。

说活动过程就是说明整个活动的流程，即各个活动环节的实施过程。活动步骤的安排、方式方法的选择必须以达成活动目标为目的。整体活动目标的达成以整体教育活动的实现为前提，但是，具体的活动目标要通过具体的活动来实现，某一活动环节可以实现一个或多个目标，某一目标也可以通过一个或多个具体的活动来实现。因此，教师必须分解活动目标，并分析各层次活动目标与各步骤及方式方法之间的适应关系。如果设计的活动要延伸，教师须说出延伸的方法、延伸的作用、延伸的依据。这一部分内容可以反映出教师对本班幼儿发展水平的掌握程度及对促进幼儿在不同水平上发展的理解认识与实践，还可以体现教师因材施教、实施个别教育的能力。

活动过程可以分为开始部分、基本部分和结束部分。

开始部分主要是导入活动。在集体教育活动中，教师常用以下几种方法导入新内容。

1. 以旧引新法

在新教学活动开始之时，教师可采用以先前学过的教学内容来引导幼儿思考新的活动内容的方式，从而促使幼儿将新旧知识有机地联系起来，降低幼儿接受新知识的难度。

例如，在大班主题活动“节日”中，教师要导入的新教学活动是春节。

师：“孩子们，上周我们认识了中秋节，知道了它的时间、起源、习俗以及传说等，今天我们要认识春节，大家知道我们要认识春节的哪些内容吗？春节也有很多有趣的内容。你们想不想具体了解春节呢？”

2. 情境导入法

教师可运用图画、音乐、游戏、故事等形式创设与本次活动内容相适应的情境，使幼儿身临其境、感同身受，从而引发幼儿积极的情感体验，主动参与新的教学活动。

例如，在中班语言活动“三只蝴蝶”中，教师根据“三只蝴蝶”的故事情节，创设了导入情境。

师：“孩子们，班里飞来了三只美丽的小蝴蝶，它们会做些什么呢？你们想知道吗？现在，就请大家仔细听、仔细看。”(三个分别戴着红、黄、白颜色蝴蝶头饰的幼儿以蝴蝶飞舞的样子出现在其他幼儿面前)

师：“孩子们，在你们中间还有三朵美丽的小花呢。”(三个分别穿着红、黄、白颜色衣服的幼儿向其他幼儿点头示意)

3. 教具导入法

根据活动内容的需要，教师通过呈现实物、模型等教具，引导幼儿进行观察并提出问题，从解决问题入手，自然地过渡到新的活动中。

例如，在小班阅读活动“小猴过生日”中，教师围绕核心内容“过生日”设计了如下导入环节。带着问题，幼儿观察探索的欲望被激发出来。

教师出示蛋糕模型(上面插有 5 根红色蜡烛)，引导幼儿猜猜今天谁要过生日，过几岁生日？

4. 悬念导入法

结合新活动的内容，教师可创设一种悬而未决的教学情境或以幼儿生活知识经验为基础，提出一些引人入胜的问题，调动幼儿强烈的好奇心，让幼儿主动思考、探索、讨论、分析有关活动内容。

例如，在大班科学活动“空气的秘密”中，教师通过做实验的方式来设置悬念。幼儿的好奇心瞬间被激发，有关空气的内容就自然而然地被导入本次活动中。

师：“孩子们，我在桌子上点燃了 2 根蜡烛，你们猜如果我分别用一大一小两个瓶子罩住它们，会发生什么现象呢？”

教师边说边动手操作，幼儿很快就会发现两根蜡烛先后都熄灭了。

师：“为什么两根蜡烛都熄灭了呢？为什么小瓶中的蜡烛会先熄灭呢？”

注意事项

(1) 设计幼儿园教育活动的导入环节时应注意幼儿的年龄特点和兴趣需要。

(2) 注意活动的主题特点以及活动的情境。

(3) 注意导入时间不宜过长，以免影响基本活动的开展。

实训 8　幼儿园教育活动说课基本流程——说活动过程(基本部分)

实训目标

能设计并阐述教育活动过程的基本部分。

实训内容

教育活动的基本部分是解决活动的重点和难点并达成活动目标的部分。

一般来讲，教师在说活动过程的基本部分时应注意做到以下四个方面。

首先，应说清“总共有几大环节”“各环节的主要目标”。

其次，应分环节讲清“教什么”“怎样教”，如何保证教学目标的达成，如何保证重点难点的突破，如何保证所有幼儿最大限度地达成目标。这要从“选择什么教学方法来突破教学的重难点”“如何引导幼儿学习”“如何帮助幼儿在情感、认知、能力等方面获得提高”，以及“为什么这样教”几个方面来说。对于重点环节，诸如运用什么教学方法突破重难点要细说，一般环节的内容则可少说。尽量避免流水账式的说法。

再次，应掌握说活动过程的方法。教师可以把整个环节的安排先说出来，再逐个环节细说，也可以先把一个环节的内容说完，再依次说其他环节的内容，环节之间的过渡要自然。

最后，要避免说活动过程中易出现的问题，如活动过程过于简单，教师只讲了某个环节做什么，没讲清楚怎么做、为什么这样做。

例如，在大班社会活动“我长大了”中，对于活动过程的基本部分，教师进行了如下分析。

基本部分是全面完成活动目标的部分。在这一部分我设计了六个环节。

1. 自由探索(欣赏幼儿小时候的照片和用品)

根据幼儿好奇、好动的特点，让幼儿猜照片。

提问：“照片上的人是谁？”引导幼儿议论猜不出来的原因，从而发现小朋友的变化。通过看一看、试一试、比一比，真实地感受自己长大了。

在这一过程中，幼儿的经验是浅显的，我通过集中让幼儿互相议论“现在与小时候比，你有什么变化”，引导幼儿从更多的方面有目的地进行比较，使目标得到实现。

2. 观看录像，积累经验

幼儿对自己是从哪里来的、怎样长大的充满好奇。通过观看录像，把幼儿带到神秘的生命起源的时刻，使他们深深地感受到妈妈孕期的辛苦、父母养育的艰辛，增进他们与父母的感情，使目标得到实现。

3. 交流体验(回忆童年趣事)

让幼儿讲述自己小时候的趣事，鼓励幼儿积极参与，与同伴交流，分享自己成长的快乐，使目标得到实现。

4. 展示自己

让幼儿分组自由交流、展示自己的本领，同时让幼儿互相学习，感受别人的长处，并在适当的时候请个别幼儿在集体面前进行展示，树立自信心，使目标得到实现。

5. 操作表现

为了让幼儿进一步感受自己的成长，了解成长的过程，我让幼儿分组操作。第一组制作“成长变化图”：我小时候是这个样子——我现在是这个样子——我将来会变成这个样子。第二组给人的成长变化图排序，感受人是怎样变化的。第三组在每片树叶上画一件自己会做的事情，然后贴在树上。让幼儿自主选择所参加的组，使目标得到实现。

6. 分享快乐

这是活动的延伸，《幼儿园教育指导纲要(试行)》指出：“为幼儿创设展示自己作品的条件，引导幼儿相互交流、相互欣赏、共同提高。”幼儿在这一环节中把自己的作品介绍给同伴，使自己愉悦的情感、成就感得到极大的满足。

注意事项

(1) 按照活动的先后顺序说明每一环节的内容，重点说明主要环节的教学双边活动，以及活动难点和重点的突破。

(2) 具体内容只需概括介绍，只要听者能听清楚“教的是什么”“怎样教”就可以，不必按教案像组织幼儿活动那样说。

(3) 介绍活动过程时不仅要说活动内容的安排，还要说清“为什么这样教”的理论依据(包括课程标准依据、教学法依据、学前教育学和学前心理学的理论依据等)。

实训9　幼儿园教育活动说课基本流程——说活动过程(结束部分)

实训目标

能设计并阐述教育活动过程的结束部分。

实训内容

结束环节是一个完整的教育教学活动中必不可少的有机组成部分。精心设计一个适宜而有效的结束方式很有必要。

结束方式主要有以下几种。

1. 以游戏方式结束

这是我们最常用和适用范围最广泛的结束方式。游戏为幼儿所喜爱，因而，在一些旨在让幼儿巩固、加深或是迁移所学内容的教育活动的结束部分，常采用游戏方式来结束活动。

2. 以讲评方式结束

讲评主要是将活动结果(包括知识技能的掌握情况，品德行为、个性品质的培养与发展情况等)反馈给幼儿，让幼儿的优点或不足能及时得到巩固或纠正，以利于幼儿身心更好地发展。讲评工作可由教师、幼儿或师幼共同承担。常见的运用讲评方式结束的教育活动主要有：以讲评幼儿作品作为结束部分的美工活动，以讲评幼儿讲述的优点及存在的问题作为结束部分的语言活动(看图讲述)，以讲评幼儿作业完成情况作为结束部分的数学活动，等等。

3. 以小结方式结束

小结的目的是让幼儿对整个活动所涉及的应该掌握的知识或技能有较完整、较清楚的认识(印象)。例如，科学教育中的观察活动“认识小鸡”(小班)中，常以小结小鸡的主要外形特征和生活习性来结束活动；语言教育中的诗歌、散文仿编活动，常以将幼儿所创编的内容进行串联小结的形式来结束活动。

4. 以表演方式结束

为使幼儿对整个活动内容有更深层次的理解、体验和感受，教师常用表演的方式结束活动。这种结束方式常见于幼儿艺术教育活动(音乐、美术及幼儿文学作品教育)。

5. 以自然方式结束

在活动过程中，无须再另外设计专门的结束方式，而直接以简短的语言做简单的交代来结束该活动。例如，科学教育中的小实验操作活动，以请幼儿把操作材料投放到科学角，并交代想玩的幼儿可以在自由活动等时间继续玩的方式来结束活动。有时也可以以交代幼儿将今天学的新本领回家后告诉爸爸妈妈，或留问题让幼儿回去思考等方式自然地结束活动。

6. 以复习方式结束

在新教授的活动内容快结束时，有时也可以采用复习已学过的相关内容的方式来结束活动。这种方式常见于语言教育中的诗歌活动、音乐教育中的唱歌活动等。例如，中班语言活动“树叶”，教师设计了这样的结束方式：“接下来我们要来做个游戏，老师扮演秋风阿姨，小朋友扮演小动物捡树叶，每个小动物捡到树叶后要模仿刚才我们学习的诗歌的语句，对小树叶说一句话。”

注意事项

结束活动过程时，任选一种结束方式即可。

实训 10　幼儿园教育活动说课基本流程——说延伸活动

实训目标

能设计教育活动的延伸活动。

实训内容

延伸活动，简单地说，就是围绕一个活动，在知识、情感和技能上进一步激发幼儿的兴趣，把学习活动引向深入，目的是进一步发展幼儿的相关知识、情感和技能。延伸活动不是摆设，也不是装饰，它是集体教育活动重要的组成部分，是幼儿一日生活中的重要内容，教师要精心设计延伸活动，并保证活动实施的有效性。

1. 延伸活动的意义

(1) 保证教育活动的整体性。设计延伸活动是为了保持教育活动的完整性、连贯性，以便更好地保证幼儿学习的完整性、连贯性。幼儿园教育活动具有整体性。一日活动的各个部分应相互联系，这样才能更好地把前面的活动和后续活动连接起来。现在，很多幼儿园都将主题活动作为教育内容的载体。主题活动是由相互关联的一系列教育活动，如游戏活动、生活活动或家园社区活动组成的。为了更好地体现各种活动的关联性和延伸性，需要用延伸活动把幼儿在园的一日活动与家庭和社区的活动紧密联系在一起，从而发挥家庭教育、幼儿园教育和社区教育的整体性与一致性。

(2) 满足全体幼儿的需要。一次活动的时间、容量有限，不可能解决很多问题，也很难照顾到幼儿的个别差异，而且，教师准备的材料有限，很难满足所有幼儿的兴趣和需要。而与教育活动有关的延伸活动则可以完成集体教育活动中不能完成的任务。例如，在小班科学探究活动“兔子爱吃什么”中，教师先让幼儿猜想兔子爱吃什么，然后让他们自己去验证。幼儿认为面包、青菜、萝卜、火腿肠、肉、牛奶等都是兔子爱吃的食物，但是，教师没有准备火腿肠、牛奶，幼儿没法进行验证，而延伸活动可以较好地解决这个问题。

2. 延伸活动的方向

(1) 延伸到下一个活动。延伸到下一个活动可以使半日活动或者一日活动成为一个有机联系的整体。例如，在音乐活动“小树叶”中，孩子对歌词中描写的秋天树叶飘落的景象很感兴趣，教师就可以将延伸活动设计为带孩子去户外观察树叶，捡拾落叶，进行树叶分类或树叶粘贴活动。

(2) 延伸到区域活动。延伸到区域活动可以使区域活动成为集体活动的自然延伸。在现阶段，幼儿园的教学活动主要依赖集体教学活动。它在解决所有幼儿面临的共同问题、充分发挥教师的作用等方面确有优势，但集体教学存在的最大弊端是很难照顾到幼儿的个别差异，难以满足每个幼儿的兴趣、需要，也就难以保证每个幼儿富有个性的发展。在师幼比较高的情况下，要解决这个问题，最有效的办法就是为幼儿创造一个立体的、多元的、丰富多彩的环境，幼儿可以按照自己的需要和兴趣与环境互动，获得有益的发展。例如，在科学活动“四季服装”中，在幼儿了解了四季的特征、四季服装的特点以及二者的相互关系后，幼儿意犹未尽。为了满足幼儿探究的需要，教师可以在活动区投放不同的材料，如布料、纸、塑料袋、各种小装饰物等，让幼儿在区域活动中，根据自己的兴趣制作服装，展示服装。

(3) 延伸到家庭和社区活动。延伸到家庭和社区活动可以真正实现幼儿园与家庭、社区的密切配合。现阶段的主题综合教育对资源的依赖性较强，幼儿园的资源有限，因此，充分发挥家庭与社区的资源的教育作用是必要的。例如，主题活动“恐龙”，需要家长和孩子一起寻找资料，一起研究和探讨。如果所在地区有相关主题的博物馆，家长或教师可以带孩子前去参观。由幼儿园内的教育扩展到家庭和社区，开阔了幼儿的视野，扩大了幼儿的活动范围。

注意事项

(1) 在设计延伸活动时，延伸的内容必须与活动主题的内容有关。

(2) 延伸活动的方式可以是一种，也可以是多种。

实训 11　幼儿园教育活动说课基本流程——说活动反思

实训目标

能撰写活动反思。

实训内容

一、活动反思的概念

活动反思就是教师自觉地把自己的教育活动实践作为认识对象，进行全面而深入的思考和总结，解决教育活动中的问题，提高教育质量的过程。

活动反思也是教师研究自己如何教、如何学，在教中学、在学中教的过程。

二、活动反思的类型

1. 活动前反思

(1) 自己或他人以前在教授这一内容(或相关内容)时，曾遇到过哪些问题，是如何解决的，效果如何。

(2) 根据自己所教班级幼儿的实际情况，预测幼儿在活动中可能会遇到哪些新问题。针对这些新问题，可以采取哪些策略和方法。

2. 活动中反思

(1) 幼儿在学习重点和难点时出现了哪些意料之外的问题，是如何妥善处理的。

(2) 师幼之间、幼幼之间出现争论时，是如何处理的，效果如何。

(3) 幼儿不能按要求回答问题时，是如何调整原先活动设计的。

(4) 幼儿在课堂上讨论某一问题时，思维异常活跃，如果让幼儿继续讨论下去，就难以完成预定的教学任务。针对这一情况，是如何进行有效调控的。

3. 活动后反思

活动后反思主要是教师在课后对整个集体活动过程进行思考和回忆，理性地分析和总结自己的教学观念、教学行为、幼儿表现、教学的成功与失败之处，并进行追问。

(1) 当课堂气氛沉闷时，是如何进行有效调控的。

(2) 哪些活动环节的内容没有按计划进行，出现这个状况的原因是什么。

(3) 在活动过程中，是否出现了“亮点”，出现的原因是什么。

(4) 如果再教一次这个内容，如何更好地改进活动设计。

例如，某教师针对大班社会活动“没有大人的世界”撰写了如下活动反思。

本次活动的目标是引导幼儿在理解故事内容的基础上学习讲述故事，引导他们理解大人对他们很重要。在导入活动中，为了充分调动幼儿活动的积极性，使他们注意倾听。我首先为幼儿介绍了一个生气的小朋友——阿贵，并问幼儿：“他为什么不开心呢？”引起幼儿的注意，激发他们倾听故事的兴趣。听完故事后，我引导幼儿说出“阿贵为什么会希望这个世界上没有大人”“他的愿望是在哪里实现的”“在梦境中，阿贵在没有大人的世界里遇到了哪些困难”。在此部分，我通过提问，使幼儿逐步理解故事内容，并能够大胆地自由交流，发展了幼儿的理解能力、表达能力和交流能力。在练习巩固的环节，我引导幼儿对阿贵所遇到的困难按顺序进行表述，这么做是为了让幼儿更好地理解故事内容，训练幼儿思维的条理性，让他们进一步理解大人对自己的重要性。

由于时间和环境的限制，本次活动设计不能更好地发展全体幼儿的语言表达能力。在今后的活动中，我将有意识地关注幼儿的个体差异，为全体幼儿的发展创造条件。

注意事项

活动反思是对活动方案的反思，既要反思优点，也要反思不足，并要思考改进的措施。

实训 12　幼儿园教育活动说课范例

实训目标

设计并撰写幼儿园音乐活动的说课方案。

实训内容

1. 说教材

童话故事深受幼儿的喜爱，其中《小红帽》是幼儿非常熟悉的故事。

2. 说幼儿

在欣赏故事之余，幼儿已经不满足于做倾听者，想要尝试做表演者。大班幼儿已经具备了一定的欣赏能力，对音乐活动非常感兴趣，善于并敢于用各种形式表达自己对音乐的理解和感受。因此，我们打破了以往单一的学科教学，将音乐欣赏与文学欣赏有机地结合起来，用四段风格各异的音乐对故事中的人物形象进行诠释，并引导幼儿进行艺术表演。

3. 说活动目标

音乐教育的目标是培养幼儿的审美感受，让幼儿体验音乐带来的快乐。因此，我们设计了以下目标。

目标一：能将音乐形象与故事中的人物形象相联系，懂得不要轻信陌生人的道理。

目标二：能够在音乐中大胆尝试用动作、表情等表现人物形象。

目标三：能够在活动中体验表演的快乐。

分析人物特点是本次活动的重点。听辨音乐、创编与人物相匹配的动作是本次活动的难点。

4. 说活动准备

为了吸引幼儿的注意力，并提高幼儿参与活动的兴趣，我们在活动前做了多种准备。

(1) 环境准备：森林情境创设。

(2) 物质准备：课件(《小红帽的故事》)，代表四个人物的音乐(《森林狂想曲》《天使小夜曲》《波斯市场》《拉德斯基进行曲》)，表演道具(红帽子、头巾、头饰、猎枪等)。

(3) 知识经验准备：幼儿听过故事《小红帽》。

5. 说教法和学法

(1) 说教法。

当代教育理论认为，教育过程就是师生交往、积极互动、共同发展的过程。师幼互动是本次活动教法中的最大特点。在师幼互动的基础上，我们运用了欣赏法、直观教学法、游戏法和讨论法。首先，运用了欣赏法，使幼儿在欣赏故事和音乐的过程中，进一步熟悉故事内容，感受音乐风格；其次，运用了直观教学法，通过课件为幼儿展示生动、形象的故事画面，引起幼儿的兴趣并吸引他们注意；再次，运用了游戏法，为幼儿带来了无限的乐趣；最后运用了讨论法，用启发性的提问，开拓幼儿的思维，使幼儿能大胆、积极地表达自己对音乐及故事中人物的理解。

(2) 说学法。

爱因斯坦说过，想象比知识更重要。欣赏活动对想象的启迪有着不可忽视的作用。在活动中，我们充分运用听一听、说一说、看一看、想一想、做一做等手段循序渐进地引导幼儿去感受、体验音乐的美妙，用自己的方式表达对音乐的感受。

6. 说活动过程

根据《幼儿园教育指导纲要(试行)》指出的艺术教育活动的指导要点及大班幼儿的年龄特点，我们通过五个环节完成本次活动目标。第一个环节是情境导入——引起幼儿兴趣；第二个环节是故事欣赏——分析人物特点；第三个环节是听辨音乐——找出与人物特点相符合的音乐；第四个环节是音乐表演——体验并表现人物特点；第五个环节是欢庆胜利——体会战胜大灰狼的快乐。

(1) 情境导入——引起幼儿兴趣。

在活动的开始部分，为了使幼儿的身体得到一定的舒展，为后面的表演做好准备，我们引导幼儿模仿森林里的花草树木进行简单的表演。这样做的目的是让幼儿在后面的环节中能自如地表演。

(2) 故事欣赏——分析人物特点。

首先，引导幼儿结合课件欣赏故事《小红帽》，并设计了提问："故事中都有谁？"其次，引导幼儿分析故事中的人物特点。在活动中，为了帮助幼儿展开讨论，获得答案，我们设计了提问："在四个人物中，你喜欢谁？不喜欢谁？为什么？""小红帽有没有做得不对的地方？哪里不对呢？"通过讨论使幼儿明白不能随便相信陌生人的道理。

(3) 听辨音乐——找出与人物特点相符合的音乐。

引导幼儿分段欣赏音乐《森林狂想曲》《天使小夜曲》《波斯市场》和《拉德斯基进行曲》，引导幼儿边听边发现每个乐曲的不同，学习区分并体会小红帽、外婆、大灰狼和猎人的音乐形象。

(4) 音乐表演——体验并表现人物特点。

我们将幼儿分成三个小组，并对每一组幼儿提出如下要求：商量分配角色，按照角色和表演要求进行表演，表演之后进行集体评价。

(5) 欢庆胜利——体会战胜大灰狼的快乐。

为了使幼儿充分体验成就感及成功的快乐，我们设计的结束活动是欢庆胜利。在这一环节中鼓励幼儿集体表演故事。

7. 说活动延伸

请小朋友回家后和爸爸妈妈一起表演《小红帽》。

8. 说活动反思

本次活动设计遵循了教育性、互动性和针对性的教育原则。整个活动安排符合大班幼儿的学习特点和年龄特点，由浅入深、循序渐进，充分体现了幼儿在活动中的主体地位，相信一定可以顺利完成活动目标。但是，由于幼儿的个别差异，活动时，个别幼儿可能会遇到一些困难。我们将根据具体情况，临时调整方案，进行个别指导，以最大限度地满足幼儿的发展需要。

注意事项

(1) 说教材：要结合《幼儿园教育指导纲要(试行)》《3～6 岁儿童学习与发展指南》和主题活动的内容对本次活动内容进行分析，说明选择的依据和目的。

(2) 说幼儿：要结合幼儿园教育的任务对本班幼儿的年龄特点和已有的知识经验进行分析，说明本班幼儿参与本次活动的条件和价值。

(3) 说活动目标：要结合《幼儿园教育指导纲要(试行)》对各领域目标的规定，针对本班幼儿制订适宜的认知、情感和能力目标，并阐述活动的重点、难点及确定的依据和解决的措施。

(4) 说活动准备：主要指教师和幼儿共同参与本次活动，达成活动目标所做的各种准备，包括经验准备、物质准备等。

(5) 说教法和学法：主要指教师组织实施活动、达成活动目标的方法和手段。学法是幼儿积极参与活动，获得知识、情感和能力方面发展的方法。说课者不仅要说清楚教法和学法，还要说明选择此方法的依据和目的。

(6) 说活动过程：说课者不仅要说明为了达成活动目标所设计的各个活动环节，还要说明在活动中调动幼儿学习主动性的措施。

(7) 说活动延伸：为了发挥教育的整体作用，说课者要说明本次活动与今后活动的衔接活动。

(8) 说活动反思：在这一环节，说课者要针对活动设计的各个部分进行反思，既要阐述本次活动设计的亮点和特色，也要说明在实施中遇到的问题，并提出解决措施。

背景知识

知识 1：什么是说课

关于说课的界定，不同的领域和不同的专家有着不同的定义。有的专家认为，说课是指教师通过对教育目标本身的分析，表述具体课题的活动设想及其理论依据的过程；也有专家认为，说课是指教师在备课基础上，于授课之前面对领导、同行或评委用口头语言讲解具体课题的活动设想及其依据，是教师将教材理解、教法及学法设计转化为“具体活动”的一种课前预演。

根据上述说课的含义，我们给“幼儿园说课”作如下定义：幼儿园说课是指幼儿园教师以《幼儿园教育指导纲要(试行)》和《3～6 岁儿童学习与发展指南》精神为依据，以幼儿教育基础理论为指导，结合具体的活动内容，针对幼儿的年龄特点、发展水平、能力、经验、学习方式等方面的个体差异，用口头语言的方式表述本次活动的设计意图、理论依据、活动目标、重难点的解决、活动过程的设计、师幼之间的互动等。说得更简单通俗些，就是阐述清楚“教什么”“怎么教”和“为什么这么教”的问题，是让教师通过对教学设计背后的意图、目的、理论依据、个人立场等进行深度的剖析，讲清活动设计背后的道理。

知识 2：说课的内容

教师必须站在理论的高度对备课作出科学的分析和解释，从而证明自己的备课是有序的，而不是盲目的，是理性的，而不是感性的。因此，幼儿园教师的说课内容一般包括五个方面。

(1) 说教材。简单介绍教材的基本信息及特点、选择教材的理由、幼儿可从中获得的知识与技能。

(2) 说教学目标。教学目标应该表述完整，即“认知—情感—能力”的三维目标，能正确使用表述目标的关键词。比如，表述认知目标的关键词有“明白、了解、理解、认识、掌握”等，表述情感目标的关键词有“积极、愿意、喜欢、体验、感知”等，表述能力目标的关键词有“比较、表达、辨别、交流”等。目标的表述要符合“最近发展区”原则，体现幼儿的年龄特点。

(3) 说内容。说清楚内容选择的理由，也就是教学内容与幼儿生活的联系性，并简单介绍活动的基本信息。

(4) 说教法。说说根据教材和幼儿的实际，准备采用哪种教学方法。

(5) 说过程。这是说课的重点，即说说怎样安排教学过程，为什么要这样安排。一般来说，应该把教学中的几个重点环节说清楚，如常规训练、重点训练、课堂练习、作业安排、板书设计等，还要注意把自己教学设计的依据说清楚。

知识 3：说课的价值

1. 说课有利于幼儿教师的专业成长

说课的过程是执教者对教学活动进行预设与反思的过程。预设是指执教者根据自己对教材与幼儿的认识，提出具体课题的教学设计和教学过程，以及在教学过程中自己的做法，希望达到的预期效果等。反思是指执教者分析自己对于哪些教学设计满意，对于哪些还不满意或值得商榷，应该如何改进与调整等。不论是对教学活动的预设还是反思，都集中反映出执教者的执教思路及其综合素质水平。因此，说课要求教师具备扎实的理论功底，不断地去学习教育的新理论、新知识，提高自己的理论水平以及分析与判断问题的能力。同时，说课要求教师用口头语言把自己的活动思路和设计表达出来，对教师的语言组织能力和表达能力也是很大的考验。可以说，说课既提高了教师自身的素质，又提升了教师的教学智慧，还促进了教师向专业化方向的发展。

2. 说课有助于同行间的学术交流

说课是说课者与听课者的交流研讨。说课者在讲述的过程中可以及时发现自己教学或备课中的种种疏漏；而同行通过倾听，可以初步了解说课者的教学思想与基本教学素养，初步判断说课者设计的教学过程是否符合《3～6 岁儿童学习与发展指南》《幼儿园教育指导纲要(试行)》精神，是否符合幼儿的知识水平与心理特点，是否符合教学实际，也可进一步了解说课者的教学设计与教学背后的“道理”，从教育理论的高度分析、预设可能达成的教育效果，并且和说课者讨论进一步改进的措施与方法，从而真正实现交流的价值。因此，说课活动是一个双赢的、双向培训的过程，可以让说课者和听课者的认识水平与教学水平都有所提高。

3. 说课有利于教学的优化提升

在具体实施活动的过程中，教师存在的最大问题就是虽然备了课，但其实还有很多理念、问题、细节没有厘清，尤其是年轻教师，他们心里还有很多困惑。说课从口头语言的角度帮助教师进一步梳理了思路，是实现教学最优化设计的最好方式，对提高教学质量有着不可低估的作用。通过说课，教师可以思考为什么要这样教学，进一步明确活动的重难点，厘清活动的思路，克服活动中重点不突出、引导不到位等问题，提高活动的效率。

知识 4：说课与讲课的异同

1. 相同点

(1) 背景相同。无论是说课还是讲课，其前提都是对幼儿年龄特点和已有知识经验的了解。

(2) 内容来源相同。说课和讲课的内容来源于同一活动内容。

2. 不同点

(1) 目的不同。讲课的目的是使幼儿理解活动内容，针对活动中渗透的美德、正确的行为、社会规范等内容对幼儿进行品德教育，培养其相应的情感，促进其社会性的发展，进而发展其能力，即不仅使幼儿学会，而且使幼儿会学。说课的目的则是向领导、评委或者同行介绍一个活动的设想，使听者在听懂的基础上进行评价，提出改进建议，以便教师反思，提高教育质量。

(2) 内容不同。讲课的内容是教师依据幼儿园教育活动目标和已有的知识经验而选择的内容，并根据具体的内容和幼儿身心发展特点设计和组织幼儿参加相应的活动。说课的内容不仅包括活动设计的具体内容，还包括应该怎么做、为什么这样做。

(3) 对象不同。讲课的对象是幼儿。说课的对象是成人，是领导、同行或评委。

(4) 方法不同。讲课是教师与幼儿的互动活动，是实施教育活动方案的过程。说课是教师讲解教育活动方案的过程，是在实施教育活动之前进行的。

(5) 评价内容不同。讲课的评价内容主要是幼儿的行为表现。说课的评价内容是教师的整体素质。

作　业

1. 选取一个教学内容，进行说课准备与操练。

2. 设计一个大班艺术活动“公园里好玩的地方”，并撰写说课稿。

第三部分 试讲活动设计

实训1 试讲——幼儿园健康教育活动

实训目标

(1) 复习幼儿园健康教育的目标、教育要求、指导要点及活动的组织方法。
(2) 复习幼儿园健康教育活动设计方案的编写要点。
(3) 能按自己设计的幼儿园健康教育活动的方案进行试讲。

实训内容

一、幼儿园健康教育的目标

(1) 适应幼儿园的生活，情绪稳定。
(2) 生活、卫生习惯良好，有基本的生活自理能力。
(3) 有初步的安全和健康知识，知道关心和保护自己。
(4) 喜欢参加体育活动。

二、幼儿园健康教育的教育要求

(1) 建立良好的师生、同伴关系，让幼儿体验幼儿园生活的愉快，形成安全感、信赖感。

(2) 帮助幼儿养成良好的饮食、睡眠、盥洗、排泄等个人生活、卫生习惯和爱护公共环境卫生的习惯。

(3) 指导幼儿学习自我服务技能，培养基本的生活自理能力。

(4) 以多种有趣的体育活动，特别是户外和大自然中的活动来吸引幼儿，培养幼儿参加体育锻炼的积极性，并提高其对环境的适应能力。

(5) 活动要密切结合幼儿的生活，进行安全、保健等方面的教育，提高幼儿的自我保护能力。

(6) 在走、跑、跳、钻、爬、攀等各种体育活动中，发展幼儿动作的协调性、灵活性。

三、幼儿园健康教育的指导要点

(1) 身体的健康和心理的健康是密切相连的，要高度重视良好人际环境对促进幼儿健康成长的重要性。

(2) 教师应该把保护幼儿的生命和促进幼儿的健康发展放在同等重要的位置。

(3) 幼儿不是被动的“被保护者”。教师要尊重幼儿不断增长的独立需要，在保育幼儿的同时，帮助他们逐渐学会生活自理，增强他们的自我保护能力。

(4) 体育活动要尊重幼儿身体发育的规律和年龄特征，注意不要进行不适合幼儿的专门体能训练。

四、幼儿园健康教育活动的组织方法

幼儿园健康教育活动有以下几种组织方法：

(1) 动作与行为练习法。

(2) 讲解演示法。

(3) 情境表演法。

(4) 讨论评议法。

(5) 感知体验法。

(6) 讲解示范法。

(7) 练习法。

(8) 语言提示和具体帮助法。

(9) 游戏法。

(10) 比赛法。

(11) 信号法。

五、幼儿园健康教育活动设计方案的编写要点

1. 活动名称

写清楚本次活动的具体类型、适合于何种年龄阶段及具体内容。

2. 学情分析

写清楚本班幼儿发展水平、教材特点及本次活动的设计意图。

3. 活动目标

写清楚本次活动应达到的具体目标。

4. 活动准备

写清楚需要做的准备，包括知识准备、语言准备和物质准备三个方面。

5. 活动过程

包括开始部分、基本部分、结束部分这三个部分。

6. 活动延伸

设计出本次活动在课外扩展和延伸中的具体方式和要求。

注意事项

(1) 试讲要紧扣幼儿园健康教育活动的目标，重视整体思路，综合运用语言、导入、讲解、提问、调控、演示、结束等技能来进行。

(2) 试讲要体现教师的个人教学风格与个性特征。

实训2　试讲——幼儿园语言教育活动

实训目标

(1) 复习幼儿园语言教育的目标、教育要求、指导要点及活动的组织方法。

(2) 复习幼儿园语言教育活动设计方案的编写要点。

(3) 能按自己设计的幼儿园语言教育活动的方案进行试讲。

实训内容

一、幼儿园语言教育的目标

(1) 喜欢用语言与人交往。

(2) 能清楚地说出自己的想法、经验。

(3) 愿意倾听并能理解别人的讲话。

(4) 喜欢阅读画册和图书。

二、幼儿园语言教育的教育要求

(1) 创造一个自由、宽松的语言交往环境，支持、鼓励、吸引幼儿与教师、同伴体验语言交流的乐趣。

(2) 养成幼儿注意倾听的习惯，发展语言理解能力。

(3) 鼓励幼儿用清晰的语言表达自己的思想和感受，发展语言表达能力。

(4) 教育幼儿使用礼貌用语与人交往，养成文明交往的习惯。

(5) 引导幼儿接触优秀的儿童文学作品，使之感受语言的丰富和优美。

(6) 培养幼儿对生活中常见的简单标记和文字符号的兴趣。

(7) 利用图书和绘画作品，引发幼儿对阅读和书写的兴趣，培养前阅读和前书写技能。

(8) 提供普通话的语言环境，帮助幼儿熟悉、听懂并学说普通话；帮助少数民族地幼儿学习本民族语言。

三、幼儿园语言教育的指导要点

(1) 幼儿的语言是在运用的过程中发展起来的，语言教育应密切结合幼儿的实际并在各种活动中进行。

(2) 语言学习具有个别化的特点，教师应重视与幼儿的个别交流，以及幼儿之间的自由交谈。

(3) 语言能力是一种综合能力，幼儿语言的发展与其情感、思维、社会参与水平、交流技能、知识经验等方面的发展是紧密相连、不可分割的，语言教育应当是跨领域的综合教育。

四、幼儿园语言教育活动的组织方法

幼儿园语言教育活动有以下几种组织方法：

(1) 示范模仿法。

(2) 视、听、讲、做综合法。

(3) 游戏法。

(4) 表演法。

(5) 练习法。

五、幼儿园语言教育活动设计方案的编写要点

1. 活动名称

写清楚本次活动的具体类型、适合于何种年龄阶段及具体内容。

2. 学情分析

写清楚本班幼儿的发展水平、教材特点及本次活动的设计意图。

3. 活动目标

写清楚本次活动应达到的具体目标。

4. 活动准备

写清楚需要做的准备，包括知识准备、语言准备和物质准备三个方面。

5. 活动过程

(1) 创设谈话情境，引出谈话话题。

(2) 幼儿围绕话题自由交谈。

(3) 引导幼儿逐步拓展谈话范围。

6. 活动延伸

设计出本次活动在课外扩展和延伸中的具体方式和要求。

注意事项

(1) 试讲要紧扣幼儿园语言教育活动的目标，重视整体思路，综合运用语言、导入、讲解、提问、调控、演示、结束等技能来进行。

(2) 试讲要体现教师的个人教学风格与个性特征。

实训 3　试讲——幼儿园科学教育活动

实训目标

(1) 复习幼儿园科学教育的目标、教育要求、指导要点及组织类型。
(2) 复习幼儿园科学教育活动设计方案的编写。
(3) 能按自己事先设计好的幼儿园科学教育活动的方案进行试讲。

实训内容

一、幼儿园科学教育的目标

(1) 有好奇心，能发现周围环境中有趣的事情。
(2) 喜欢观察、动手操作和实验，积极寻求答案。
(3) 初步理解事物的数量关系，能用比较、分类、测量等简单方法探究事物。
(4) 愿意与同伴共同探究、互相交流、分享各自的发现。
(5) 喜爱动植物，亲近大自然，关心周围的生活环境。

二、幼儿园科学教育的教育要求

(1) 引导幼儿接触自然环境，使之感受自然界的美与奥妙，激发幼儿的好奇心和认知兴趣。

(2) 结合和利用生活经验，帮助幼儿认识自然环境，初步了解自然与自己生活的关系。

(3) 引导幼儿注意身边常见的科学现象，感受科学技术给生活带来的便利，萌发对科学的兴趣。

(4) 为幼儿提供观察、操作、试验的机会，支持、鼓励幼儿动手、动脑、大胆探索。

(5) 帮助幼儿认识和理解事物的形状和数量关系，形成初步的数概念。

(6) 引导幼儿利用身边的物品和材料开展活动，发现物品和材料的多种特性和功能。

(7) 鼓励幼儿用语言和非语言等多种方式来反映自己的探索过程和结果，表达自己的发现，并与他人交流、分享。

三、幼儿园科学教育的指导要点

(1) 幼儿的科学教育是科学启蒙教育，重在激发幼儿的认知兴趣、探究欲望，帮助幼儿学习运用观察、比较、分析、推论等方法进行探索活动。

(2) 学习科学的过程应该是幼儿主动探索的过程。教师要让幼儿亲自动手动脑去发现问题、解决问题，鼓励幼儿之间的合作，并积极参与幼儿的探索活动。

(3) 幼儿的科学活动应密切联系幼儿的实际生活，教师应充分利用幼儿身边的事物与现象作为科学探索的对象。

四、幼儿园科学教育活动的组织类型

1. 观察认知型

1) 活动过程设计

(1) 引出观察对象，力争引发幼儿的好奇，激发幼儿参与探索活动的兴趣和积极性。

(2) 引导幼儿从多方面、使用多种方法去探索、感知、操作、发现和思考。

(3) 在交流中引导幼儿尽情表达，教师则在观察、了解幼儿探索活动情况的基础上，鼓励幼儿表达自己的发现。

(4) 教师启发、鼓励幼儿再次探索，以寻求新的发现。

(5) 引导幼儿再次描述自己的探索过程和方法，陈述自己的发现和问题及在活动中的感受。

(6) 师幼共同小结和评价，总结知识点和对幼儿学习过程及表现进行评价。

(7) 活动结束，教师可将本次活动引向一日活动中的其他活动，也可延伸至其他领域的活动。

2) 活动指导要点

(1) 利用各种方式引发幼儿对观察对象的兴趣。

(2) 引导幼儿运用多种感官全面感知事物的特征。例如，看一看、听一听、闻一闻、摸一摸、捏一捏、掂一掂，能吃的还可以尝一尝。

(3) 帮助幼儿在观察与思考中掌握观察方法。

(4) 鼓励幼儿用语言表达、交流观察中的发现及感受。

(5) 帮助幼儿做好观察记录。

2. 实验操作型

1) 活动过程设计

(1) 活动的开始。趣味性地引出活动的内容，以激发幼儿的学习兴趣，将其注意力引导到活动中来。

(2) 活动的展开。设计时要注意：活动安排要正确有序；知识点要明确，重难点要突出；组织形式要多样，活动方法各异；投放材料要有层次性，注重“细化”；问题设计要有生活性，要充分考虑幼儿的心理特征和智力发展水平。

(3) 活动的结束。提倡教师鼓励幼儿进行小结和评价。

(4) 活动的延伸。引导幼儿将在本次活动中获得的经验应用于生活，或提出生活中某种相关的现象，让幼儿继续探索，使活动得到延伸。

2) 活动指导要点

(1) 创设宽松、和谐的活动氛围。

(2) 为活动提供充足、多样的实验材料。

(3) 鼓励幼儿积极主动地参与活动，体验过程，学会实验操作方法。

(4) 引导幼儿细心观察，详细记录试验过程和现象。

(5) 鼓励幼儿用语言表达、交流观察中的发现及感受。

3. 技术操作型

1) 活动过程设计

(1) 学习使用操作类：观察——尝试操作——交流讨论——正确操作。

(2) 科技小制作类：设计(演示)——操作——交流讨论——展示分享。

2) 活动指导要点

(1) 为幼儿提供适当的制作材料。

(2) 引导幼儿对物体结构进行充分细致的观察。

(3) 明确科技制作的目标、方法和评价标准。

(4) 鼓励幼儿探索制作的方法和技巧。

(5) 鼓励幼儿运用各种方法表述自己的制作过程和结果。

(6) 注重幼儿协作能力的培养与发展。

注意事项

(1) 试讲要紧扣幼儿园科学教育活动的目标，重视整体思路，综合运用语言、导入、讲解、提问、调控、演示、结束等技能来进行。

(2) 试讲要体现教师的个人教学风格与个性特征。

实训4　试讲——幼儿园社会教育活动

实训目标

(1) 复习幼儿园社会教育的目标、教育要求、指导要点以及方法。

(2) 复习幼儿园社会教育活动过程的设计要点以及实施过程中的实践要点。

(3) 能按自己事先设计好的幼儿园社会教育活动的方案进行试讲。

实训内容

一、幼儿园社会教育的目标

(1) 喜欢参加游戏和各种有益的活动，在活动中快乐、自信。

(2) 愿意与人交往，礼貌、大方，对人友好。

(3) 知道对错，不做明知不对的事。

(4) 乐于接受任务，努力做好力所能及的事。

(5) 爱父母，爱同伴，爱家乡，爱祖国。

二、幼儿园社会教育的教育要求

(1) 引导幼儿参加游戏和各种活动，体验和同伴共处的乐趣。

(2) 加强师生之间、同伴之间的交往，培养幼儿对人亲近、友爱的态度，教给幼儿必要的交往技能，使幼儿学会和睦相处。

(3) 为每个幼儿提供表现自己的长处和获得成功感的机会，增强其自尊心和自信心。

(4) 提供自由活动的机会，支持幼儿自主地选择和计划活动，鼓励他们认真完成任务。

(5) 在共同的生活和活动中，帮助幼儿理解行为规则的必要性，学习自觉遵守规则。

(6) 教育幼儿爱护玩具和其他物品，用完收拾。

(7) 引导幼儿接触常见职业的人，了解他们的劳动及其与自己生活的关系。

(8) 扩展幼儿对社会生活环境的认识，激发幼儿爱家乡、爱祖国的情感。

三、幼儿园社会教育的指导要点

(1) 社会学习是一种跨越不同领域的综合学习。“社会”不是一个独立的科目，而是一个综合的学习领域。社会学习往往融合在各种学习活动中，并渗透于幼儿一日生活的各个环节。

(2) 社会学习具有“潜移默化”的特点，尤其是社会态度和社会情感的学习，往往不是教师直接“教”的结果，幼儿主要是通过在实际生活和活动中积累有关经验和体验而学习的。教师要注意通过环境影响幼儿。

(3) 教师和家长是幼儿社会学习的重要影响源。模仿是幼儿社会学习的重要方式，教师和家长的言行举止直接、间接地影响着幼儿，构成他们学习的“榜样”。因此，成人要注意自己的言行，为幼儿提供良好的榜样。

(4) 幼儿社会性的培养需要家园教育保持一致。

四、幼儿园社会教育的方法

1. 一般方法

一般方法包括讲解法、谈话法、讨论法、实践练习法、调查法、参观法和表演法等。

2. 特殊方法

特殊方法包括陶冶熏陶法、价值澄清法、观察学习法、移情训练法和角色扮演法等。

五、幼儿园社会教育活动过程的设计要点

1. 开始部分——创设情境，感知理解

教师应利用多种方式，创设多种情境(如故事、儿歌、表演、文学作品等)，将幼儿引入到即将学习的情境中，让幼儿对学习的内容产生体验，从而去感知、理解某些行为和情感，为使其产生亲社会行为作铺垫。

2. 基本部分——交流讨论，寻求答案

教师引领幼儿结合情境进行师幼、幼幼讨论，并分析、判断行为的对错及缘由，引导

幼儿真正理解、内化某些行为，产生正确的观念。

3. 结束部分——拓展实践，获得体验

引导幼儿通过不断的练习、模仿，真正理解某些行为，并强化转变为一种习惯性的正向行为。

六、幼儿园社会教育活动的实践要点

1. 教师和幼儿一起控制

努力寻找幼儿的兴趣点，从幼儿的观点来看待问题，以幼儿的方式与幼儿一起活动，有意识地让幼儿和教师一起控制。

2. 与幼儿形成可信任的关系

和幼儿一起分享，关注幼儿的兴趣，给幼儿具体的反馈。

3. 巧妙解决交际冲突

实事求是、坚决、耐心地解决交际冲突，帮助幼儿理解自身行为及其对他人的影响。

4. 鼓励幼儿大胆实践

明确行为实践的目的，巧妙借助游戏、角色扮演、操作、互动等多样的活动形式更好地提高幼儿参与活动的兴趣，让幼儿既能理解内容，又能把认知的道理进一步感性化。

注意事项

(1) 试讲要紧扣幼儿园社会教育活动的目标，重视整体思路，综合运用语言、导入、讲解、提问、调控、演示、结束等技能来进行。

(2) 试讲要体现教师的个人教学风格与个性特征。

实训5　试讲——幼儿园艺术教育活动

实训目标

(1) 复习幼儿园艺术教育的目标、教育要求、指导要点。

(2) 复习幼儿园美术教育活动的种类、美术教育的方法以及活动过程的设计。

(3) 复习幼儿园音乐教育活动的内容及歌唱、韵律、欣赏、打击乐器演奏等活动过程的设计。

(4) 能按自己设计的幼儿园艺术教育活动的方案进行试讲。

实训内容

一、幼儿园艺术教育的目标

(1) 能初步感受环境、生活和艺术中的美。

(2) 喜欢艺术活动，能用自己喜欢的方式大胆地表现。

(3) 乐于与同伴一起娱乐、表演、创作。

二、幼儿园艺术教育的教育要求

(1) 引导幼儿接触生活中美好的事物和感人事件，丰富幼儿的感性经验和情感体验。

(2) 引导幼儿欣赏艺术作品，激发幼儿表现美和创造美的情趣。

(3) 提供自由表现的机会，鼓励幼儿大胆运用不同的艺术形式表达自己的经验、情感和体验。

(4) 指导幼儿利用身边的物品和废旧材料制作各种玩具、工艺装饰品，体验创作的乐趣。

(5) 为幼儿创造展示自己作品的条件，引导幼儿相互交流、理解和欣赏。

三、幼儿园艺术教育的指导要点

(1) 艺术是幼儿表达认识和情感的另一种语言。幼儿艺术教育应在引导幼儿接触生活的美好事物、丰富幼儿的感性经验和情感体验的基础上进行。

(2) 艺术活动是一种情感和创造性活动。幼儿在艺术活动过程中应有愉悦感和个性化的体现。教师要理解并积极鼓励幼儿与众不同的表现方式，注意不要把艺术教育变成机械的技能训练。

四、幼儿园美术活动的种类

1. 绘画

绘画包括简笔画、装饰画、水粉画、印版画和吹画等。

2. 手工

手工包括折纸、泥工、剪纸、软纸造型、纸黏土和编织等。

3. 欣赏

欣赏幼儿能够理解的一些美术作品，绘画、民间工艺美术品、自然景物、节日装饰、环境布置等；学习评价自己和同伴的作品。

五、幼儿园美术教育的方法

幼儿园美术教育有以下几种方法：

(1) 观察分析法。

(2) 结合范例法。

(3) 讲解演示法。

(4) 游戏练习法。

(5) 形象比喻法。

(6) 情境激励法。

(7) 丰富联想法。

六、幼儿园美术教育活动过程的设计

1. 一般过程

(1) 开始部分：导入。

(2) 基本部分：讲解演示—幼儿操作—教师指导。

(3) 结束部分：评价与欣赏。

2. 绘画教育活动过程

(1) 创作引导。

本过程包括导入活动、讲解示范和交代要求。

(2) 作品辅导。

本过程包括构思、造型、使用色彩、构图等几个方面的辅导。

(3) 鉴赏评价。

一般可从以下几个方面来评价，即符合同龄幼儿的一般水平，有童趣，有一定的艺术性(表现为线条有力、连贯，图形、形象清晰完整，画面饱满、均衡，色彩明快，内容丰富充实)。

3. 手工教育活动过程

(1) 导入活动。

明确所要制作的形象，激起幼儿创作的愿望。

(2) 讲解示范。

引导幼儿了解本次活动的重点和难点。

(3) 作业辅导。

采用巡回指导、分层指导的方法。

(4) 评价作品。

以鼓励为主，教师评价与幼儿评价相结合。

4. 欣赏教育活动过程

(1) 整体感受，自由谈论。

(2) 回到整体，深入讨论。

(3) 指导创作，作品评议。

七、幼儿园音乐教育活动的内容

幼儿园音乐教育活动包括歌唱活动、韵律活动、欣赏活动和打击乐器演奏活动。

八、歌唱活动过程的设计

歌唱活动过程设计包括以下内容：

(1) 引出主题。

(2) 范唱新歌。

(3) 帮助幼儿分析、理解和记忆歌词。

(4) 教幼儿学唱新歌。

(5) 创造性地采用各种不同的演唱组织形式，不断调动幼儿的积极性，帮助幼儿在反复练唱的过程中逐步掌握新歌。

九、韵律活动过程的设计

1. 幼儿园韵律活动的基本内容

(1) 基本动作：指日常生活中的走、跑、跳、拍手、屈膝、晃手等动作。

(2) 模仿动作：动物的动作，如鸟飞、兔跳、鱼游等；自然界的现象，如花开、风吹、下雨等；日常生活的动作，如洗脸、梳头、照镜子等；成人的劳动动作，如摘果子、锄地、骑马、打枪等；儿童游戏中的动作，如跷跷板、拍皮球等；舞蹈动作，如小班幼儿的碎步、小跑步，中班幼儿的蹦跳步、垫步、侧点步、踵趾小跑步、踏点步，大班幼儿的进退步、交替步、跑跳步、秧歌十字步，等等。

2. 韵律活动过程的设计要点

(1) 律动方面：观察讨论，激情导入；熟悉音乐，创编动作；幼儿表演，互相学习；配乐表演，游戏巩固。

(2) 舞蹈方面：欣赏舞蹈，示范导入；分解动作，学练结合；配合音乐，表演舞蹈。

(3) 音乐游戏：熟悉音乐，理解内容；进入角色，体会动作；教师哼唱，分段表演；讲清规则，开始游戏。

十、欣赏活动过程的设计

1. 歌曲欣赏

(1) 创设情境，倾听音乐，体会歌曲。

(2) 再次欣赏，直观演示，理解歌词。

(3) 再现歌曲，大胆表达，感受形式。

(4) 共同探讨，创编动作，动情表演。

2. 乐曲欣赏

(1) 倾听音乐，初步理解。

(2) 再现乐曲，深入感受。

(3) 分段欣赏，揣摩乐器。

(4) 游戏表演，完整欣赏。

3. 舞蹈欣赏

(1) 完整欣赏，初获印象。

(2) 探讨服饰，了解民族。

(3) 观察动作，体会表现。

(4) 选择喜好，模仿表演。

(5) 跟学动作，完整表演。

十一、打击乐器演奏活动过程的设计

打击乐器演奏活动过程的设计包括以下内容：

(1) 创设情境，感知节奏。

(2) 哼唱乐曲，体会节奏。

(3) 徒手练习，打出节奏。

(4) 分合练习，完整合奏

注意事项

(1) 试讲要紧扣幼儿园艺术教育活动的目标，重视整体思路，综合运用语言导入、讲解、提问、调控、演示、结束等技能来进行。

(2) 试讲要体现教师的个人教学风格与个性特征。

背景知识

知识 1：教师的教态构成要素

1. 服装

教师的服装会对幼儿情绪产生很大的影响。教师衣着要高雅大方、整齐干净、协调自然、美而不俗，能体现出教师的良好风貌。服装色彩不要太艳，也不要太暗淡，不能穿奇装异服和不修边幅。

2. 表情

(1) 目光亲切，面向全体。善于用眼神进行交流，做到肯定中有期待、否定中有鼓励、亲切中有严肃、容忍中有警告。

(2) 面带微笑，声音适宜。微笑能使幼儿产生良好的心理态势，从而感受到关心、爱护和理解，使教育活动顺利进行。切忌给幼儿冷面孔或恶面孔。

(3) 精神饱满，神采奕奕。力争做到以教师的情绪激发起幼儿相应的情绪，以教师的爱唤起幼儿的爱，并延伸到乐于参与活动，欣然接受老师的要求和教育。切忌眼神暗淡无光、昏昏欲睡；切忌双目望着天花板、讲义或窗外；切忌视线频繁更换、飘忽不定。

3. 身姿

(1) 进：走进教室上讲台时，应胸部挺直、头部平正、端庄大方、温文尔雅、精神饱满、欢快而严肃、可亲又可敬。

(2) 站：应稳重自然、落落大方、优雅得体，要做到挺胸、收腹、梗颈，整个身体重心要自然均衡地落在双腿上。切忌含胸驼背、收肩缩颈、左摇右晃、站立不稳，或呆板僵硬、手撑讲桌、一动不动。

(3) 移：应位移适度、节奏协调。位移时缓走步轻、自然大方，切忌幅度过大、频率过高。

4. 手势

(1) 目的明确，不可随意。

(2) 简洁明快，不要繁杂。

(3) 大方适度，避免生硬。

知识 2：语言技能的构成要素

1. 语音和吐字

(1) 语音清晰，吐字清楚、坚实、完整。

(2) 力求音色清脆、悦耳、圆润、流畅。

2. 音量和语速

(1) 音量要适宜。音量不宜过大，高于 65 分贝，就可能成为噪音，干扰幼儿思维；音量也不宜过小，低于 45 分贝就成了微语，幼儿会听得很吃力且会听不清楚。一般上课的音量，应在 45 分贝到 65 分贝之间，应使最后一排幼儿听清楚，又不能使第一排幼儿感到震耳。

(2) 音量要有变化。在教育活动过程中，为了应对活动内容发展的需要和师幼情感交流的需要，要善于变化音量、音高和音长。

(3) 语速快慢合理。与幼儿沟通时的语速要适中，不能太快，也不能太慢，太快容易导致幼儿听得不太清楚，太慢就会使幼儿等得太急，使幼儿的积极性降低。

3. 语气、语调和节奏

(1) 语气柔和，委婉中听。著名教育实践家和教育理论家苏霍姆林斯基说过，教师要“通过语言去打动学生的理智和心理”。教师亲切、自然、纯真的语言，舒缓、柔和、富有感情的语调，能够有效激发幼儿的内心体验。反之，自然很难收到良好的教育效果。

(2) 语调是指讲话时声音的高低升降、抑扬顿挫的变化。适度的语调，可以增加口语表达的生动性。

(3) 节奏是指讲话时的快慢变化。教师善于调节音程变化，形成和谐的节奏，能有效地减轻幼儿参与活动的疲劳和紧张，提高活动效率。

4. 词汇

(1) 准确：要用恰当的词语表达清楚意思。

(2) 生动：注意用词的形象性、可感性，注意词的感情色彩，能启发想象、联想，激发人的感情。

5. 语法

(1) 要符合语法。

(2) 要合乎逻辑规律。

知识 3：组织教育活动导入方式

1. 直入式

开门见山，直接导入新课内容，用语简短。

2. 谈话式

教师在与幼儿的交谈中不知不觉地渗透新课内容，进而自然而然地引入课题。

3. 谜语式

通过猜谜语能够概括事物的主要特征，帮助幼儿理解新课内容，启发幼儿的学习兴趣。

4. 故事式

以故事的形式导入新课，能吸引幼儿的注意力，调动幼儿学习的积极性。

5. 激发式

利用激发式导入新课内容，可激发幼儿的学习兴趣和求知欲望。

6. 悬念式

采用悬念式导入新课，可引起幼儿的好奇心，激发幼儿追根问底的热情，培养幼儿主动探索的精神。

7. 表演式

通过小品、舞蹈、木偶剧等表演形式导入新课，吸引幼儿的注意力，激发幼儿的学习兴趣，帮助幼儿理解、掌握所学内容。

8. 演示式

借助演示实物、玩具、图片等道具的形式导入新课，既直观又形象，既能使幼儿感兴趣，又便于幼儿理解。

9. 实验式

通过直观形象的实验操作形式导入新课内容，变抽象为具体，变深奥为浅显，既发展幼儿的观察力，又对幼儿理解、掌握新授内容起到事半功倍的作用。

10. 游戏式

以游戏的形式导入新课，能调动幼儿的积极性，活跃课堂的气氛。

11. 观察式

让幼儿带着任务去观察，幼儿会留心注意事物，使幼儿对所学内容理解得快、掌握得牢。

12. 联想式

利用事物之间接近、相近、相反的特征引发回忆，抓住联系点联想，达到回顾旧知、引入新课的目的。

活动导入设计形式多样，不胜枚举，运用时要根据具体领域、主题内容而定。总的来说，要遵循引导性、启发性、激发性、自然性、新颖性等原则，千万不要牵强附会、生搬硬套，使人感到造作、不自然。

知识4：试讲的类型

1. 描述类

(1) 叙述式：教师用简洁的语言，向幼儿客观地叙述事实或事件的一种讲解方式。它要求教师做到语言条理清楚、通俗易懂、清晰明了。

(2) 描绘式：运用生动、鲜明、形象的语言，具体地描摹人物、事件、景物和塑造情境的一种讲解方式。它在叙述式讲解的基础上增加了许多修饰的成分，要求教师的语言丰富并带有感情色彩，用生动活泼的词语、声调以及表情、手势的辅助，把事实、事件、故事生动地展现在幼儿的面前，并且语调、语速随着内容的变化而变化，紧扣幼儿的心弦，引起幼儿学习的兴趣。

2. 诠释类

(1) 解释式：教师用缜密的语言讲解事物、事理、概念的一种讲解方式。它要求教师在讲解时，联系幼儿已有的生活经验，使幼儿更全面地了解事物的特征，更深入地理解事物的概念，更牢固地记忆知识，更科学地训练思维。

(2) 说明式：教师用简明的语言，对事物的形状、性质、特征、成因、规律、功能以及事物间的关系等加以说明的一种讲解方式。

3. 论证类

(1) 论说式：教师根据教材中的已知材料，用富于逻辑性的语言讲道理、论是非，使幼儿在接受科学知识的同时，明白或懂得一定的道理。

(2) 推理式：教师利用幼儿已掌握的知识、材料推导出新知识的一种讲解方式。

(3) 证明式：教师为论述根据已知材料提炼出的某一思想观点、法则、公式的正确性，或者用事实、引用科学公理作依据来证明某立论、法则、公式的正确性而采用的一种讲解方式。

知识 5：教育活动的调控

1. 气氛的调控

(1) 创设浓郁的感情氛围，导控情感。

主题教育活动是教师和幼儿的双边活动，是师幼心心相印的情感交流，需要教师和幼儿合作完成。教师作为主题教育活动的主控者，要把自己视作普通一员置身于幼儿之中，要善于创设浓郁的感情氛围，导引和控制幼儿教育活动的顺向心理定式和和谐的活动气氛，让幼儿始终处于一种兴奋的情绪状态之中，对活动内容产生浓厚的兴趣，并积极主动地投入进去，动脑思考问题，动口表达自己的观点，使他们通过自己的参与，感受到自身的力量所在，体验到参与活动的乐趣。

(2) 善用体态语言，调谐活动信息。

所谓调谐，是指教师能比较精确地测度幼儿信息的接收量，或通过可靠的对幼儿知、情、意的外显及时进行调节，使教师输出信息的频率与幼儿接收信息的频率相等，使教与学基本达到共振，即达到谐振的目的。

教师应以微笑给幼儿以鼓励，感染幼儿，消除幼儿的疑虑和恐惧，沟通师幼的心灵，传导正确的信息，保持教育活动最佳的状态。一般情况下，应注重在活动情感冷漠处、思维冷却处、兴趣冷淡处、答问冷寂处、思路冷僻处、质疑冷门处和知识冷落处，巧妙地利用体态语言，进行有效的调节控制，让幼儿始终沉浸在情感和思维畅通交流的氛围之中，从而情绪高涨地参与活动。在纠正幼儿不当行为时，常见的体态调控方法包括暂时沉默法、目光注视法、身体逼近法、变换音量法等。

2. 节奏的调控

(1) 活动内容——难与易的把握。

在幼儿园主题教育活动中，教师要依据活动目标，针对活动内容，注意难易梯度，有意识地进行调控，使幼儿认知结构的建构得以顺利进行。既不能“坐着吃桃子”，也不能“跳起来摘月亮”，而应“跳一跳摘果子”。

(2) 活动速度——快与慢的把握。

这里所说的快与慢，是指幼儿园主题教育活动进程的速度。教师组织教育活动时要特别注意做到突出重点、突破难点，该快时要快，该慢时要慢。

在使用快节奏时，要保证幼儿的思路能跟上活动的进度，不致出现掉队现象；在使用慢节奏时，仍能保证幼儿适度紧张地进行活动，不致出现无事可做、注意力涣散的现象。

(3) 外部表现——动与静的把握。

在进行教育活动调控时，教师应该通过创造生动有趣的情境，化静为动，动静相谐；寓情于理，情理相生；寓情于景，情景交融；寄神于形，形神兼备。使教育活动在动静交替中有节奏地进行，使幼儿消除疲劳，保持注意力，在紧张而愉快的氛围中发展智力，培养能力。

3. 信息反馈的调控

(1) 重视培养参与意识：在幼儿园主题教育活动中，教师要引导幼儿全方位、高质量、多层次地参与，增强幼儿的主体意识，促进实践活动。

(2) 顺应学情，因势利导：在幼儿园主题教育活动中，教师应充分利用自己的智慧，顺应学情，因势利导。当幼儿的求知思维受到阻碍时，教师应及时发现，指引其探索之路。当幼儿的思维出现偏差时，教师应及时进行目标指引，使其自悟正道。

(3) 贴身跟进，立体掌控：在幼儿园主题教育活动的调控中，设趣能展现魅力风采、表扬能提高层次、主导能让幼儿有序，几种方法有机结合，可调节教育活动气氛，使幼儿在活动后觉得意犹未尽。

知识 6：组织教育活动的结束技能

1. 结束功能

(1) 明确主题：在教育活动的结束阶段，教师引导幼儿深入概括、总结活动的主题及重难点，使幼儿领悟活动的主旨，加深对活动内容的理解与把握，加强幼儿的认知，并在情感上产生共鸣。

(2) 厘清脉络：在教育活动的结束阶段，教师引导幼儿有意识地进行梳理，把握整个活动的脉络，对活动内容进行归纳、概括，提纲挈领，突出重点。

(3) 引发思考：教育活动结束时，教师要设计生动而富有启发性的结束，既能满足幼儿精神世界的需要，又能激活幼儿的思维，引发其继续探索与学习。

(4) 拓展升华：教育活动结束时，可为幼儿园提供与教学情境密切相关的知识，建立与以后活动相关的联系，促进幼儿思维向多方向展开。

2. 结束方式

(1) 总结式：教师运用准确、简练的语言，提纲挈领地总结活动内容，使幼儿对所学内容的认识更加明确，印象更加深刻，培养幼儿的概括、总结能力。

(2) 质疑式：引导幼儿提出自己在活动中还没有弄懂的问题，师幼共同讨论、解决。这样既能准确掌握反馈信息，及时查漏补缺，不留后患，又能培养幼儿质疑问难的能力和创造思维能力。

(3) 复述式：引导幼儿对活动主题和内容进行复述，能加深幼儿对活动内容的理解，也能提高幼儿的说话能力。

(4) 练习式：教师根据活动目标，精心设计练习，引导幼儿巩固所学知识，提升技能。

(5) 表演式：教师引导幼儿将活动主题或内容以文艺节目的形式进行表演。这样既深化了幼儿的理解，又提高了幼儿的表演能力。

(6) 应用式：引导幼儿把学到的知识迁移到实践中，使幼儿扎实、灵活地学到了知识，培养了能力，并形成了创造思维能力。

(7) 鉴赏式：组织幼儿对与主题相关的内容进行品味赏析、再造想象，获得思想情感上的陶冶和艺术鉴赏上的愉悦。

(8) 歌诀式：设计新颖的歌诀、谜语，激发幼儿的学习兴趣，提高幼儿的记忆效果。

(9) 悬念式：设计悬念，引发幼儿探究的欲望，为今后的教育活动做好充分的准备。

(10) 延伸式：利用某些契机，把结束作为联系生活的纽带，把活动内容延伸到课外，开拓幼儿的视野，拓宽幼儿的知识面，激发幼儿学习、研究新知识的兴趣。

知识 7：无生试讲策略

无生试讲策略如下：

(1) 无生试讲不是说课。虽然下面没有学生，面对的是评委，但仍应当“无生当有生”，认真讲课。

(2) 无生试讲是一种模拟课堂情景下展开的教学活动，许多问题要自问自答，重难点的揭示要穿插在课堂中，难度大于有生教学，为了让听课者给高分，课堂上要充分发挥各方面技能，如板书、口才、组织才能、教学环节的设计等。

(3) 教学设计要合理、恰当。条理清晰、重点突出、难点突破。

(4) 试讲中要体现新课程理念。和平时上课一样，通过多媒体、教具的使用，小组讨论，探究活动等方式，体现面向全体学生、调动学生自主学习等新课程理念。

(5) 扬长避短，展示自己靓丽的一面，赢得评委对你的注意，赢得高分。

(6) 由于没有学生，因此进度会快一些，要把握好时间，只要内容(重点内容)基本完成即可。

作　业

1. 修改自己课前编写的幼儿园健康教育活动设计方案，并进行微格练习。
2. 修改自己课前编写的幼儿园语言教育活动设计方案，并进行微格练习。
3. 修改自己课前编写的幼儿园科学教育活动设计方案，并进行微格练习。
4. 修改自己课前编写的幼儿园社会教育活动设计方案，并进行微格练习。
5. 修改自己课前编写的幼儿园艺术教育活动设计方案，并进行微格练习。

第二模块

幼儿教师基本技能实训

第一部分　口　　语

实训 1　普通话水平测试与声母训练

实训目标

(1) 了解学好普通话的重要性及普通话水平测试的相关内容。
(2) 掌握声母辨正的几种情况，集中训练，及时纠正发音错误。
(3) 克服方音，纠正不正确发音。

实训内容

一、学好普通话的重要性

(1) 从事幼儿教师工作的需要。幼儿教师是幼儿学习语言的榜样。
(2) 取得幼儿教师资格证的需要。普通话水平测试不合格者不能参加幼儿教师资格考试。

二、普通话水平测试等级标准

普通话水平测试等级标准见表 2-1。

表 2-1　普通话水平测试等级标准

普通话水平测试等级		分　数
一级(标准的普通话)	一级甲等	97～100
	一级乙等	92～96.99
二级(比较标准的普通话)	二级甲等	87～91.99
	二级乙等	80～86.99
三级(一般水平的普通话)	三级甲等	70～79.99
	三级乙等	60～69.99

普通话水平测试内容及评分标准见表 2-2。

表 2-2　普通话水平测试内容及评分标准

<table>
<tr><th colspan="2">测试内容</th><th>评 分 标 准</th></tr>
<tr><td colspan="2">1. 单音节字词</td><td>总共 100 个音节，不含轻声、儿化音节，限时 3 分 30 秒，共 10 分；
100 个音节中每个声母出现次数一般不少于 3 次。
语音错误：每个音节扣 0.1 分；
语音缺陷：每个音节扣 0.05 分；
超时 1 分钟以内：扣 0.5 分；
超时 1 分钟以上(含 1 分钟)：扣 1 分</td></tr>
<tr><td colspan="2">2. 多音节词语</td><td>总计 100 个音节，限时 2 分 30 秒，共 20 分。
语音错误：每个音节扣 0.2 分；
语音缺陷：每个音节扣 0.1 分；
超时 1 分钟以内：扣 0.5 分；
超时 1 分钟以上(含 1 分钟)：扣 1 分</td></tr>
<tr><td colspan="2">3. 朗读短文</td><td>1 篇 400 个音节，限时 4 分钟，共 30 分。
每错 1 个音节：扣 0.1 分；
漏读或增读 1 个音节：扣 0.1 分；
声母或韵母系统性语音缺陷：视程度扣 0.5 分、1 分；
语调偏误：视程度扣 0.5 分、1 分、2 分；
停连不当：视程度扣 0.5 分、1 分、2 分；
朗读不流畅：视程度扣 0.5 分、1 分、2 分；
超时：扣 1 分；
回读：视为读错，每回读 1 个音节扣 0.1 分</td></tr>
<tr><td rowspan="9">4. 命题说话</td><td rowspan="6">(1) 语音标准程度，共 20 分，分六档</td><td>一档：语音标准，或极少有失误，分别扣 0 分、0.5 分、1 分</td></tr>
<tr><td>二档：语音错误在 10 次以下，有方音但不明显，分别扣 1.5 分、2 分</td></tr>
<tr><td>三档：语音错误在 10 次以下，但方音比较明显，或语音错误为 10～15 次，有方音但不明显，分别扣 3 分、4 分</td></tr>
<tr><td>四档语音错误为 10～15 次，方音比较明显，分别扣 5 分、6 分</td></tr>
<tr><td>五档：语音错误超过 15 次，方音明显，分别扣 7 分、8 分、9 分</td></tr>
<tr><td>六档：语音错误多，方音重，分别扣 10 分、11 分、12 分</td></tr>
<tr><td rowspan="3">(2) 词汇语法规范程度，共 5 分，分三档</td><td>一档：词汇、语法规范，扣 0 分</td></tr>
<tr><td>二档：词汇、语法偶有不规范的情况，分别扣 0.5 分、1 分</td></tr>
<tr><td>三档：词汇、语法屡有不规范的情况，分别扣 2 分、3 分</td></tr>
</table>

续表

测试内容		评分标准
4. 命题说话	(3)自然流畅程度，共5分，分三档	一档：语言自然流畅，扣0分
		二档：语言基本流畅，口语比较差，有背稿子的表现，分别扣0.5分、1分
		三档：语言不连贯，语调生硬，分别扣2分、3分
	(4)其他评分标准	说话不足3分钟：酌情扣分； 缺时1分钟以内(含1分钟)：分别扣1分、2分、3分； 缺时1分钟以上：分别扣4分、5分、6分； 说话不满30秒(含30秒)：本测试项成绩计为0分。 读网上或他人雷同文章：不超30秒扣4分；31～60秒扣5分；61～90秒扣6分；91～150秒扣10分；完全雷同扣15分。 离题酌情扣分：不超30秒扣4分；31～60秒扣5分；61～90秒扣6分；91～150秒扣10分；完全离题扣40分

三、声母平舌音、翘舌音辨正

平舌音(舌尖前音：z、c、s)与翘舌音(舌尖后音：zh、ch、sh、r)这两组声母在发音方法上不同，发音部位一前一后。

1. 发音要领

(1) 平舌音 z、c、s：发音时舌尖平伸，顶住或接近上齿背(或下齿背)。

(2) 翘舌音 zh、ch、sh、r：舌身略后缩，舌尖上翘，抵硬前部(凸起处)。

2. 平舌音、翘舌音辨记方法

(1) 平舌音辨记方法(见表2-3)。

平舌音包括 z、c、s。平舌音在发音时也有共同点，那就是发音时，舌尖平伸抵住或接近上齿背面，气流在这一部位受到阻碍。它们各自发音也有不同的地方。

表 2-3　平舌音辨记方法

发　　音	音　节	字　　词
z 发音时，舌尖向前伸，抵住上门牙背后，然后微微放松，气流从窄缝中摩擦而出，但不是用力送出	单音节词	在 走 做 最 字 早 杂 脏 怎 总
	双音节词	粽子 自责 祖宗 自在 自尊 凿子 枣子
	四音节词	自得其乐　自告奋勇　再接再厉　责无旁贷　座无虚席
c 发音时，发音部位和方法与 z 相同，只是发 c 音时要将气流用力送出	单音节词	猜 擦 仓 策 此 粗 摧 村 匆
	双音节词	层次 粗糙 摧残 仓促 措辞 苍翠 草丛 参差
	四音节词	惨不忍睹　沧海桑田　草木皆兵　侧目而视　此起彼伏
s 发音时，舌尖向前伸，接近上门牙背面，气流从窄缝中摩擦而出，注意不是用力送出	单音节词	撒 三 桑 涩 松 思 孙 四 色 扫 塞
	双音节词	色素 洒扫 琐碎 松散 三思 思索 四散 搜索
	四音节词	司空见惯　丝丝入扣　死里逃生　死去活来　四面楚歌

(2) 翘舌音辨记方法(见表 2-4)。翘舌音包括 zh、ch、sh、r。它们的发音有一个共同点，都是舌尖后移与上齿龈后部接触或接近构成阻碍后发出的一组音。但它们的发音也有不同点。

表 2-4　翘舌音辨记方法

发　音	音　节	字　词
zh 发音时，舌尖翘起抵住硬腭最前端(上牙床之后)，然后微微放松，气流从窄缝中摩擦而出，但不是用力送出	单音节词	赵 郑 知 中 朱 专 庄 周 重
	双音节词	庄重 主张 政治 转折 指针 战争 支柱 挣扎
	四音节词	掌上明珠　招兵买马　振振有词　争先恐后　珠圆玉润
ch 发音时，发音部位和方法与 zh 相同，只是要将气流用力送出	单音节词	产 吵 车 陈 程 冲 除 船 吹 春
	双音节词	超产 长城 船厂 穿插 车床 出产 长处 乘车
	四音节词	触类旁通　长篇大论　长期共存　畅所欲言　陈词滥调
sh 发音时，舌尖翘起，接近硬腭最前端(上牙床之后)，气流从窄缝中摩擦而出	单音节词	沙 蛇 筛 省 双 书 生 上 顺 山
	双音节词	山水 双手 闪烁 神圣 沙石 绅士 手术 赏识
	四音节词	深入人心 神采奕奕 身价百倍　实事求是　史无前例
r 发音时，发音部位和方法与 sh 相同，只是嗓子用力，声带颤动	单音节词	日 人 如 忍 软 荣 让 然 若 柔
	双音节词	仍然 冉冉 荣辱 容忍 闰日 忍让 如若 软弱
	四音节词	入情入理　若无其事　若有所思　如愿以偿　如闻其声

注意事项

认真学习发音要领，注意声母的辨正。

实训 2　韵母训练

实训目标

(1) 掌握韵母辨正的相关内容。

(2) 树立练好普通话的信心。

实训内容

一、单韵母 a 的开口度

1. 发音要领

a 发音时口大开，气流通畅，下巴放松。

2. 发音训练

训练内容如下：

把　马　茶　发　达　打　靶　喇叭　砝码　哈达　拉萨　沙发

八面玲珑　跋山涉水　茶余饭后　大有作为　飒爽英姿　马不停蹄

二、分辨 o 和 e

1. 发音要领

o 发音时双唇拢圆，e 发音时唇形不圆。

注意，声母 b、p、m、f 与 o 拼读时音不容易发准。

2. 发音训练

训练内容如下：

广播　偏颇　默许　佛教

窘迫　波浪　磨破　婆婆

菠萝　莫名其妙　莫逆之交　模棱两可

博古通今　迫在眉睫　破涕为笑　默默无闻

三、读准复韵母 ai

1. 发音要领

ai 发音时，先张大嘴巴发 a 的音，口形由大变小很快滑 i。a 读得重，i 读得轻，中间气不断，一口气读成 ai。

2. 发音训练

单音节字训练：

白　拍　买　来　摘　改　海　拆　灾　晒　菜

双音节词训练：

彩排　开采　买卖　灾害　海带　白菜　晒台　拍卖　拆台　爱戴

四音节词语训练：

爱莫能助　塞翁失马　海纳百川　拍手称快　哀鸿遍野　开门见山

四、读准复韵母 ao

1. 发音要领

ao 发音时，由 a 的发音部位向 o 的发音部位滑动，音势由强到弱。

2. 发音训练

单音节字训练：

包　跑　猫　刀　涛　脑　老　高　招　超　少　烧

双音节词训练：

报告　高潮　逃跑　高考　早操　号召　照抄　劳保　操劳

四音节词语训练：

劳而无功　老成持重　报仇雪恨　草木皆兵　操之过急

五、读准复韵母 iao

1. 发音要领

韵母 iao 发音时动程较宽，唇形、舌位的变化较大。

2. 发音训练

单音节字训练：

飘　秒　刁　巧　校　妙　跳　敲　叫　标

双音节词训练：

巧妙　逍遥　小鸟　脚镣　娇小　吊桥　疗效　缥缈

四音节词语训练：

表里如一　标新立异　雕虫小技　咬文嚼字　调兵遣将　交头接耳

六、读准复韵母 uai

1. 发音要领

双唇撮住，舌位由后高元音 u 向前低元音 a 方向移动，接着再向前高元音 i 方向抬起，双唇打开，最后再变成展形，发出中响复合音 uai。

2. 发音训练

单音节字训练：

快　拽　乖　怀　甩　踹　衰

双音节词训练：

外快　怀揣　摔坏　乖乖　快甩　坏话

四音节词语训练：

怀才不遇　拐弯抹角　快马加鞭

注意事项

(1) 找出韵母发音存在的问题。
(2) 借助音辨词语或绕口令纠正发音。

实训 3　普通话声调训练

实训目标

(1) 了解普通话声调的相关知识。
(2) 准确发出普通话四类声调的标准音，调值准确。

实训内容

一、声调

声调是指汉语音节中所固有的，依附在音节上能区别意义的音高变化形式。普通话的声调有四类：阴平、阳平、上声、去声。普通话的声调可以从调值和调类两个方面来分析。

调值，又称调形，指声调高低、升降、曲直的变化形式，也就是声调的实际读法。普通话的全部字音分属四种基本调值：阴平(第一声)，如高、飞、天、空；阳平(第二声)，如来、回、繁、忙；上声(第三声)，如勇、敢、友、礼；去声(第四声)，如尽、力、障、碍。普通话的这四种基本声调的调值可以简单归结为一平、二升、三曲、四降。

调类，指声调的类别，就是把调值相同的音归纳在一起建立起来的声调的类别。

二、调值训练

读单音节字(100 个音节，限时 3 分 30 秒)。

第一组：

蹦　要　德　扰　直　返　凝　秋　淡　丝　炯　粗　袄　瓮　癣　履　告　筒　猫
囊　驯　辱　碟　栓　来　顶　墩　忙　哀　霎　果　憋　捺　装　儿　群　精　唇
亮　馆　符　肉　梯　船　溺　北　剖　民　邀　旷　暖　快　酒　除　缺　杂　搜
税　脾　锋　日　贼　孔　哲　许　尘　谓　忍　填　颇　残　涧　穷　歪　雅　捉
凑　怎　虾　冷　躬　莫　虽　绢　挖　伙　聘　英　条　笨　敛　墙　岳　黑　巨
访　自　毁　郑　浑

第二组：

碑　涌　破　谋　尝　增　张　槛　枕　涛　吼　高　旺　逼　纫　逮　扇　雁　邹
潮　黑　盖　发　克　拆　撤　委　腮　舍　擦　惹　俗　讲　乳　恋　偏　音　俏
牛　妙　叠　瞟　铁　聊　掐　丢　笔　家　烟　妾　腻　闷　帆　习　爷　体　盼
冰　退　不　宁　夸　揣　润　锁　御　困　女　农　论　您　端　菌　穷　选　化
匀　愿　缺　举　雪　摔　脑　庄　从　光　红　童　孙　窜　谁　飞　最　星　良
施　争　跛　茶　帆

注意事项

(1) 从调值的实际读音入手，读准字音。
(2) 可借助单音节字训练，纠正调值的发音。
(3) 加强第三声的调值训练。

实训4　朗读训练

实训目标

(1) 了解普通话水平测试中朗读短文的相关要求。
(2) 做到精准流畅地朗读短文。

实训内容

一、测试要求

普通话语段水平测试要求如下：1篇，400个音节，限时4分钟，共30分。普通话语段水平测试评分标准见表2-5。

表2-5　普通话语段水平测试评分标准

标　准		评　分
1	每错1个音节	视程度扣0.1分
2	漏读或增读1个音节	视程度扣0.1分
3	声母或韵母的系统性语音缺陷	视程度扣0.5分、1分
4	语调偏误	视程度扣0.5分、1分、2分
5	停连不当	视程度扣0.5分、1分、2分
6	朗读不流畅	视程度扣0.5分、1分、2分
7	超时	视程度扣1分
8	每回读1个音节(回读视为读错)	视程度扣0.1分

1. 记叙类作品的朗读

(1) 叙述、描写部分朗读声音要低一些，既要避免喧宾夺主，又要避免过于平淡。

(2) 人物对话部分朗读声音要高一些、突出一些。

2. 抒情性作品的朗读

(1) 在普通话水平测试中，抒情性作品为抒情散文。

(2) 朗读时注意把握语速，一般用较慢的语速朗读。

(3) 朗读直接抒情的语句时要声音坚定。

3. 议论性作品的朗读

(1) 论点要重读，适当拖长音节，语气肯定，态度鲜明。

(2) 注意句与句、段与段的逻辑关系。

4. 说明性作品的朗读

(1) 突出说明性作品的说明性、知识性、科学性。

(2) 关键的词语可以运用重音、停连等技巧加以突出。

二、朗读短文

朗读以下短文。

{短文 1}

很久以前，在一个漆黑的秋天的夜晚，我泛舟在西伯利亚一条阴森森的河上。船到一个转弯处，只见前面黑黢黢的山峰下面，一星火光蓦地一闪。

火光又明又亮，好像就在眼前……

"好啦！谢天谢地！"我高兴地说，"马上就到过夜的地方啦！"

船夫扭头朝身后的火光望了一眼，又不以为然地划起桨来。

"远着呢！"

我不相信他的话，因为火光冲破朦胧的夜色，明明在那儿闪烁。不过船夫是对的：火光的确还远着呢。

这些黑夜的火光的特点是：驱散黑暗，闪闪发亮，近在眼前，令人神往，乍一看，再划几下就到了，其实却还远着呢！

我们在漆黑如墨的河上又划了很久。一个个峡谷和悬崖，迎面驶来，又向后移去，仿佛消失在茫茫的远方，而火光却依然停在前头，闪闪发亮，令人神往——依然是这么近，又依然是那么远。

现在，无论是这条被悬崖峭壁的阴影笼罩的漆黑的河流，还是那一星明亮的火光，都常浮现在我的脑际。在这以前和在这以后，曾有许多火光，似乎近在咫尺，不止使我一人心驰神往。可是生活之河却仍然在那阴森森的两岸之间流着，而火光也依旧非常遥远。因此必须加劲划桨。

然而，火光啊……毕竟……毕竟就在前头……

{短文 2}

那是力争上游的一种树，笔直的干，笔直的枝。它的干呢，通常是丈把高，像是加以人工似的，一丈以内，绝无旁枝；它所有的丫枝呢，一律向上，而且紧紧靠拢，也像是加以人工似的，成为一束，绝无横斜逸出；它的宽大的叶子也是片片向上，几乎没有斜生的，更不用说倒垂了；它的皮，光滑而有银色的晕圈，微微泛出淡青色。这是虽在北方风雪的压迫下却保持着倔强挺立的一种树！哪怕只有碗口那样粗细，它却努力向上发展，高到丈许，两丈，参天耸立，不折不挠，对抗着西北风。这就是白杨树，西北极普通的一种树，然而绝不是平凡的树！它没有婆娑的姿态，没有屈曲盘旋的虬枝。也许你要说它不美，如果美是专指“婆娑”或“横斜逸出”之类而言，那么，白杨树算不得树中的好女子；但是它伟岸，正直，朴质，严肃，也不缺乏温和，更不用提它的坚强不屈与挺拔，它是树中的伟丈夫！当你在积雪初融的高原上走过，看见平坦的大地上傲然挺立这么一株或一排白杨树，难道你就只觉得树只是树，难道你就不想到它的朴质，严肃，坚强不屈，至少也象征了北方的农民；难道你竟一点儿也不联想到，在敌后的广大土地上，到处有坚强不屈，就像这白杨树一样傲然挺立的守卫他们家乡的哨兵！难道你又不更远一点儿想到这样枝枝叶叶靠紧团结，力求上进的白杨树，宛然象征了今天在华北平原纵横决荡，用血写出新中国历史的那种精神和意志。

{短文 3}

在湾仔，香港最热闹的地方，有一棵榕树，它是最贵的一棵树，不光在香港，在全世界，都是最贵的。

树，活的树，又不卖，何言其贵？只因它老，它粗，是香港百年沧桑的活见证，香港人不忍看着它被砍伐，或者被移走，便跟要占用这片山坡的建筑者谈条件：可以在这儿建大楼盖商厦，但一不准砍树，二不准挪树，必须把它原地精心养起来，成为香港闹市中的一景。太古大厦的建设者最后签了合同，占用这个大山坡建豪华商厦的先决条件是同意保护这棵老树。

树长在半山坡上，计划将树下面的成千上万吨山石全部掏空取走，腾出地方来盖楼，把树架在大楼上面，仿佛它原本是长在楼顶上似的。

建设者就地造了一个直径十八米、深十米的大花盆，先固定好这棵老树，再在大花盆底下盖楼。光这一项就花了两千三百八十九万港币，堪称是最昂贵的保护措施了。

太古大厦落成之后，人们可以乘滚动扶梯一次到位，来到太古大厦的顶层。出后门，那儿是一片自然景色。一棵大树出现在人们面前，树干有一米半粗，树冠直径足有二十多米，独木成林，非常壮观，形成一座以它为中心的小公园，取名叫“榕圃”。树前面插着铜牌，说明缘由。此情此景，如不看铜牌的说明，绝对想不到这树根底下还有一座宏伟的现代大楼。

注意事项

(1) 坚持循序渐进的原则，先训练不丢字、不加字、不改字，再训练不错字，最后注意流畅度及语调语气。

(2) 借助《普通话水平测试手册》的朗读短文练习，进一步纠正错误发音。

实训5　说话训练

实训目标

(1) 了解普通话水平测试对命题说话的有关要求。

(2) 围绕给出的话题流畅自如地讲满3分钟。

实训内容

一、命题说话的要求

说话不足3分钟酌情扣分：缺时1分钟以内(含1分钟)，扣1分、2分、3分；缺时1分钟以上，扣4分、5分、6分。说话不满30秒(含30秒)，本测试项成绩计为0分。

二、命题说话的类别

(1) 介绍类。如：我尊敬的人，我最要好的同学(或朋友)。

(2) 评述类。如：谈谈我对环境保护的认识，谈谈社会公德(或职业道德)。

三、命题说话的准备

(1) 仔细审题。

(2) 快速选材。

(3) 简约构思。

四、命题说话的结构

命题说话由开场白、主题和结束语三部分组成。

五、课堂训练

1. 准备3分钟的命题说话

命题说话主题如下：

① 我的愿望(或理想)；② 我的学习生活；③ 我最尊敬的人；④ 我喜爱的动物(或植物)；⑤ 童年的记忆；⑥ 我喜爱的职业；⑦ 难忘的旅行；⑧ 我的朋友；⑨ 我喜爱的文学(或其他)艺术形式；⑩ 谈谈卫生与健康；⑪ 我的业余生活；⑫ 我喜欢的季节；⑬ 学习普通话的感受；⑭ 谈谈服饰；⑮ 我的假日生活；⑯ 我的成长之路；⑰ 谈谈科技发展与社会生活；⑱ 我知道的风俗；⑲ 我和体育；⑳ 我的家乡(或熟悉的地方)；㉑ 谈

谈美食；㉒ 我喜欢的节日；㉓ 我所在的集体(学校、机关、公司)；㉔ 谈谈社会公德(或职业道德)；㉕ 谈谈个人修养；㉖ 我喜欢的明星(或其他知名人士)；㉗ 我喜爱的书刊；㉘ 谈谈对环境保护的认识；㉙ 我向往的地方；㉚ 购物(消费)的感受。

2. 让学生到讲台前讲话

师生讲评，鼓励为主，缓解学生的心理压力。

注意事项

(1) 流畅、自如地进行 3 分钟说话。

(2) 要求按照普通话水平测试标准围绕主题说话。

背景知识

知识 1：教师职业口语的要求

规范性：标准或比较标准的普通话和用语规范。

教育性：教师职业口语的表达内容和形式，必然受到教育目标的制约，从而使教育教学过程中的语言信息都带有鲜明的教育性。

科学性：教育教学内容和方法的科学性决定了教师职业口语的科学性。

生动性：语言形象的活泼鲜明和口语修辞的运用，感情充沛，富有变化的态势语。

可接受性：从实际出发，具有针对性。

知识 2：教师口语表达的重要性

1. 对学生的影响

孩子获取新知识的途径，一是父母，二是教师。教师口语表达是否准确、规范，直接影响着学生们学习的效果。我国是一个多民族、地域广阔的国家，在学校推广普通话，教师又是重中之重。一般来说，教师在两个方面起作用：一是示范，二是引导提高。这都要求教师要有较好的口语水平，不仅要标准规范，还要流畅精彩、妙语连珠、有魅力，让学生在学习的过程中既掌握知识，又在潜移默化中掌握普通话。

2. 对教师本人的魅力提升及嗓音保护的作用

字正腔圆，生动、富于激情的口语表达对提升教师个人魅力也有很大的作用。在作调查时，有的学生喜欢一个教师就是因为他(她)说话声音好听，朗诵好，讲课有激情，等等，而这些方面都是口语表达的不同体现。

另外，正确的口语表达，尤其是用声发声方法对教师的嗓音也起到保护作用。每个教师都希望自己的声音清晰、响亮，同时音色圆润而富有个性魅力。然而在教学实践中并非人人都能如愿，教师应在发声方法上加以改进，进而提高口语表达能力。

知识 3：解决教师口语表达存在问题的对策

1. 掌握正确的发声方法

教师想要掌握正确的发声方法应关注两个方面：气息(呼吸)的控制和吐字(口腔)控制。

呼出的气息是发声的动力，声音的强弱、高低、长短以及共鸣状况，与呼出气息的速度、流量、压力大小都有直接关系。气流的变化关系到声音的响亮度、声音的清晰度、声音的优美圆润、嗓音的持久性及情绪的饱满充沛。胸腹联合呼吸法不仅吸气量大，增强了稳健感，有利于控制，同时也易于产生坚实、响亮的声音，通过闻花香、搬重物等方法来训练。另一个需要掌握的就是吐字归音。

2. 语言表达生动贴切，富有幽默感

语言表达是口语表达的重要组成部分，语音的长短、快慢、高低、强弱、粗细的变化都和思想感情表达细腻程度有直接关系。幽默是思想、学识、智慧和灵感的结晶，高超的幽默技巧可以活跃气氛，还可以增强内容的趣味性和感染力，让学生在语言表达的过程中同时领悟其中蕴含的智慧。通过朱自清的散文《春》、柯蓝的散文《困难》给予学生真实的感觉，体验语言表达生动贴切和富有幽默特点的魅力。

3. 恰当使用体态语

手势，是能够传情达意的手指、手掌和手臂的姿势动作，是体态语的重要组成部分。人们常常以拍手表示“高兴”，以频频捶胸表示“悲痛”，以不停地搓手表示“为难”，以拍拍脑门表示“悔恨”。教师常用指示性手势来指示具体的对象或者数量，当讲到“第一”“第二”等顺序时，常伸出一只手指、两只手指，这些手势都给学生具体、真实的感觉。

知识 4：普通话水平测试等级标准

一级：甲等(97 分及以上)，朗读和自由交谈时，语音标准，词语、语法正确无误，语调自然，表达流畅。测试总失分率在 3%以内。乙等(92 分及以上但不足 97 分)，朗读和自由交谈时，语音标准，词语、语法正确无误，语调自然，表达流畅。偶然有字音、字调失误。测试总失分率在 8%以内。

二级：甲等(87 分及以上但不足 92 分)，朗读和自由交谈时，声韵母发音基本标准，语调自然，表达流畅。少数难点音(平翘舌音、前后鼻尾音、边鼻音等)有时出现失误。词语、语法极少有误。测试总失分率在 13%以内。乙等(80 分及以上但不足 87 分)，朗读和自由交谈时，个别调值不准，声韵母发音有不到位现象。难点音(平翘舌音、前后鼻尾音、边鼻音、fu-hu、z-zh-j、送气不送气、i-ü 不分，保留浊塞音和浊塞擦音、丢介音、复韵母单音化等)失误较多。方言语调不明显，有使用方言词、方言语法的情况。测试总失分率在 20%以内。

三级：甲等(70 分及以上但不足 80 分)，朗读和自由交谈时，声韵母发音失误较多，难点音超出常见范围，声调调值多不准。方言语调明显。词语、语法有失误。测试总失分率在 30%以内。乙等(60 分及以上但不足 70 分)，朗读和自由交谈时，声韵母发音失误较多，方言特征突出。方言语调明显。词语、语法失误较多。外地人听其谈话有听不懂的情况。测试总失分率在 40%以内。

中小学及幼儿园、校外教育单位的教师，报考教师资格证人员、师范类毕业生、公共服务行业的特定岗位人员普通话水平不低于二级，其中语文教师不低于二级甲等，其他科目教师不低于二级乙等，高等学校的教师、国家公务员普通话水平不低于三级甲等，其中现代汉语教师不低于二级甲等，普通话语音教师不低于一级。国家级和省级广播电台、电视台的播音员、节目主持人，普通话水平应达到一级甲等，其他广播电台、电视台的播音员、节目主持人的普通话达标要求按国家广播电视总局的规定执行。话剧、电影、电视剧、广播剧等表演、配音演员，播音、主持专业和影视表演专业的教师、学生，普通话水平不低于一级。

知识 5：普通话水平测试试卷测试项构成及要求

(1) 读单音节字词 100 个，限时 3 分 50 秒，占 10 分。目的是考查应试人普通话声母、韵母和声调的发音。

要求：100 个音节里，每个声母出现次数一般不少于 3 次，方言里缺少的或容易混淆的酌量增加 1～2 次；每个韵母出现次数一般不少于 2 次，方言里缺少的或容易混淆的酌量增加 1～2 次。字音声母或韵母相同的要隔开排列。不使相邻的音节出现双声或叠韵的情况。

评分：此项成绩占总分的 10%，即 10 分。读错一个字的声母、韵母或声调扣 0.1 分。读音有缺陷，每个字扣 0.05 分。超时 1 分钟以内，扣 0.5 分；超时 1 分钟以上(含 1 分钟)，扣 1 分。一个字允许读两遍，即应试人发觉第一次读音有口误时可以改读，按第二次读音评判。

(2) 读双音节词语 50 个，限时 2 分 50 秒，占 20 分。目的是除考查应试人声、韵、调的发音外，还要考查上声变调、儿化韵和轻声的读音。

要求：50 个双音节可视为 100 个单音节，声母、韵母的出现次数大体与单音节字词相同。此外，上声和上声相连的词语不少于 2 次，上声和其他声调相连不少于 4 次；轻声不少于 3 次；儿化韵不少于 4 次，词语的排列要避免同一测试项的集中出现。

评分：此项成绩占总分的 20%，即 20 分。读错一个音节的声母、韵母或声调扣 0.2 分。读音有明显缺陷，每次扣 0.1 分。超时 1 分钟以内，扣 0.5 分；超时 1 分钟以上(含 1 分钟)，扣 1 分。

(3) 400 字短文朗读，限时 4 分钟，占 30 分。目的是考查应试人使用普通话朗读书面材料的能力，重点考查语音、语流音变、语调等。

要求：朗读材料(1—50)各篇的字数略有出入，为了做到评分标准一致，测试中对应试人选读材料的前 400 个字(每篇 400 字之后均有标志)的失误做累积计算；但语调、语速的考查应贯穿全篇。从测试的要求来看，应把提供应试人做练习的 50 篇作品作为一个整体，应试前通过练习全面掌握。

评分：此项成绩占总分的 30%，即 30 分。对每篇材料的前 400 字(不包括标点)做累积计算，每次语音错误扣 0.1 分，漏读一个字扣 0.1 分，不同程度地存在方言语调一次性扣分(问题突出扣 3 分；比较明显扣 2 分；略有反映扣 1.5 分)。停顿、断句不当每次扣 1 分；语速过快或过慢一次性扣 2 分。超过 4 分 30 秒以上扣 1 分。

(4) 说话，时间 3 分钟，占 40 分。目的是考查应试人在无文字凭借的情况下说普通话所达到的规范程度。

要求：以单向说话为主，必要时辅以主试人和应试人的双向对话。应试人根据抽签确定的话题，说 4 分钟(不得少于 3 分钟，说满 4 分钟主试人应请应试人停止)。

评分：此项成绩占总分的 30%，即 30 分。其中包括：

① 语音面貌占20%，即20分。计分档次为：一档20分，语音标准。二档18分，语音失误在10次以下，方音不明显。三档16分，语音失误在10次以下，但方音比较明显；或方音不明显，但语音失误大致在10次至15次之间。四档14分，语音失误在10次至15次之间，方音比较明显。五档10分，语音失误超过15次，方音明显。六档8分，语音失误多，方音重。

② 词汇语法规范程度占5%，即5分。计分档次为：一档5分，词汇、语法合乎规范。二档4分，偶有词汇或语法不符合规范的情况。三档3分，词汇、语法屡有不符合规范的情况。

③ 自然流畅程度占5%，即5分。计分档次为：一档5分，自然流畅。二档4分，基本流畅，口语化较差(有类似背稿子的表现)。三档3分，语速不当，话语不连贯；说话时间不足，必须主试人用双向谈话加以弥补。

试行阶段采用以上评分办法，随着情况的变化应适当增加说话评分的比例。

作　业

1. 课下练习时查找自身声母发音存在的问题，有侧重点地加以练习。
2. 课下练习训练材料并录制视频。
3. 掌握五度标调法，读准下面字的调值。

跑　节　潮　刀　脑　少　食　老　过　高　龙　招　报　雪
终　烧　草　双　音　报　木　逃　考　召　保　劳　牢　靠

4. 课下练习《普通话水平测试手册》的短文。

第二部分　礼　　仪

实训1　教师自身修养的提升

实训目标

(1) 通过美文鉴赏训练，提升文学鉴赏水平和写作水平。
(2) 通过修身典故赏学训练，提升分析、辨别能力。
(3) 通过语言表达训练，提升沟通能力。

实训内容

一、美文鉴赏训练

1. 书面表达训练

每名学生选取一篇自己最欣赏的文章推荐给同学，并结合文章撰写美文赏析。文章题材不限，字数不限，要抒发真情实感。

(1) 内容向善。文章的核心内容是颂扬真善美，要符合社会主义核心价值观。

(2) 书写规范。使用正规的书面表达方式，采用读书卡式的页面设计，首页左上角标注“美文鉴赏”字样，页面中部列出作品题目、作者、出处及学生的个人资料。

(3) 赏析原创。赏析要独立完成，要体现个人的思想素养及审美情趣，抒发真情实感。

2. 口头表达训练

每名学生在课堂上将自己的美文赏析与同学分享，介绍美文的出处、作者，朗读美文，并分享赏析。

(1) 训练语言组织能力。开篇介绍美文背景、美文作者等相关资料，语言逻辑性强、表述连贯。

(2) 提高书面表达转化成口头表达的表现力。可加入背景音乐或组织情境性表达。

(3) 训练社交仪态。职业特点要求教师在讲台上要有良好的社交仪态。美文鉴赏的交流环节旨在训练学生的教师仪态及表达礼仪。

二、修身典故赏学训练

1. 教师讲授修身典故，学生讨论

此项训练由教师选取对提升学生修养有益的历史及现代实例展开分析，引导学生向善向美，提升自身修养。

(1) 学生讨论对修身典故的认识，提出自己的观点和见解，注重理论阐述和口语表达。

(2) 可以分组形成有代表性的观点，以小组辩论的形式阐述各组观点。要求观点明确、论据充分、论证有力，以此综合训练学生的思维及语言表达能力。

2. 学生自选修身典故赏学

(1) 每名学生选取一篇对个人成长或职业发展有意义的典故，推荐给同学，并说明理由。推荐理由要以书面形式上交。

(2) 书面作业要求字迹工整、行文规范，个人观点明晰，具有独到的见解。课堂上的讲解要求参照课堂讲授方式，锻炼教师职业技能。

(3) 每名学生推荐修身典故后，鼓励同学在课堂上积极点评，并且发表对典故的认识和看法。这既是对问题思考能力的训练，也是对口语表达能力的训练。

(4) 每次讨论后，教师要做归纳性点评，对学生给予相应的引导和启发。另外，教师还要对训练中的口语表达给予指导，提升学生的综合训练水平。

注意事项

(1) 个别指导。

① 选题的指导。

对学生在各项训练中选择的题材提出要求，不仅要体现真善美，同时要具有一定的深度。

② 书面表达的指导。

首先是格式要求，其次是表达深度，即要有较为深入的思考，篇幅长短不限，但要叩内心、表达真情实感。鼓励学生总结出由思想深处迸发的“金句”。

③ 口语表达的指导。

此次实训作为口语表达训练的一个初始课，只是一个开端，形式以朗读为主。面对所有同学站在讲台上发言时，注意站姿礼仪及注视礼仪；简单介绍内容需要即兴组织语言；读环节可以添加背景音乐，亦可以贯穿情境表演；给学生自主发挥的空间，增强表达感染力。

(2) 集体指导。主要通过推荐修身典故、引导学生讨论、归纳总结学生观点来探讨人生道理，促进学生提升自身修养，从而实现以传统文化为背景、以礼仪培养为基石、以人文修养为载体的综合素养的教育教学目的。

实训2　教师形象的培养

实训目标

(1) 通过社交注视礼仪训练，提升心理承受能力和教师礼仪素养。通过社交微笑礼仪训练，提升社交亲和力，培养无障碍沟通能力。通过课堂教学表情语礼仪训练，提升综合运用礼仪掌控课堂的能力。

(2) 通过单独训练，掌握站、坐、行的礼仪规范。通过校园问候、师生交流等模拟训练，达到将表情语和仪态语综合运用的目标。通过课程导入及课前提问的“代入式”训练，提升综合运用仪态语掌控课堂的能力。

实训内容

一、社交注视礼仪训练

1. 静默注视

(1) 单独静默对视。每两名学生一组，按照礼仪学要求做对视训练。要求在一分钟计时中，两名同学相互对视，眼神注视点在对方眼睛到嘴巴的三角区，双眼对视不低于注视时间的30%～60%。

(2) “一对众”注视。全体学生分别走上讲台与其他同学做扫视及对视训练，时间一分钟。台上学生可以选择扫视众人或注视某位同学。

2. 情境注视

(1) 见面打招呼的注视礼训练。学生分组自行设计情境，以见面打招呼的形式注视对方，要求必须有眼神交流。

(2) 讲台上的问候礼训练。所有学生分别走上讲台做课前和同学互致问候的训练。问好时，“老师”要注视全体学生，神情专注、真挚。

二、社交微笑礼仪训练

1. 微笑的自我训练

微笑的自我训练要求学生面向镜子站好，按照教师的语言提示在微笑中加入优雅、关怀、自信的元素。

(1) 优雅地微笑注视：“优雅”元素体现出注视者的文化品位、教育背景及个人修养。做到真挚、恬淡、包容而富有洞察力。

(2) 家人似的微笑注视：微笑的眼神中带着对对方的关怀和欣赏，让对方感到如沐春风。这是教师对学生鼓励性表情语的代表。

(3) 充满自信地微笑注视："自信"元素不只是教师的职业素养之一，也是能够让学生尊重信赖的原因之一。微笑注视中的自信元素不可或缺。

2. 情境训练

(1) 见面礼训练中加入微笑注视。让学生体会适度的微笑在礼仪中的作用。

(2) 日常问候训练中加入微笑注视。模拟校园中师生互致问候的情境，有效运用微笑注视。

(3) 教师在与学生进行问候礼训练中加入微笑，让学生体会集体注视和单独注视的差异，更好地运用表情语。

三、课堂教学表情语礼仪训练

1. 课程导入中的表情语礼仪训练

学生自选课程，准备 3 分钟的课程导入，通过不同设计方式引出新课程。在导入过程中，教师应注重运用注视、微笑的表情语与学生普遍交流，在关注学生课堂表现的同时，吸引学生注意力，助力课堂教学。

2. 课堂提问中的表情语礼仪训练

通过课堂提问中对回答问题学生的微笑注视传达对学生的鼓励、赞赏及期待等情感，实现课堂教学中的礼仪激励，形成良性的师生互动，优化课堂教学效果。

四、站姿礼仪训练

1. 女士站姿

(1) 基本站姿。双脚并拢，脚尖开立 30 度，挺胸，收腹，梗颈，提臀，双肩放松，下巴内收，重心放在两个前脚掌，双手自然下垂，目视前方，笑肌微提。

(2) 女士丁字步站姿。在基本站姿的基础上，分别以左脚跟或右脚跟抵在另一侧脚掌中部，双手在小腹前相搭，合谷穴相对，右手在上，左手在下。

2. 男士站姿

(1) 基本站姿。双脚并拢，脚尖开立 30 度，挺胸，收腹，梗颈，提臀，双肩放松，下巴内收，重心放在两个前脚掌，双手自然下垂，目视前方，笑肌微提。

(2) 男士八字步站姿。分为大八字步站姿和小八字步站姿。小八字步站姿要求在基本站姿的基础上，双脚开立一拳远，双手在小腹前相搭，合谷穴相对，左手在上，右手在下。大八字步站姿要求在基本站姿的基础上，双脚开立与肩同宽，双手在体后相握，左手在下，右手在上。

五、坐姿礼仪训练

1. 女士坐姿

基础坐姿：入座时面向椅子站好，从左侧转身，背对椅子站好后，右脚撤后小半步，抵到椅子边缘，整理衣服，缓缓坐下。坐到椅子的三分之二处，背部挺直，挺胸，收腹，梗颈，下巴内收，背部、臀部呈直角，双手双膝并齐并紧，双手自然地放在双膝上或椅子的扶手上。

(1) 高座椅坐姿。左右对称，以右侧为例：左脚尖向左移点地，左膝盖向右倾，右腿优雅地交叠在左腿上，脚尖指向地面，呈绷脚状态，双腿外侧尽量并拢，不留空隙。上半身保持基础坐姿状态。

(2) 低座椅坐姿。左右对称，以右侧为例：双脚双膝并，双脚向左侧平移，脚尖点地，膝盖向右侧倾斜。上半身保持基础坐姿状态。

(3) 正常高度座椅坐姿。左右对称，以右侧为例：双脚双膝并拢，双脚向左侧平移，脚尖点地，右脚脚尖从左脚外侧伸出，双脚外脚背贴合，双腿膝盖并拢向右侧倾斜。上半身保持基础坐姿状态。

2. 男士坐姿

男士基础坐姿与女士基础坐姿相同。

(1) 小八字步坐姿。双脚开立一拳远，挺胸，收腹，背部挺直，下巴内收，双手自然地放到双膝上。

(2) 大八字步坐姿。双脚开立与肩同宽，挺胸，收腹，背部挺直，下巴内收，双手自然地放到双膝上。

六、走姿礼仪训练

(1) 按照基本站姿站好，女士走一字步或者平行线，男士走平行线。注意挺胸、收腹、目视前方、双肩自然放松，以肩轴带领大臂向腹前中线位置摆动，不超过 45 度，行进间忌左顾右盼。

(2) 以髋部提动大腿带动小腿迈动步伐，脚跟先着地，然后脚掌推送，忌脚尖先着地。

七、礼仪综合训练

(1) 行进间问候训练。将站姿、走姿、表情语及表达训练相结合，将相遇问候作为主要训练内容，提升体态语言的综合运用能力。

(2) 课堂教学仪态训练。包括从教师走上讲台到课前问候再到课前导入、课上提问等环节的综合训练。要求熟练运用体态语礼仪，将其融入教学之中，提升教师综合素质，增强教学效果。

注意事项

(1) 注视与微笑礼仪综合训练的指导。

① 见面礼中的微笑注视训练的指导：提示学生注意在表达“您好”“老师好”“同学好”等问候语言的同时，通过微笑注视加强问候的效果，增进彼此的感情，体现个人的社交魅力，提升教师在学生中的威信和影响力。

② 课堂教学表情语礼仪训练的指导：首先，在课前问候中，教师对学生行注目礼，

通过微笑注视表达出对学生的关怀和喜爱，提升学生的归属感，营造良好的课堂氛围；其次，课堂教学中通过注视与微笑激发学生的学习兴趣，鼓励学生的参与意识，对学生的回答表示欣赏和鼓励，通过表情语的有效运用，促进教学效果最大化。

(2) 仪态训练的指导。

① 站姿训练注重的是身体向上提升的挺拔感，特别要注重张弛适度，双肩自然放松，配合挺、收、梗、提的动作要点。

② 坐姿训练注重上半身始终保持挺拔而不拘谨，关键在于挺胸和双肩的放松上，同时腿部造型要优美，男士双腿要保持一定角度的平直，女士切记双膝并拢，双脚动作要自然，保持绷脚的状态。

③ 走姿训练注重整体的稳重，重点是肩要放平，不随意晃动；头要摆正，不随意扭转；步伐均匀稳健，掌控节奏。

(3) 体态语综合训练的指导。

① 行进间问候训练的指导：提示学生注意在表达问候的同时，不仅通过微笑注视加强问候的效果，还要通过优雅的站姿和走姿来体现个人的社交魅力，提升教师在学生中的威信和影响力。

② 课堂教学仪态训练的指导：首先，教师在课前问候中要保持优雅挺拔的站姿，对学生群体行注目礼，通过微笑注视营造良好的课堂氛围；其次，课堂教学中通过表情语的运用激发学生的学习兴趣，对学生的回答表示欣赏和鼓励，促进教学效果最大化；再次，通过在讲台上的站姿和在教室中的走姿，体现师者的气质风范，提升个人教学魅力。

实训3　教师口语表达礼仪

实训目标

(1) 通过绕口令训练，提升口语表达的流畅度和心理承受力。

(2) 通过一分钟自我介绍训练，提升应变能力和语言组织能力。

(3) 通过两分钟即兴说话训练，体现良好的礼仪修养，达到综合性礼仪训练的目的。

实训内容

一、绕口令训练

(1) 每名学生必须完成两则绕口令训练，一则是教师提供的，一则是个人自选的。自选绕口令要有一定的难度。

(2) 训练时，必须站在讲台上面向全体同学背诵，声音洪亮，吐字清晰、流畅，使用普通话。

(3) 绕口令训练中要保持良好的礼仪形象，注意表情语和仪态语的运用。

二、一分钟自我介绍训练

(1) 学生按照规定的若干项内容(教师准备多条不同项目)，准备一分钟自我介绍。

(2) 体现语言组织能力。一分钟内完成6～7项内容的语言组织，使语句连贯，富有逻辑性。

(3) 训练心理承受力。站在讲台上向所有同学宣讲临时抽取到的题目，脱稿且没有提示，要求按照规定项目、规定顺序，在1分钟(正负5秒)之内完成。这对学生的心理承受力是一次严格的训练，旨在提升其整体表现力。

(4) 训练强压下的职业礼仪。教师的职业特点要求其在讲台上要有良好的仪态，一分钟自我介绍训练环节旨在训练学生在较大压力下保持良好的职业礼仪及表达礼仪的能力。

三、两分钟即兴说话训练

1. 题目的确定

师生共拟题目，题目的外延要大，经教师筛选、补充后，形成即兴说话训练题库。

2. 口头语言表达的训练

学生现场从即兴说话训练题库中抽题，准备3～5分钟后脱稿登台。

(1) 论点鲜明(中心突出)，论据充分，情感真挚，说理有力。

(2) 语言流畅，讲普通话，减少重复和语病，声情并茂，相得益彰。

(3) 注重语言表达和仪态礼仪的配合，显示教师职业素养。

注意事项

(1) 绕口令训练的指导。

① 注重口语表达基本功的指导。

背诵绕口令时注意表达流畅、吐字清晰、调值准确、气息运用自如、声音洪亮、强调发音技巧。提倡自选绕口令要有一定的训练重点和难度。

② 一定的心理压力训练。

由于绕口令要求背诵且要站在讲台上面向全体同学表演，所以要具备一定的心理承受能力。这也是教师职业素养训练中的一项重要内容。

③ 口语表达中的礼仪指导。

在按照要求完成绕口令的同时，要求学生按照平时训练的礼仪要求，将问候语和结束语完成好，同时在站立和行进间保持仪态礼仪，不断强化仪态礼仪训练成果以及口语礼仪和仪态礼仪的融合，提升教师职业素养。

(2) 一分钟自我介绍训练指导。

① 注重心理承受力的训练。

基本要求：在规定时间内完成规定项目，顺序不颠倒，不丢项。更高水平的要求：一分钟自我介绍虽然项目和顺序固定，但要体现个人特点，注重文采；要讲普通话，语句清晰、重点突出、富有个性。

② 注重礼仪综合训练。

一分钟自我介绍除了要完成规定内容外，侧重综合评价礼仪表现，即要高质量地完成介绍，需要综合运用表情、仪态、表达等各项礼仪。

(3) 两分钟即兴说话训练指导。

① 综合的能力训练。

作为口语表达的提升训练项目，既是对逻辑思维能力的训练，也是对语言组织能力的考验，同时要求在具备一定强度的口语训练中保持良好的礼仪状态，仪态端庄，恰当运用仪态礼仪。

② 重视点评环节。

训练后的点评环节同样是表达及仪态礼仪训练的重要环节。要求 80%的学生即兴发言，点评同学的表现，给出有理有据的中肯评价。通过这一环节实训，有效提升学生的综合素养。

实训 4　教师职业服饰礼仪

实训目标

(1) 通过职业服饰礼仪训练，提升职业服饰美学素养水平。

(2) 通过服饰礼仪展示训练，配合两分钟即兴说话训练，提升口语礼仪和服饰礼仪的表现力，塑造高雅的教师职业形象。

实训内容

一、职业服饰礼仪训练——女士套裙

1. 套裙的选择

学生要掌握西装从面料到版型等各方面的选择细节，提升服饰礼仪素养。

(1) 流畅讲述女士套裙的面料、颜色、图案、版型、款式、做工、尺寸等方面的选择细节。

(2) 顺畅回答有关女士选择套裙方面的问题。

(3) 在展示过程中注重仪态礼仪的表现。

2. 套裙的搭配

学生要掌握有关套裙配饰的礼仪要求，并能够解决职场中的有关问题。

(1) 熟练回答有关套裙中衬衫、内衣、丝袜、皮鞋、首饰等配饰的礼仪要求的问题。

(2) 熟练掌握职场化妆礼仪，准确回答并基本掌握化妆的要点。

二、职业服饰礼仪训练——男生西装

1. 西装的选择

学生要掌握西装从面料到版型等各方面的选择细节，提升服饰礼仪素养。

(1) 流畅讲述男士西装的面料、颜色、图案、版型、款式、做工、尺寸等方面的选择细节。

(2) 顺畅回答有关男士西装选择方面的问题。

(3) 在展示过程中注重仪态礼仪的表现。

2. 西装的搭配

学生要掌握有关西装配饰的礼仪要求，并能够解决职场中的有关问题。

(1) 熟练回答有关西装中衬衫、领带、毛衫、袜子、皮鞋、公文包等配饰的礼仪要求的问题。

(2) 学会搭配服饰的方法和一两种领带的结法。

3. 西装的穿法

学生要熟练掌握穿西装的礼仪规范，并能够应用于职场。

(1) 掌握不同款式西装扣子的扣法，口袋的用法。

(2) 掌握穿西装时的注意事项。

三、服饰礼仪展示训练

(1) 按照仪态礼仪训练要点，学生穿职业装进行展示，并显示职业服饰礼仪特点。

(2) 组织学生以口语训练的形式评价服饰礼仪综合表现，使学生在评价他人的同时亦提高自身对礼仪的认识，同时通过评价查漏洞、找不足，以期提高综合素质。

注 意 事 项

(1) 选择的指导，注重面料“轻薄软挺”的特征，注重西装和套裙的版型及其特征。

(2) 搭配的指导，着重训练男士的服饰搭配及领带结法，女士的化妆及饰品搭配。

(3) 穿法的指导，注重扣子的扣法、口袋的用法，将衬衫与西装的搭配、保持挺阔有型的特征作为重点指导内容。

(4) 职业服饰礼仪展示的指导，指导学生着职业正装展示社交及教学基本仪态，将服饰、表达、仪态礼仪有机结合，提升礼仪修养。

实训5　教师课堂教学礼仪

实训目标

(1) 通过仪态语认知训练，提升课堂教学效果及对课堂反应的掌控能力。

(2) 通过课堂试讲训练，综合运用语言表达仪态、表情等礼仪，达到提升课堂教学效果的目的。

(3) 通过听课学生评课训练，提升沟通能力及礼仪表现力。

实训内容

一、仪态语认知训练

(1) 面部表情：认识面部表情变化代表的意义，特别是眉毛、嘴巴、眼神、脸色的变化，由此了解学生对课堂教学的反应。

(2) 肢体动作：认识肩部、手臂、腿部、头部等各身体部位动作变化代表的意义，特别是一些特殊动作，如摸鼻子、手插兜、手放颈后、转笔、玩手指、手臂抱胸、抖腿等。

二、课堂试讲训练

(1) 教案撰写：选择一门课程，针对其中的一课撰写详细教案，且在教案中特别添加观察态势语和语气变化的备注，使教案更具指导性。

(2) 课堂试讲：遵循教案的同时结合课堂实际，合理使用表情、仪态、语气等礼仪手段开展教学实践，全方位提升课堂感染力。

(3) 观察分析态势语：试讲学生针对课堂上听课学生的表现，尤其是态势语的表现进行总结、分析和教学反思，以此提高课堂掌控力，同时促进教学理论与实践的有效结合。

三、听课学生评课训练

1. 就教学内容的点评

(1) 听课学生从教案准备、教学内容翔实程度、课程逻辑层次划分等方面展开分析、讨论，在帮助试讲学生的同时提升自身知识转化能力。

(2) 听课学生细化点评教学过程中的各环节，提升对课程内容的时间控制能力。

(3) 听课学生分析评价板书和课件，提升对教辅资源的开发和利用能力。

2. 就教学方法的点评

(1) 听课学生点评教态，特别针对表情、手势仪态及声音、语态的配合进行综合点评，提升同学对教学礼仪的认识。

(2) 听课学生点评试讲中使用的教学法，就教法的应用及创新发表见解，相互促进对课堂教学的深层次挖掘。

3. 就教学基本功的点评

听课学生从教学普通话、板书字迹、课件制作、教学礼仪运用等方面进行点评。

注意事项

(1) 试讲训练指导。

① 要求试讲学生撰写的教案包括教学导入、课前提问、课堂小结等必要环节。

② 注意教案中要备注教学礼仪运用的细节。

③ 要求在熟练讲授的基础上登台试讲，达到基本脱离教案讲课的状态。

(2) 学生评课指导。

通过对教学内容、教学环节、教学方法、教学基本功、教学礼仪的分析讨论，促进学生对课堂教学掌控能力的提升。评课，对被评者起到查缺补漏、警醒回味的作用，对评价者起到回顾和应用教学理论的作用。

实训6　教师校园礼仪

实训目标

(1) 通过出行礼仪、会晤礼仪演示，综合训练进出门、上下电梯(楼梯)、步行超越前人、宾主座次、先后入座、双方致辞、交递名片(物品)、迎接和送别来访者等校园日常礼仪训练，提升礼仪素养，以期在未来的教育教学工作中起到示范作用。

(2) 通过班(队)会等会议礼仪训练，掌握会议基本程序和形式，了解各项会议礼仪，能够在未来工作中起到很好的示范作用。

(3) 通过签约、剪彩等仪式礼仪训练，掌握一些仪式的基本程序和形式，了解各项仪式礼仪，以利于指导未来工作实践。

实训内容

一、校园日常礼仪训练

1. 出行礼仪训练

先由学生说出出行礼仪的要点，以及符合礼仪要求的相应做法，还可就应对方式展开讨论，再由教师总结各类情况的礼仪标准。

(1) 进出门的礼仪。按照长幼原则、性别原则、级别原则，主动为先行者开(扶)门，侧身，请其先行。

(2) 上下电梯(楼梯)的礼仪。上下电梯时，服务一方要遵循“先上后下”原则，为对方提供便利；上下楼梯时，服务一方要遵循“先上先下”原则，做好引导和安全保障。

(3) 步行超越前人的礼仪。步行中超越前人时，要语言和动作相配合，遵循“快步超越”原则，动作轻柔优雅，切忌给对方带来困扰。

2. 会晤礼仪训练

要求学生综合训练宾主座次、先后入座、双方致辞、交递名片(物品)、迎接和送别来访者等相关礼仪，并做分组展示。

二、会议活动礼仪策划与训练

1. 会议活动礼仪策划

(1) 学生分组策划班(队)会等活动礼仪方案，建议以礼仪教育为主题。

(2) 每组由一名学生陈述策划方案，全体学生讨论各组方案，进一步完善方案。

2. 会议活动礼仪训练

(1) 分组展示会议活动礼仪，时长10～15分钟，内容积极、饱满，符合学前儿童特点，形式新颖，体现礼仪教育与道德教育相结合的原则。

(2) 学生就每组展示进行点评，教师给出综合评定。

(3) 对照典型案例发现不足，总结经验，不断提升。

三、仪式礼仪训练

1. 签约仪式礼仪训练

教师遴选一组学生展示签约仪式礼仪，从服饰、合同文本、会议室布置、角色分配等多方面严格按照礼仪要求进行准备。整个签约程序应完整，体现礼仪特征，为学生展示签约礼仪整体标准化过程，为其将来职业发展助力。

2. 剪彩仪式礼仪训练

教师遴选一组学生展示剪彩仪式礼仪，从服饰、剪彩工具、会场布置、角色分配等多方面严格按照礼仪要求进行准备。整个剪彩程序应完整，体现礼仪特征，为学生展示剪彩礼仪完整的标准化过程，为其将来职业发展助力。

注意事项

(1) 校园日常礼仪指导。

① 礼仪细节的指导：在各项训练中注意一言一行，注意每一个礼仪细节，力求做到尽善尽美。

② 优雅姿态的指导：在各项仪态中体现礼仪修养，动作优美而不做作、稳重而不呆板、活泼而不轻佻，掌握好礼仪尺度，显示专业素养。

(2) 会议活动礼仪指导。

① 策划方案指导：策划方案注重创新，同时体现礼仪风范和幼儿特点。

② 会议活动现场指导：关注会议活动是否主题鲜明、特征突出、符合幼儿特征，关键是是否符合礼仪要求。

(3) 仪式礼仪指导。

① 注重仪式礼仪的严谨性。突出为学生未来职业生涯发展提供助力的目的，由教师统一编排指导，选拔优秀学生参加，为所有学生做生动的模拟展示，突出礼仪的实用功能。

② 注重实践中的礼仪指导。教师对参加仪式演示的学生进行具体指导的同时，也是为所有学生上一堂仪式礼仪指导课，因此应注重指导共性问题。

背景知识

知识 1：教师的基本仪表

1. 服饰的要求

服饰应整洁、素雅、自然大方。这是社会评价教师服饰的基本尺度，也是学校教育教学环境的要求。

(1) 整洁：整整齐齐、干净无异味、无异物黏附。

(2) 素雅：色彩不俗艳、不杂乱，款型端正。

(3) 自然大方：和谐而得体，自然而朴实。

教师服饰禁忌：脏、破、乱穿、杂(色彩、面料、款式不搭配)、过露、过透、过紧、过小。夏天上装忌穿背心、吊带衫，下装裙、裤不得高过膝盖 15 厘米，忌穿拖鞋。

2. 仪容的要求

(1) 勤换衣，勤洗脸。男士要勤刮胡子，女士要适度使用化妆品。

(2) 保持口腔清洁，防止口臭。

(3) 头发要适时梳洗，发型要大方得体。男士前发不覆额，侧发不掩耳，后发不及领女士前发不遮眼，侧发不掩眼，不染彩色发，指甲要经常修剪，保持清洁，不染彩色指甲，不留长指甲。

知识 2：教师应聘面试时应注意的事项

1. 要谦虚谨慎

面试时考官往往有多人，其中不乏专家、学者，应试者在回答一些比较有深度的问题时，切不可不懂装懂，胡侃一通，不明白的地方就要虚心请教或保守答复，这样才会给用人单位留下诚实的好印象。

2. 要机智应变

应试者一人面对众多考官，心理压力不会小，面试的成败大多取决于应试者是否能机智果断，随机应变，能当场把自己的各种聪明才智发挥出来。

(1) 要注意分析面试类型。如果是主导式面试，则应把目标集中投向主考官，认真礼貌地回答问题；如果是答辩式面试，则应把目光投向提问者；如果是集体式面试，则分配给每个应试者的时间很短，事先准备的材料可能用不上，这时最好的方法是根据考官的提问在脑海里重新组合材料，言简意赅地作答，切忌长篇大论。

(2) 要避免尴尬场面。在回答问题时常遇到这些情况：未听清问题便回答，听清了问题自己一时不能作答，回答时出现错误或不知怎么回答，使自己处于尴尬的境地。避免尴尬的技巧是：对未听清的问题，可以请求对方重复一遍或解释一下；一时回答不出的，可以请求考官提下一个问题，等考虑成熟后再回答前一个问题；遇到偶然出现的错误，也不必耿耿于怀而打乱回答后面的问题的思路。

3. 要扬长避短

每个人都有自己的特长和不足，不论是在性格上、专业上，都是这样。因此，在面试时一定要注意扬我所长，避我所短。必要时可以婉转地说明自己的不足，用其他方法加以弥补。例如有些考官会问这样的问题：你曾经犯过什么错误吗？这时候你就可以选择这样回答：以前我一直有一个粗心的毛病，有一次实习的时候，由于我的粗心叫错了一名学生的名字，全班学生都笑了，害得我很没面子。后来我经常和学校里一个非常细心的女老师合作，从她那里学来了很多处理事情的好办法，一直到现在，我都没有因为粗心再犯什么细节性的错误。这样的回答，既可以说明你曾经犯过这样的错误，回答了考官提出的问题，也表明了那样的错误只是以前出现过，现在已经改正了。

4. 要显示潜能

面试的时间通常很短，应试者不可能把自己的全部才华都展示出来，因此要抓住时机，巧妙地显示潜能。例如，应聘数学教师职位时可以将正在参加计算机专业的业余学习情况漫不经心地讲出来，使对方认为你不仅熟练地掌握了数学教学技能，而且具有计算机学科的潜力。显示潜能时要实事求是，方法自然巧妙，否则也会弄巧成拙。

知识 3：现代礼仪的基本特征

现代礼仪通常具有以下四个基本特征：

(1) 普遍性。在任何国家、任何场合、任何人际交往中，人们都必须自觉地遵守礼仪。

(2) 规范性。讲究礼仪，必须采用标准化的表现形式，才会获得广泛认可。

(3) 对象性。在面对各自不同的交往对象，或在不同领域内进行不同类型的人际交往时，往往需要讲究不同类型的礼仪。

(4) 操作性。在具体运用礼仪时，“有所为”与“有所不为”都有各自具体的、明确的、可操作的方式与方法。

作　　业

1. 进行美文鉴赏交流。
2. 进行课堂教学礼仪训练。
3. 个人练习一分钟自我介绍和两分钟即兴说话。
4. 进行男士西装搭配和女士套裙搭配的仪态礼仪展示。
5. 进行校园日常礼仪训练。
6. 进行会议活动礼仪训练。

第三模块

幼儿教师学科技能实训

第一部分　舞蹈及弹唱表演教学技能

实训 1　舞 蹈 技 能

实训目标

(1) 了解和掌握幼儿舞蹈创编的基本要求。

(2) 了解和掌握幼儿舞蹈分类，能够根据要求将幼儿舞蹈对号入座，逐步进行创编。

(3) 掌握正确的坐姿、站姿，保持良好的体态，具有一定的身体柔韧性和协调度。

(4) 了解和掌握幼儿舞蹈的训练方法、动作要领及风格特点。

(5) 通过学习不同的舞蹈作品，逐步培养和掌握舞蹈技巧、情感表达、艺术处理以及舞台表现等技能。

(6) 通过舞蹈技能训练的学习，能够针对不同年龄段幼儿进行有针对性的舞蹈作品排演、创编等。

实训内容

一、幼儿舞蹈创编的基本要求

以幼儿身心发展为基础，遵循积极向上的指导思想，选择适合幼儿的音乐、优秀的题材，通过幼儿舞蹈作品培养幼儿良好的道德品质和身体形态，发展幼儿智力，促进幼儿身心健康发展。

二、舞蹈基本功训练

学习幼儿舞蹈需要具备一定的舞蹈基础，比如：正确的坐姿、站姿，良好的体态，举手投足间肢体优美纤长；适当进行舞蹈基本功的训练，压腿、踢腿、压肩、甩肩等；练习舞蹈基础的律动组合。舞蹈基本功的训练可以有效提高和开发幼儿的身体，帮助幼儿更好更快地进入幼儿舞蹈的学习过程，促进幼儿舞蹈水平的提升。

三、教授舞蹈动作

幼儿舞蹈的动作要符合幼儿的特点，可以提高幼儿步伐、幼儿律动、幼儿体态及幼儿模仿能力。幼儿舞蹈不同于成人舞蹈，不同于专业舞蹈剧目对舞者的要求，而是针对幼儿兴趣爱好编创适合当下幼儿学习的舞蹈。教师在教授幼儿舞蹈动作时要指导幼儿的整体感觉和情绪，语言表达要精准，声情并茂地边示范边讲解，让幼儿产生学习兴趣。针对基础较弱的幼儿要着重教导，协调整体水平，这就要求幼儿教师一定要具有敏锐的观察能力，能够在教学过程中时刻关注到每一位幼儿，因材施教，及时帮助所有幼儿顺利进入舞蹈学习中。

四、舞蹈队形排练

舞蹈是群体性艺术，需要每位参与者具备一定的团结协作能力，能够配合整体完成舞蹈展示。这就要求教师应具备良好的组织能力，能够针对不同性格的幼儿，为其分配合适的位置，促进幼儿之间的团结协作，完成舞蹈作品的展示。

五、表演

前期所做的一切都是为了更好地表现作品。根据舞蹈的不同风格、不同情景，采用不同的舞蹈动作及表现力，才能使舞蹈更生动、更活泼。教师在表演中可用丰富的面部表情和夸张的动作来增加舞蹈的趣味性。此外，幼儿之间的默契度也决定了舞蹈作品的成功与否。

六、组织开展幼儿舞蹈活动

通过以上内容的学习，幼儿教师要学会正确组织和开展幼儿舞蹈活动。这要求教师应具有专业的舞蹈知识和各种舞蹈基本技能，具备良好的沟通交流能力及教学能力，同时运用正确的教学方法引导幼儿进行舞蹈学习。

七、案例分析

案例一　动物模仿练习——《我爱我的小动物》

❖ 设计意图

本次舞蹈组合从日常生活中常见的小动物出发，针对不同动物的特点将日常动作美化，旨在训练幼儿的模仿观察能力，提高幼儿的表现力，鼓励幼儿敢于展现自我，大胆进行动作特征模仿，其中舞蹈组合中主要针对小猫、小牛、小鸭子等常见的动物特征，引导幼儿模仿并区分不同动物的不同特征。本组合适用于中班、大班幼儿。

❖ 活动目标

(1) 训练幼儿发现生活中小动物的特征，掌握小动物的特征并能够模拟小动物的生活姿态。

(2) 让幼儿在情境中感知生活中存在的事物，从而训练幼儿的观察能力。

(3) 让幼儿在舞蹈中改善不良习惯，精力集中，学会自我克制，享受舞蹈带来的快乐。

(4) 幼儿能够跟随音乐独立完成整支舞蹈。

❖ 活动准备

(1) 教师准备：音响设备，小动物视频，玩偶等。

(2) 幼儿准备：整齐的练功衣，舞蹈鞋。

❖ 活动重点

(1) 提高幼儿的专注力，幼儿通过观察生活中的小动物，掌握不同小动物的动作特征。

(2) 加强幼儿的模仿能力，训练幼儿敢于表现、大胆展示自我的能力。

(3) 幼儿能用肢体动作表达自己的情感。

❖ 活动过程

1. 导入

教师利用生活中的小动物与幼儿进行互动交流，引入今天的学习内容。

2. 教师示范教学

教师对今天所学内容进行展示，帮助幼儿尽快了解要学习的内容。

3. 教学过程

(1) 基本动作一。

准备动作：小八字位，旁按手位。

[1]—[2]小节：

1—2　两手按胸。

3—4　双手做牛角状，置于头顶，半蹲三次，重拍向下。

5—6　手型不变，从左到右向前开胯点脚，小碎步。

7—8　往左跳一些，点右脚(见图 3-1)。

(2) 基本动作二。

准备动作：小八字位，旁按手位。

[1]—[2]小节：

1—　两手按胸。

2—3　摸猫胡须状，半蹲两次，重拍向下(见图 3-2)。

4—　手型不变，半蹲两次。

5—　手型不变，向左跳一些，点右脚。

6—　做 5—反面动作。

7—8　同 5—6。

(3) 表演作品。

[1]—[2]小节：

1—　两手按胸。

2—3　双手做牛角状，置于头顶，半蹲两次，重拍向下。

4—　手型不变，半蹲两次。

5—6　手型不变，从左到右向前开胯点脚，小碎步。

7—　手型不变，向左、向右各跳一步，落地同时点脚。

8—　手型不变，往左跳一步，点右脚。

[3]—[4]小节：

1—2　分晃手，小碎步转至面对面。

3—4　放脚跟，旁按手位，正步位站立。

5—　拍手一次。

6—　对拍左手，右手旁按手位。

7—8　做 5—6 反面动作。

[5]—[6]小节：

1—　两手按胸。

2—3　摸猫胡须状，半蹲两次，重拍向下。

4—　手型不变，半蹲两次。

5—　手型不变，向左跳一步，点右脚。

6—　做 5—反面动作。

7—　手型不变，向左、向右各跳一步，落地同时点脚。

8—　手型不变，往左跳一步，点右脚。

[7]—[8]小节：

1—2　分晃手，小碎步转至面对面。

3—4　放脚跟，旁按手位，正步位站立。

5—　拍手一次。

6—　对拍左手，右手旁按手位。

7—8　做 5—6 反面动作。

[9]—[10]小节：

1—　两手按胸。

2—3　双手置于下巴下方做鸡嘴状，半蹲两次。

4—　手型不变，半蹲两次。

5—6　手型不变，蹦跳步分别转至 7 点方向、3 点方向，前踵步勾脚(见图 3-3)。

7—　回 1 点方向，手型不变，向左、向右各跳一步，落地同时点脚。

8—　手势不变，往左跳一步，点右脚。

[11]—[12]小节：

1—2　分晃手，原地小碎步。

3—4　放脚跟，旁按手位，正步位站立。
5—　拍手一次。
6—　旁按手位，半蹲，一人转腰至7点方向，一人转腰至3点方向，使之背对背。
7—8　做5—6反面动作。

[13]—[14]小节：

1—　两手按胸。
2—3　双手置于下巴下方做鸭嘴状，半蹲两次。
4—　手型不变，半蹲两次。
5—6　手型不变，蹦跳步分别转至7点方向、3点方向，前踵步勾脚。
7—　回1点方向，手型不变，向左、向右各跳一步，落地同时点脚。
8—　手型不变，往左跳一步，点右脚(见图3-4)。

[15]—[16]小节：

1—　拍手一次。
2—　旁按手位，半蹲，一人转腰至7点方向，一人转腰至3点方向，使之背对背。
3—4　做1—2反面动作。
5—6　旁按手位，小碎步移动交换位置。
7—8　旁按手位，半蹲，转头对看。

图3-1

图3-2

图3-3

图3-4

4. 活动小结

(1) 教师对幼儿的活动行为进行鼓励，增强幼儿的自信心。
(2) 回顾这次活动内容，加深幼儿的课堂记忆。
(3) 师幼相互道别。

5. 活动延伸

《我爱我的小动物》主要训练幼儿的模仿能力，增强幼儿表现力。《幼儿园教育指导纲要(试行)》明确提出：“提供自由表现的机会，鼓励幼儿用不同艺术形式大胆地表达自己的情感、理解和想象，尊重每个幼儿的想法和创造，肯定和接纳他们独特的审美感受和表现方式，分享他们创造的快乐。”在教育教学过程中，教师应该将培养幼儿的表现力切实落到实处，积极为幼儿创设表现自我的机会，努力提高幼儿的表现力，帮助幼儿建立浓厚的兴趣，鼓励幼儿敢于表现自我。

❖ 专家评析

舞蹈《我爱我的小动物》为表演性舞蹈。在教学过程中建议教师与幼儿同步表演，可让幼儿表演小动物的标志性动作，教师加以辅助，减轻幼儿的舞蹈负担。教师在教学中多采用生活中小动物的形态加以引导，从生活中的小动物延伸到舞蹈动作，帮助幼儿创造动作记忆点，提高舞蹈兴趣。教师可以通过与幼儿互动的方式，让幼儿首先模仿生活中猫咪的标志性动作，再逐步加以美化形成舞蹈动作。在表演舞蹈时教师应提醒幼儿用优美的舞姿、饱满的情绪和强有力的感染力，愉快又俏皮地投入舞蹈表演中。教师示范时应着重不同动物的特征，富有表现力，使幼儿能够受到感染。在幼儿掌握舞蹈后，教师应鼓励幼儿积极进行个人展示。

案例二 幼儿手位律动——《茉莉花》

❖ 设计意图

中国古典舞中，《茉莉花》版本多样，是学习古典舞的经典曲目。本次学习的舞蹈为古典舞手位律动练习组合《茉莉花》，动作相对简单，旨在使幼儿掌握正确的古典舞手位，是幼儿初步接触中国古典舞的入门组合。本组合适用于小班幼儿。

❖ 活动目标

(1) 训练幼儿手型手位的规范性，引导幼儿动作的标准度。
(2) 让幼儿在情境中感知事物，从而训练幼儿的观察能力。
(3) 让幼儿在舞蹈中改善不良习惯，集中精力，学会自我克制，享受舞蹈带来的快乐。
(4) 训练幼儿手眼配合能力，能跟随音乐做出相应的手位动作。

❖ 活动准备

(1) 教师准备：音响设备，舞蹈视频。
(2) 幼儿准备：整齐的练功衣，舞蹈鞋。

❖ 活动重点

(1) 培养幼儿的体态意识，改善不良体态，保持优美的姿势。
(2) 幼儿手位的规范性，手型的标准性，转腕动作的掌握，手腕的灵活度。

❖ 活动过程

1. 导入

教师通过演唱江苏经典民歌《茉莉花》，引入今天的学习内容。

2. 教师示范教学

教师对今天所学内容进行展示，帮助幼儿尽快了解要学习的内容，尤其是手型和手位。

3. 教学过程

(1) 准备动作：双跪坐旁按手，身向 1 点方向。

(2) 播放《茉莉花》音乐。

(3) 表演作品。

[1]—[2]小节：

1—2　右手屈臂在胸前做花瓣状(见图 3-5)。

3—4　左手屈臂在胸前做花瓣状，与右手完成一次“对腕”。

5—6　向右、向左倾头各一次。

7—8　向左倾头，回正。

[3]—[4]小节：

1—2　右手上位做花瓣状。

3—4　左手上位做花瓣状，与右手完成一次“对腕”。

5—6　屈臂于胸前“对腕”。

7—8　上位“对腕”。

[5]—[6]小节：

1—2　“旁斜上位”“扩指”“转腕”两次(见图 3-6)。

3—4　“旁平位”“扩指”“转腕”两次。

5—6　“旁斜下位”“扩指”“转腕”两次。

7—8　旁按手位。

[7]—[8]小节：

1—8　重复[1]—[2]小节。

[9]—[10]小节：

1—6　双跪立，上位对腕(见图 3-7)。

7—8　双跪坐，屈臂胸前对腕。

[11]—[12]小节：

1—6　同[3]—[4]小节 1—6。

7—8　旁斜下位“抖手”。

[13]—[14]小节：

1—4　同[11]—[12]小节 7—8。

5—8　双手从身旁向上至上位“对腕”。

图 3-5

图 3-6

图 3-7

4. 活动小结

(1) 教师对幼儿的活动行为进行鼓励，增强幼儿的自信心。

(2) 回顾这次活动内容，加深幼儿的记忆。

(3) 师幼相互道别。

5. 活动延伸

《茉莉花》主要训练幼儿的手位、手部及腕部的灵活度。基础手型及手位的学习可延伸到古典舞手位手型的学习。

古典舞的手型分为男掌和女掌。

男掌：虎口张开，四指自然并拢微往上翘，大拇指往掌心压，手掌呈涡形(见图 3-8)。

女掌(兰花手)：大拇指与中指中节靠近，中指为发力点，带动其他三个手指微往上翘(见图 3-9)。

古典舞手位包括托掌、按掌、山膀、顺风旗、摊掌等。

托掌：丁字步站立，双手叉腰准备，兰花手，手臂呈圆弧形抬升，掌位于额头斜上位，食指对眉梢(见图 3-10)。

山膀：双臂平台于身旁，呈弧形，高度与肩平，开度与胸平，小臂微向前屈，掌心压腕向旁，指尖微向上翘(见图 3-11)。

按掌：以兰花掌于胸腹前，弧形臂，肘高于掌，掌低于胸(见图 3-12)。

顺风旗：又叫前点步山膀托掌，一手做单山膀，另一手做托掌(见图 3-13)。

摊掌：手臂不动，向外绕腕成掌心向上，指尖向前，微微下倾(见图 3-14)。

图 3-8

图 3-9

图 3-10

图 3-11

图 3-12

图 3-13

图 3-14

❖ 专家评析

舞蹈《茉莉花》为手位律动舞蹈，适合小班幼儿。在教学过程中建议教师手把手帮助幼儿摆手部动作，掌握手位。教师可以播放《茉莉花》音乐，帮助幼儿熟悉音乐，尽快进入舞蹈状态。在表演舞蹈时，教师应提醒幼儿用优美的舞姿、饱满的情绪和强有力的感染力愉快地投入舞蹈表演中。教师应采用游戏互动的方式，让幼儿在游戏中学习，享受舞蹈的快乐。教师在示范时可以通过装饰手部来吸引幼儿的注意力，尽可能让幼儿感兴趣并模仿。教师在教授完后，适当引申古典舞手位等知识，巩固《茉莉花》舞蹈。教师还应鼓励幼儿的表现，对积极参与的幼儿给予奖励。

案例三　考级舞蹈——《鹅鹅鹅》

❖ 设计意图

本舞蹈选自中国舞蹈家协会考级教材中 3 级舞蹈组合——《鹅鹅鹅》，通过观察动物鹅的形态进行初步模仿，经过美化形成舞蹈组合，本组合旨在训练幼儿掌握正确的地面压腿姿势，引导幼儿养成勤练基本功的习惯，同时注重幼儿模仿观察能力。本组合适用于中班、大班幼儿。

❖ 活动目标

训练幼儿身体体态的同时，进一步加强训练腿的柔韧性。

❖ 活动准备

(1) 教师准备：音响设备，舞蹈视频。

(2) 幼儿准备：整齐的练功衣，舞蹈鞋，鹅头饰(自选)。

❖ 活动重点

(1) 前压腿要尽量保持后背平直，让孩子循序渐进地打开身体，不能强行压迫。

(2) 白鹅造型的鹅头状动作要留有空隙，有眼睛的感觉。

❖ 活动过程

1. 导入

教师通过骆宾王的古诗《咏鹅》引入今天学习的舞蹈。

2. 教学过程

(1) 基本动作。

① 坐压前腿：正步位伸坐，上身保持直立，向前折叠俯于腿上，后背延伸拉长(见图 3-15)。

② 白鹅造型：斜上位屈肘折臂，顶腕，四指并拢，大拇指指腹与食指第二个指节相捏，像白鹅的头和脖子(见图 3-16)。

③ 白鹅戏水：后背保持平直向前，双臂后斜下位，手心相对，扩指抖手(见图 3-17)。

④ 白鹅划水：燕式坐，身体前倾，手臂前后斜平位交替摆臂，手腕带动手臂，眼看前后手型(见图 3-18)。

⑤ 双分手：双手经体前交叉到正上位经旁平位落至旁按手位。

图 3-15

图 3-16

图 3-17

图 3-18

(2) 表演作品。

准备位置：3 点方向正步位绷脚伸坐。

[1]—[2]小节：

1—2　坐前压腿，双手沿脚尖方向向远延伸。

3—4　起身，左手旁按手位点地，右手白鹅造型，左倾头微微左转头，眼视 1 点中位。

5—7　点头三次，右手前点三次(模仿白鹅伸脖子)。

8—　不动。

[3]—[4]小节：

1—4　白鹅戏水。

5—8　吸腿抱团身。

[5]—[8]小节(四个八拍)：

1—8　重复[1]—[4]小节。

间奏 (四拍)：

1—4　转身面向 8 点方向，左腿在前燕坐式，右脚脚尖对 4 点方向，双手经双分手到旁点地。

[9]—[12]小节(四个八拍)：

1—3　右手叉腰，左手白鹅造型，前点三次，点头三次(模仿白鹅伸脖子)。

4—　不动。

5—8　重复 1—4。

1—2　双手白鹅头手型，指尖带领，由正上位沿身体两旁至正下位。

3—4　双手旁斜上位提腕，掌形，仰头。

5—8　摇头。

1—8　白鹅戏水，头延伸，眼视地面，摇头。

1—6　白鹅划水三次。

7—8　回准备位。

[13]—[16]小节(四个八拍)：

1—8　重复[1]—[4]小节。

间奏 (四拍)：

1—4　同上一个间奏动作。

[17]—[20]小节(四个八拍)：

1—8　重复[5]—[8]小节。

结束动作(一个八拍)：

1—8　自己摆一个白鹅的造型。

3. 活动小结

《鹅鹅鹅》舞蹈能够培养幼儿的观察能力和模仿能力；启发幼儿对古诗词的热爱，传承中华经典文化。

4. 活动延伸

《鹅鹅鹅》主要训练腿部的柔韧性，可通过正确的压腿方式来规范腿部柔韧性的训练方法。

把上前压腿规范动作：首先进行热身动作，热身动作结束后将任意一条腿搭于把杆上，脚腕置于把杆中间位置，注意把杆高度符合个人身体状态，可根据不同的身体条件调整把杆高度。腿放好之后保持主力腿、动力腿膝盖伸直，主力腿保持脚部外开，动力腿保持绷脚外开；髋关节摆正冲向正前方，与把杆呈垂直方向；上身保持直立，切忌松松垮垮(见图 3-19)。

压腿过程：保持把上压前腿动作，双手从头顶上方开始，通过最远路线至脚腕位置，动力腿与小腹贴靠(见图 3-20)。

图 3-19

图 3-20

❖ 专家评析

《鹅鹅鹅》为中国舞蹈家协会 3 级舞蹈组合，主要训练腿部的柔韧性，适合幼儿园中班、大班幼儿学习，将鹅的各种形态与压腿动作相结合，能够练习腿部柔韧性，又具有趣味性，同时朗朗上口的歌词有助于幼儿记忆。教师在授课过程中可以引导幼儿边唱边跳，可以极大地激发幼儿的学习兴趣。

案例四　考级舞蹈——《小鸡过河》

❖ 设计意图

本舞蹈选自中国舞蹈家协会考级教材 3 级舞蹈组合——《小鸡过河》，通过小鸡过河的故事引导幼儿学习舞蹈中常用的几个脚位，掌握动物小鸡的动作形态。本组合适用于中班、大班幼儿。

❖ 活动目标

帮助幼儿认知并掌握基本脚位。

❖ 活动准备

(1) 教师准备：音响设备，舞蹈视频，小鸡头饰。

(2) 幼儿准备：整齐的练功衣，舞蹈鞋。

❖ 活动重点

(1) 踏步时头随动，强调点头的幅度。

(2) 动作要求生动活泼，尤其要将第一段小鸡过不了河时难过的表情和第二段小鸭帮助小鸡后小鸡的喜悦心情区别开。

❖ 活动过程

1. 导入

教师通过讲述小鸡过河的故事引入今天的学习内容。

2. 教学过程

(1) 基本动作。

① 正步位：双脚对齐，内侧并拢(见图 3-21)。

② 小八字位：在正步位的基础上，脚尖向旁打开，两脚成 90°(见图 3-22)。

③ 大八字位：在小八字位的基础上，双脚打开，脚跟之间保持一脚至一脚半的距离 (见图 3-23)。

④ 小鸡舞姿：在旁斜下位的基础上，屈肘折臂提腕，掌形(见图 3-24)。

⑤ 移重心：双腿在大八字位的基础上经过蹲旁移重心到一条腿上，主力腿直膝，动力腿绷脚点地。

图 3-21

图 3-22

图 3-23

图 3-24

(2) 表演作品。

准备位置：正步位站立，小鸡舞姿。

准备音乐：(一个半八拍)保持准备位不动。

[1]—[4]小节(四个八拍)：

1—8　右脚启动踏步八次，手腕发力带动手掌上下扇动，同时点头。

1—　翻手，手心向上，脚打开小八字位。

2—　双手收到体旁，正步位。

3—4　重复1—2。

5—　右手小鸡舞姿手心向上，右脚打开，右倾头。

6—　左手小鸡舞姿手心向上，左脚打开，左倾头。

7—8　舞姿不变，耸肩两次，重拍向下，头回正。

1—2　双脚经过跳到大八字位半蹲，双手旁按手，低头。

3—4　腿直立，头回正。

5—8　屈膝，双脚平脚碎踏步，小鸡造型扇动翅膀。

1—2　移重心到右脚，身体右倾，右倾头，小鸡舞姿提腕。

3—4　移重心到左脚，身体左倾，左倾头，小鸡舞姿提腕。

5—8　重复[3]小节1—4。

间奏(一个半八拍)：

1—2　右脚收小八字位，两脚重心。

3—4　小鸡舞姿扇动两次。

5—6　正步位。

7—8　小鸡舞姿扇动两次。

1—2　小八字位，小鸡舞姿不变。

3—4　正步位，小鸡舞姿不变。

[5]—[8]小节(四个八拍)：

1—8　重复[1]—[4]小节。

结束动作(四拍)：

1—2　收右脚，小八字位，两脚重心。

3—4　正步位，同时仰头回正(幅度略小)，拍翅膀一次。

3. 活动小结

通过《小鸡过河》舞蹈的学习，让幼儿从小懂得爱护小动物，团结互助，互相关爱。

4. 活动延伸

在舞蹈《小鸡过河》中已经学习了正步位、小八字位、大八字位，这里再学习三个其他的脚位。

踏步位：左脚在前，右脚放置于左脚 6 点方向，两个膝盖夹紧，身体冲正前方(见图3-25)。

点步位：双脚小八字位准备，左脚不动，右脚置于左脚8点方位，脚尖冲8点，重心在左脚(见图3-26)。

弓步位：双脚正步位准备，左脚不动，右脚置于左脚2点方向大跨步的距离，右腿屈膝，右腿伸直，重心置于两腿中间(见图3-27)。

图 3-25

图 3-26

图 3-27

❖ 专家评析

《小鸡过河》为中国舞蹈家协会 3 级舞蹈组合，适合中班、大班幼儿，主要训练脚位，练习脚下动作，其中涉及最基本的正步位、小八字位、大八字位等脚位，以及结合小鸡形态编创的舞姿等。此组合主要通过几个基本脚位的练习帮助幼儿掌握脚下动作变换，掌握重心的转换，同时结合小鸡过河的故事，让幼儿明白团结协作的重要性，具有深远的教育意义。

案例五　考级舞蹈——《牙刷火车》

❖ 设计意图

本舞蹈选自中国舞蹈家协会考级教材 2 级舞蹈组合——《牙刷火车》，通过日常生活中的刷牙动作，经过动作美化，形成一支引导幼儿养成爱刷牙、讲卫生等好习惯的初级舞蹈。本组合适用于小班、中班幼儿。

❖ 活动目标

进一步认识头的运动方式，训练颈部的灵活性。在游戏中教授幼儿生活常识，引导幼儿养成讲卫生的好习惯。

❖ 活动准备

(1) 教师准备：音响设备，舞蹈视频，小牙刷。

(2) 幼儿准备：整齐的练功衣，舞蹈鞋。

❖ 活动重点

(1) 大嘴巴舞姿的最后一拍把头回正。

(2) 仰头、低头、转头时，刷牙舞姿的手保持不动。

❖ 活动过程

1. 导入

教师通过日常生活每日必做的清洁活动——刷牙，引入今天的学习内容。

2. 教学过程

(1) 基本动作。

① 低头：后背直立，双肩平正固定不动，下巴颏找锁骨，颈后肌肉最大限度拉长，颈前肌肉最人限度收缩，眼视下方。

② 仰头：后背直立，双肩平正固定不动，下巴颏向上仰起，颈前肌肉最大限度拉长，颈后肌肉最大限度收缩，眼视上方。

③ 点头：仰头与低头的连续动作，幅度略小，重拍向下。

④ 倾头：后背直立，双肩平正固定不动，颈部一侧肌肉最大限度收缩，一侧肌肉最大限度拉长，眼视前方。

⑤ 转头：后背直立，双肩平正固定不动，头保持平行向两侧转动。

⑥ 摇头：在转头的基础上，幅度变小，频率加快，下巴颏微微扬起。

⑦ 小牙刷舞姿：握空拳，伸出食指，表示小牙刷拿在手上(见图 3-28)。

⑧ 火车跑舞姿：手指上下快速摆动，在嘴前一侧向另一侧行进。

⑨ 大嘴巴舞姿：左手胸前，右手头顶前斜上位，右手拍向左手，同时点头四次，最后一次头回正。

图 3-28

(2) 表演作品。

准备位置：右脚在前盘坐，双手叉腰不动。

[1]—[4]小节(四个八拍)：

1—2　右手小牙刷造型，同时向右倾头。

3—4　右手叉腰头回正。

5—8　反面动作。

1—8　大嘴巴舞姿四次(最后一拍头回正)。

1—4　左手叉腰，右手火车跑动作，同时左倾头。

5—8　反面动作。

1—6　刷牙舞姿，同时摇头。

7—8　身体回正，眼视 1 点方向，手保持不动。

[5]—[8]小节(四个八拍)：

1—4　仰头两次。

5—8　低头两次。

1—4　左转头两次。

5—8　右转头两次。

1—4　左手叉腰，右手火车跑动作，同时左倾头。

5—8　反面动作。

1—6　刷牙舞姿，同时摇头。

7—8　身体回正，眼视 1 点方向，手保持不动。

[9]—[11]小节(两个半八拍)：

1—2　右手小牙刷造型，同时向右倾头。

3—4　右手叉腰头回正。

5—8　右手小牙刷造型，左手叉腰，身体前倾，保持不动。

1—8　大嘴巴舞姿四次(最后一次头回正)。

1—4　刷牙舞姿，同时摇头。

3. 活动小结

通过本节舞蹈课的学习，让幼儿学会刷牙的动作，培养幼儿养成刷牙的好习惯。

4. 活动延伸

通过游戏的方式编排《牙刷火车》舞蹈，锻炼幼儿的舞蹈动作能力和健康刷牙的好习惯。

❖ 专家评析

《牙刷火车》为中国舞蹈家协会 2 级舞蹈组合，适用于小班、中班幼儿，旨在通过舞蹈的方式帮助幼儿学习刷牙的动作，通过趣味性的学习培养幼儿养成早晚刷牙的好习惯，帮助幼儿喜欢刷牙，不排斥刷牙，舞蹈动作中将生活化的刷牙动作经过美化形成组合，可以有效引导幼儿学习刷牙的规范性动作，对幼儿具有深远的教育意义。

注意事项

(1) 探索幼儿舞蹈的主题动作，并对其加以分析。
(2) 积累适合幼儿的舞蹈题材，在幼儿生活中寻找舞蹈题材。
(3) 幼儿舞蹈创编动作简单易学，有代表性。
(4) 为所编排的幼儿舞蹈选择合适的服装与道具(可自制)。
(5) 注意幼儿舞蹈表演的个人表现力。

实训2　歌唱技能

实训目标

(1) 了解和掌握简谱、五线谱的视唱能力。
(2) 了解和掌握对节奏的感知和表达能力。
(3) 了解和掌握单音、旋律的听辨和记谱能力。
(4) 了解和掌握唱歌的姿势、呼吸方式、发声技巧、共鸣、咬字吐字等知识。
(5) 了解和掌握各个韵母的类别和发声要领。
(6) 了解和掌握歌曲的背景，学习歌曲的曲式结构、风格特点等。
(7) 通过学习不同的声乐作品，逐步培养和掌握歌唱技巧、韵母的归类、情感表达、艺术处理以及舞台表现等知识技能。

实训内容

一、乐理

乐音的四个属性：音高、音长、音强、音色。

记谱法：五线谱间、线及加线的认识；高、中、低谱表的识别；各种音符、休止符的书写原则；各种标记及音乐术语的认知。

音程、和弦、调式的讲解可以结合音乐作品进行，认识简谱与五线谱的关系。

二、视唱

音阶和音程的模唱、构唱是每节课的基础练习。其中，全音与半音的区分是音阶练习的重点。各种节奏类型需要大量练习，尤其是大、小附点，大、小切分要区分清楚。2/4、3/4、4/4、3/8、6/8 节拍的强弱规律要熟练掌握。

三、发音、吐字、音准

幼儿歌曲的演唱以童声音色为主。所谓童声音色，既不是“喊”，也不是“挤压”，而是明亮、柔和、悦耳、有气息支持的声音。教师在指导歌曲演唱时，重点要指导整体感觉、情绪和表演。对于不识字的幼儿来说，对歌词的掌握主要来自对教师范唱的聆听，所以弹唱时咬字要做到从字头、字腹到字尾都要准确、规范，这也就要求幼儿园教师的普通话一定要过关，演唱歌曲时更要注意平舌、翘舌的区分。

在教学中，经常出现教师弹着钢琴领着幼儿一起唱的效果不错，一旦脱离钢琴伴奏或其他伴奏，幼儿就找不到调了的现象。因此，要让幼儿在大脑中形成一定的音高关系概念，还要让幼儿多听、多分辨，锻炼听力。教唱的时候，教师可以采用钢琴伴奏、幼儿哼鸣的办法，锻炼幼儿抓住音准的能力。

四、歌唱的形式

幼儿有了一定的音高概念，能准确地演唱某一作品之后，教师可以试着让幼儿独唱、齐唱、小组唱、轮唱、对唱、无伴奏演唱等。幼儿在体验过这几种歌唱形式之后，可以进入无伴奏歌唱的训练。无伴奏歌唱训练能增强幼儿的思考和辨别能力，并使音乐感和音准得到巩固。这样，即使离开钢琴伴奏，也能很好地演唱。

五、表演

前期所做的一切都是为了更好地表现作品。根据歌曲的不同风格、不同情景，采用不同的演唱情绪和音色，才能使歌曲更生动、更活泼。教师在演唱中可用丰富的面部表情和夸张的动作来增加歌曲的趣味性。此外，要注意提醒幼儿演唱时一定要把牙露出来，笑肌抬起，给人一种美的感受。

六、案例分析

案例一 幼儿歌曲弹唱——《落叶飞》

❖ 设计意图

通过教学，幼儿能用自然、轻柔的声音表现歌曲，体验音乐中的连音线与休止符的区别，并在其中感受三角铁的音色，并能够根据教师指挥手势为歌曲伴奏。

❖ 活动目标

(1) 让幼儿感受秋天的变化，认识“落叶”这种自然现象，能表现出音乐中的强弱。

(2) 让幼儿在情境表演中养成相互倾听的习惯，在游戏中学会自我克制，享受交流的快乐。

(3) 探索乐器的演奏方法和音色变化的关系，使幼儿能够体验并努力追求参与打击乐器演奏的快乐。

(4) 让幼儿能用好听的声音随伴奏独立完整地演唱歌曲。

❖ 活动准备

(1) 经验准备：幼儿对四季变化有所了解。

(2) 对歌曲《落叶飞》较为熟悉。

(3) 物质准备：三角铁、铃鼓、落叶等。

❖ 活动重点

(1) 幼儿能用自然、轻柔的声音演唱，吐字基本清晰；体验音乐中的连音线和休止符的区别，并感受三角铁的音色。

(2) 让幼儿尝试用好听的音色随伴奏独立、完整地演唱歌曲；能够正确使用三角铁，感受其清脆的音色，并能够根据教师的指挥手势为歌曲伴奏。

❖ 活动过程

1. 开场

活动的基本结构如下：

> 幼儿模仿教师的节奏彼此相互问好。
>
> “小朋友们，我们现在要开始上课啦。小手伸出来，跟着老师一起拍拍手说‘×老师，×老师，早上好！’一起拍拍腿说‘小朋友，小朋友，早上好！’”
>
> × × × -| × × × -| × × × -|
>
> ×老师，　×老师，　早上好！
>
> × × × -| × × × -| × × × -|
>
> 小朋友，　小朋友，　早上好！

2. 导课

(1) 问题情境导入。

> “同学们，你们最近感觉天气变冷了还是变热了？”
>
> “老师发现最近同学们穿的衣服都变厚了，这是为什么呀？”
>
> “老师今天给大家带了一些刚从外面捡的叶子，大家观察一下它们都是什么样子的呢？以前它们是这样的吗？”

(2) 教师范唱，幼儿倾听。

“秋天越来越冷了，微风一吹，叶子就落了。这些美丽的落叶一边飘一边唱着好听的歌，我们一起来听听它们唱的是什么吧。”

(3) 活动建议及说明。

① 借助幼儿生活中熟悉的事物创设问题，引起幼儿兴趣，激发幼儿学习的主动性。本活动表现的是秋天树叶飘落的情境，如果本活动正值秋季开展，可借用落叶实物；如不在秋季，可以借助与主题相关的图片，手工制作树叶，或以讲故事的方式导入活动主题。一旦幼儿进入活动，教师可以鼓励幼儿对主题展开讨论。

② 图片是教学中最直观的材料之一，教师可引导幼儿观察图片中的细节，观察不同树叶的形状、颜色和形态，为后面对音乐的表达做好铺垫。

③ 教师在进行第一次范唱时需放慢速度，使幼儿能够准确、清晰地听到教师歌唱的内容。

3. 聆听歌曲

(1) 教师示范；幼儿进行模仿，初步熟悉歌曲。

(2) 教师通过联想记忆的方式帮助幼儿分步记忆歌词和动作，进一步引导幼儿用动作表达歌词的内容，感受歌曲中重复的规律性。

> “看老师的手，这是黄色的叶，这是橙色的叶。”
> “微风一吹，轻轻的是微风，对不对？”
> “落下一片就比画一。”
> “好的，请宝贝们站起来，小手伸出来。”
> “有没有小朋友会跟着一起唱呢？”
> “来，我们跟着音乐一起唱！”
> “我们来听听哪个小朋友的声音最好听。”

(3) 帮助幼儿理解歌词与动作的关系。

> “同学们，伸出你们的小手，跟老师一起唱。黄色、橙色、红色的叶，微风一吹。小手告诉我微风怎么吹的？”

4. 随乐律动

(1) 带领幼儿以清唱的方式熟悉律动。

(2) 随乐律动。在教师的带领下，教师幼儿一起随乐做律动，教师对幼儿进行动作的讲解与分析。

(3) 活动建议及说明。

① 当幼儿熟悉歌曲与律动动作之后，建议教师先不急于播放音乐，可以一边清唱一边带领幼儿熟悉动作。一方面，是为了避免幼儿因跟不上音乐的速度而产生挫败感，影响参与活动的信心和兴趣；另一方面，也是为了教师能够在清唱的过程中更好地观察幼儿，判断幼儿对节奏和拍子的感知程度，以便及时调整教学策略。

② 经过多次练习与尝试，当大部分幼儿已能轻松表现时，教师可以带领幼儿随乐律动。建议让一部分幼儿唱歌，另一部分幼儿律动，减轻幼儿又唱又做的负担；或一部分幼儿表现歌曲的前半部分，另一部分幼儿表现歌曲的后半部分。

5. 游戏互动

(1) 扮演游戏。选一名幼儿扮演秋风，选十名幼儿扮演树叶，让扮演秋风的幼儿随乐表现“微风一吹”，扮演树叶的幼儿分次蹲下一名、两名、三名、四名。除了扮演之外，也可以借助道具让活动内容更加丰富有趣。

(2) 听辨反应游戏。首先，随乐发放落叶道具。接着，教师使用不同的乐器敲击出不同的音色，幼儿根据发出声音的次数捡相应数量的叶子，并模仿微风“吹”落叶的动作。

> “这是什么颜色的叶子呀？原来在夏天的时候树上的叶子都是绿色的。当它慢慢地变成了黄色，微风一吹它就落下了，再后来它慢慢地变成了橙色，然后慢慢地又变成了红色，最后变成了咖啡色、深红色，现在有几片叶子呀？”

(3) 随乐游戏。在教师的语言提示下，幼儿随教师一边律动一边听辨音乐中三角铁的音色，并根据三角铁的声音出现的次数捡起相应的叶子，听到“微风一吹”时，尽情抛撒。

> “我们要跟着音乐一起游戏啦，小朋友们，你们准备好了吗？”
>
> “还记得怎么玩吗？唱歌的时候我们轻轻地走，听到微风吹的时候我们就开始捡叶子，小耳朵仔细听，音乐会告诉我们要捡多少叶子哦。”

(4) 活动建议及说明。

① 为更好地激励幼儿不断提升参与度和享受音乐带来的乐趣，将游戏融入音乐活动是必不可少的。借游戏的方式理解音乐元素，使幼儿潜移默化地感知和体验音乐的美感。

② 幼儿通过观察及教师的引导，感受树叶在秋天里的变化。通过听辨乐器的特殊音色，感知歌曲表达出的信息。

③ 游戏互动环节侧重于突出三角铁在歌曲中敲响的时机及次数，进一步巩固幼儿对三角铁音色的辨识及对数量关系的感知。

④ 活动中使用的道具是各种颜色的落叶，教师可自行准备，也可让幼儿准备。如果教师事先准备好落叶，那么通过什么样的方式发放落叶可以让课堂组织更加高效有序呢？

⑤ 活动小结可以帮助幼儿梳理和归纳相关活动内容，使整个课堂活动显得结构严谨。教师幼儿相互道别，使幼儿养成关于课堂礼仪的规则意识。

6. 活动小结

(1) 教师对幼儿的活动行为进行鼓励，让幼儿日后更加自信。

“小朋友们都表现得非常好，自己给自己拍拍手。”

(2) 回顾这节活动所学内容，加深幼儿的记忆。

“今天我们在这首歌里学了很多颜色，有黄色、红色、橙色，也玩了捡落叶的游戏。”

7. 活动延伸

奥尔夫音乐教学之声势练习：声势练习主要是通过动作培养幼儿对节奏的直接感受和体验，由于 3～6 岁幼儿的身体协调能力、身心敏锐度、动作反应能力及表现能力均处在最佳年龄接受期，因此，对该年龄段幼儿最适宜结合动作进行节奏训练。教师在进行声势练习时，可根据教学活动情况自行设计方案，但必须遵循幼儿的年龄特征和接受能力，不可让幼儿兴趣减弱或有疲劳感。

❖ 专家评析

歌曲《落叶飞》的音域为 7 度，对于小班幼儿歌唱略显困难，在教学活动中建议师幼一起歌唱，可让幼儿唱自己自然声区内的部分，减轻幼儿的歌唱负担。教师如果是在相应的季节里开展本活动，可从气温变化、穿衣变化、树木变化等幼儿生活已有经验迁移到本活动的情境中。教师可从秋天的颜色和树叶飘零的现象出发，让幼儿感知大自然在不同季节里的现象，树木等植物在秋天里的形态等。重点在于理解“微风”“吹”“落下”在感官上与“狂风”“吸”“掉下”的差异。在歌唱时，教师应随时提醒幼儿用自然、优美的声音和适当的音量，愉快而投入地演唱歌曲。教师范唱时应将树叶落地时的数字唱得更清晰，使幼儿能够积极主动地跟随歌曲内容的变化做出正确的动作反应。在听辨三角铁的音色时，教师可先进行范奏，然后让幼儿自己对乐器进行探索，并尝试用三角铁为歌曲进行伴奏。在学习三角铁的演奏时，应指导幼儿尽量控制音量并对节奏进行感知，必要时教师应给予准确示范。

案例二　中班音乐欣赏活动——《跳舞的树叶》

❖ 设计意图

《跳舞的树叶》这一主题对幼儿来说，蕴藏着树木自然生长、四季更迭交替等秘密，是幼儿乐于亲近、探索、思索、尝试的一个主题。主题活动拓展了树叶的功用，在自然界，落叶归根，最终滋养了树木。树叶里充满无数的遐想和快乐。该活动内容符合季节特征，贴近幼儿的生活，可以让孩子在与树叶亲密接触后，通过身体的语言以及优美动听的歌声来体验和表现秋天的落叶随风飘动的景象，从而让幼儿更深刻地体会到秋天的意境美和秋风拂面树叶落的特点。歌曲的旋律来自西方音乐大师巴赫的《小步舞曲》，歌曲旋律优美、动听，幼儿在学唱歌曲的同时也发展了对音乐的欣赏能力、良好的唱歌习惯，以及音乐表演能力。

❖ 活动目标

(1) 熟悉歌曲内容，感受巴赫《小步舞曲》的优美旋律，学唱歌曲《跳舞的树叶》。

(2) 乐于用肢体动作表现树叶随风飞舞的姿态，体验与同伴共舞的喜悦。

❖ 活动准备

动画视频、歌曲 CD、树叶手偶若干。

❖ 活动重点

(1) 幼儿能用自然、轻柔的声音歌唱，吐字基本清晰；体验音乐中的连音线和休止符的区别。

(2) 让幼儿尝试用好听的声音随伴奏独立、完整地演唱歌曲；能够根据教师的指挥手势为歌曲伴奏。

❖ 活动过程

1. 倾听乐曲，熟悉旋律

(1) 谈论对音乐的感觉。

师：小朋友，听了这首曲子，你有什么感觉？

(2) 幼儿自由舞动身体。师：你觉得小树叶在做什么呢？我们一起边听音乐边模仿小树叶随风摆动的样子吧。

2. 聆听歌词，学唱歌曲

(1) 播放歌曲《跳舞的树叶》，幼儿安静倾听。

(2) 教师引导幼儿回答歌曲内容及谈论自己对歌曲的感受。

(3) 播放一遍动画，幼儿欣赏。

(4) 请幼儿说一说在动画里听到了什么，看到了什么，小树叶在干什么，它是怎么跳舞的？

(5) 再次完整欣赏一遍动画，让幼儿感受歌曲旋律的优美。

3. 肢体探索，表现歌曲

(1) 探索树叶随风舞动的姿态。

师：如果你是一片树叶，你会怎么在空中舞蹈？除了刚才已经做过的动作，还可以用什么动作来表现树叶的随风飞舞？

(2) 在歌曲伴奏下完整表现树叶飞舞的姿态。

4. 我是跳舞的树叶

(1) 师：小树叶跳舞跳得那么好看，你们想不想也来做一片会跳舞的树叶宝宝呀？

(2) 请幼儿从小椅子下取出两片树叶手偶套在手上，教师引导幼儿想象小树叶随风飞舞的动作，鼓励幼儿大胆表现。

(3) 请个别幼儿上来表演自己的动作，其他幼儿共同练习。

(4) 听歌曲，教师将幼儿练习的动作连贯在一起完整表演一遍。

(5) 教师继续鼓励幼儿想象各种树叶跳舞的动作，幼儿共同练习。教师将幼儿练习的动作再次连贯起来和幼儿共同表演一遍。

(6) 教师鼓励幼儿两两结伴，大胆舞动自己的身体表演一遍，体验与同伴共舞的喜悦。

5. 展示

鼓励幼儿像小树叶一样尽情起舞。

6. 离开活动室

(1) 师：树叶宝宝们，外面还有许多小树叶想和我们一起跳舞，我们一起到外面随着秋风跳舞去吧！

(2) 幼儿随歌曲边跳边离开活动室。

7. 活动延伸

让幼儿欣赏歌曲《跳舞的树叶》，并要求他们说出歌中唱了什么，每当他们说出一句歌词，就再次播放 CD，幼儿轻声跟唱两遍。在幼儿基本学会的基础上，再要求他们有表情地演唱和表演。

❖ 专家评析

该师通过本音乐活动，培养幼儿的学习兴趣和热情。教师用《跳舞的树叶》这首歌曲提高幼儿对音乐的感受力，认识音乐的旋律和节奏，感受歌词的生动性。教师在整个活动过程中不断对幼儿的行为进行鼓励，让幼儿日后更加自信。

案例三　中班音乐活动——《农场里的叫声》

❖ 设计意图

通过农场教学，让幼儿感受不同动物的叫声。利用现有的资源对幼儿进行教育，更能贴近他们的生活，幼儿对声音感受会更加深刻。

❖ 活动目标

(1) 引导幼儿在说出不同动物叫声的基础上认识象声词“噜、呷、哞、咩”。

(2) 指导幼儿观察比较“噜、呷、哞、咩”四个汉字，知道它们都是从嘴里发出的叫声，都与“口”有关，初步了解汉字构成的规律。

(3) 培养幼儿爱护环境、关爱小动物的情感。

❖ 活动准备

(1) “噜、呷、哞、咩”汉字卡片各 1 张，“口”字卡片 1 张。

(2) PPT 课件《在农场里》《王老先生有块地》，各种小动物的叫声音频。

❖ 活动重点

(1) 幼儿能用自然、轻柔的声音歌唱，吐字基本清晰；体验音乐中的连音线和休止符的区别。

(2) 让幼儿尝试用好听的声音随伴奏独立完整地演唱歌曲；并能够根据教师的指挥手势为歌曲伴奏。

❖ 活动过程

1. 创设情境

创设出农场的情境，引入本次活动。

> 同学们，告诉大家一个好消息：今天早上开心农场的王老先生给宋老师打了一个电话，他邀请我们中(一)班所有的同学去农场做客，大家高兴吗？那咱们快点儿出发吧！(“全体小朋友立正！昂首挺胸！肩搭肩小火车，动起来！”)(师幼随琴声陆续走进教室)
>
> “呜呜——”火车到站了，请下车！听，农场里的广播已经响了！同学们，咱们轻轻走进农场瞧瞧吧！记住，一定要有礼貌哦！(播放《王老先生有块地》)
>
> 幼儿随音乐拍手，找到自己的座位。
>
> 咦，农场里已经有这么多客人了。哦，原来他们是坐飞机来的，难怪这么快！咱们跟客人打个招呼吧！

2. 让幼儿初步感受农场里的欢乐气氛，萌发对小动物的喜爱之情

通过视频，引导幼儿发现农场的色彩。它们好像在说什么，鼓励幼儿大胆想象。

3. 认识“噜、呷、哞、咩”四个象声词

(1) 第一个上台的是谁呢？(多媒体呈现小猪画面)学习小猪的叫声“噜”。

(2) 第二个上台的又是谁呢？咱们来看看吧！(多媒体呈现小牛画面)牛哥哥也有一个生字朋友哦，教师呈现字卡“哞”，幼儿认读。

(3) 第三个上台的是最勇敢的鸭妹妹，(多媒体呈现小鸭画面)她唱的歌会和小猪、牛哥哥一样吗？谁来学学？幼儿模仿鸭子走路欢叫。鸭妹妹的生字朋友就是“呷”，幼儿认读。用同样的方法创编儿歌，在儿歌中巩固生字。

(4) 第四个上台的就是最温柔的小羊了。(多媒体呈现小羊画面)咱们给她鼓鼓劲吧！(播放动物叫声的音频)听，小羊的声音真温柔，谁来温柔地叫叫？用同样的方法学习“咩”。

(5) 小动物们可真热情！瞧，他们在台上表演的开心农场节目生动有趣。

4. 观察比较“噜、哞、呷、咩”，初步了解汉字的构造规律

同学们，它们的歌声好听吗？请你们瞧瞧表示它们叫声的字宝宝，它们有什么相同的地方？为什么都有口字旁？是不是所有动物的叫声都可用口字旁的字宝宝表示呢？咱们回去搜集搜集，好吗？比一比，谁找的最多。

5. 活动延伸

创编新歌词，幼儿迁移经验，说出在农场的其他动物及它们的叫声，并编进歌曲里唱一唱。最后，请个别幼儿将自己编的歌词唱出来，大家跟着学唱。

❖ 专家评析

教师通过本音乐活动，不仅让幼儿学会了一种新的音乐技巧，还让幼儿通过这个活动增强了互帮互助的精神。教师在整个活动过程中不断对幼儿的行为进行鼓励，增强了幼儿的自信心。

案例四　中班音乐教案——《努力生长的小种子》

❖ 设计意图

音乐教育家达尔克罗兹认为：身体是体验节奏的第一载体，人体运动是音乐节奏的外在表现，将音乐节奏与身体律动相结合，能够帮助幼儿更好地感知节奏、提取节奏、把握节奏。

❖ 活动目标

(1) 感知乐曲的三段体结构，尝试跟随乐曲的旋律和节奏，自由模仿并合拍表现“努力生长的小种子”。

(2) 乐意和同伴分享“动作创编、合拍表现”的活动经验，体验“分组表演、结伴游戏”的活动乐趣。

❖ 活动准备

(1) 经验准备：班级内开展几种常见小种子的发芽实验，了解常见小种子的发芽及生长过程；熟悉绘本图文故事《努力生长的小种子》。

(2) 物质准备：PPT 课件《努力生长的小种子》。

❖ 活动重点

(1) 幼儿能用自然、轻柔的声音歌唱，吐字基本清晰；体验音乐中的连音线和休止符的区别。

(2) 让幼儿尝试用好听的声音随伴奏独立完整地演唱歌曲；并能够根据教师的指挥手势为歌曲伴奏。

❖ 活动过程

1. 回忆经验：交流、讨论小种子的生长过程

(1) 自由交流、分享关于“小种子努力成长”的认知经验。

师：昨天，老师和你们一起分享了一本有趣的图书，书名叫《努力生长的小种子》。谁来告诉大家，小种子到底是怎样努力生长的呢？

(2) 集体梳理并汇总“小种子健康成长”的 3 个生长过程。

师：原来，一颗小种子需要经过“努力生长、传播花粉、彰显美丽”这 3 个过程，才能发育成熟并且健康长大。

2. 感知音乐：探索、表现小种子的生长过程

(1) 完整欣赏第一遍，初步感知音乐旋律及音乐结构。

这首乐曲可以分成三段。第一段的速度稍微快一些，好像是小种子在努力生长；第二段的速度稍微慢一些，好像是小种子在耐心等待，风娃娃和蝴蝶在帮小种子传播花粉呢！

第三段的速度很快，好像是花朵努力绽放，向大自然彰显它的美丽，它还会跟着音乐摇摆、跳舞。接下来，我们分段来听音乐。

(2) 聚焦熟悉第一乐段，自由想象小种子努力生长的过程。

环节说明：幼儿跟随第一乐段音乐的旋律及节奏，自由探索，合拍表现“小种子发芽、努力生长”的音乐情境。教师巡回观察与指导，提醒他们跟随音乐的旋律和节奏进行合理想象，合拍表现各种肢体模仿与表演动作。幼儿在自主探索的基础上，进行动作创编经验的交流、分享、练习活动，随后集体跟随音乐进行合拍律动，初步落实“合拍表现”的活动目标。

(3) 聚焦熟悉第二乐段，合拍表现风娃娃、蝴蝶传播花粉。

环节说明：幼儿跟随第二乐段音乐的旋律及节奏，自由探索，合拍表现“风娃娃、蝴蝶飞舞”的音乐情境。教师巡回观察与指导，提醒幼儿跟随音乐进行合理想象，合拍表现各种舒缓、柔美的身体动作。幼儿在自主探索的基础上，继续进行动作创编经验的交流与分享活动，随后集体跟随音乐进行合拍律动，有效落实“合拍表现”的活动目标。

(4) 聚焦欣赏第三乐段，创意表现花朵彰显美丽、摇摆跳舞。

环节说明：幼儿继续随乐创编小种子“努力生长”的肢体动作，在第三段乐曲结束之前，合理想象并设计一些“花朵彰显美丽、摇摆跳舞”的身体模仿与表演动作，从而获得“自由创编、合拍表现”的审美愉悦感。

3. 游戏体验：创意表现“努力生长的小种子”的音乐故事

(1) 尝试分角色表演努力生长的小种子、风娃娃和蝴蝶。角色分配：幼儿扮演努力生长的小种子，教师扮演风娃娃和蝴蝶。

(2) 交换角色，创意表现《努力生长的小种子》的音乐故事。

4. 活动延伸

(1) 创设班级“小舞台”区角环境，投放相应的音乐游戏材料，引导幼儿继续探索、个性创编“努力生长的小种子”的音乐故事，丰富并拓展小种子“努力生长、百花齐放、奇异果实”等游戏情节，进一步感受并体验“合拍律动、节奏游戏”所带来的独特艺术魅力。

(2) 教师可以设计并制作卡通版的节奏图谱，引导幼儿将“小铃、沙球”这两种乐器与节奏图谱进行“和谐配器”，随后组织幼儿开展“打击乐”节奏练习活动，提升幼儿“集体表演、和谐演奏”的合作意识及能力。

❖ 专家评析

本次教学活动过程中，教师反复强调并提示幼儿生动、形象地扮演“努力生长的小种子”。教师借助生活化、游戏化的方式提醒孩子们：扮演一颗小种子的时候需要“努力生长”，才能开出最美丽的花朵，结出最甜美的果实。于是，幼儿跟随着音乐进行“合拍律动、努力生长”，体验到了积极、愉悦的审美情感。在第二乐段音乐情境中，女孩们能够跟随音乐表现出各种轻柔、舒缓的身体动作，大部分男孩表现出了比较刚硬的身体动作。教师此时巧妙地借助“温暖的风、温柔的蝴蝶”这样的语言提示并引导幼儿进行合理想象、创编并表现吻合第二乐段音乐性质的舒缓、柔美的身体动作，智慧地落实了“音乐技能训练”和“审美情感体验”等艺术教育目标上的无缝衔接，高效地助推了中班幼儿的阶段性、适宜性发展。

案例五 民族歌曲演唱与赏析——《沂蒙山小调》

❖ 设计意图

通过聆听《沂蒙山小调》(见图 3-29)体会山东民歌的音乐特点，培养民族精神和爱国主义情怀。在聆听和分析的过程中，提高学习兴趣，了解山东的民族音乐。

沂蒙山小调

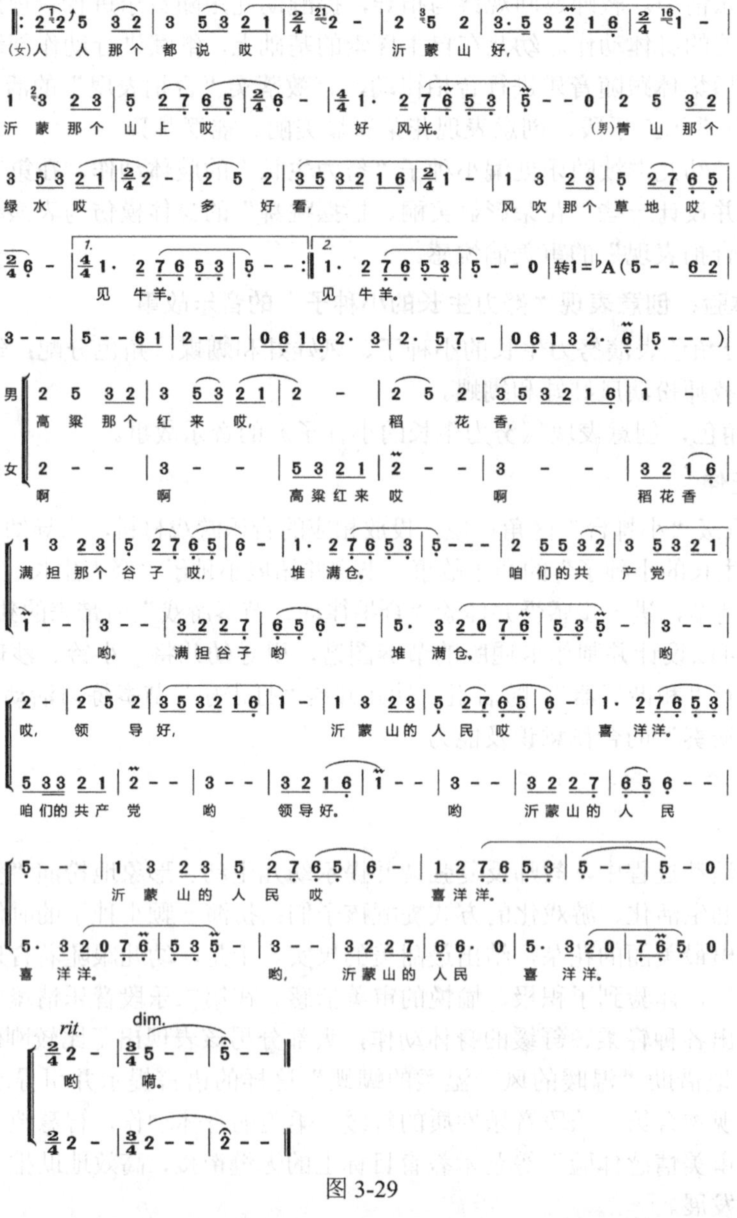

图 3-29

❖ 活动目标

(1) 从音乐审美角度感受祖国锦绣山川之美。

(2) 学会用山东民歌演唱的方法来演唱《沂蒙山小调》并掌握不同的演唱风格的特点。

(3) 通过欣赏合唱《沂蒙山小调》，开阔视野，让幼儿了解相关的音乐知识与文化知识。

❖ 活动准备

(1) 对二声部、转调等较为熟悉。

(2) 物质准备：钢琴。

❖ 活动重点

(1) 能快速、准确地识谱。

(2) 演唱时要注意转调。

(3) 注意气息的转换。

(4) 了解二声部的相关知识。

❖ 活动过程

1. 情景导入

赏析歌曲《沂蒙山小调》，幼儿聆听、感受音乐。

2. 曲目介绍

(1) 《沂蒙山小调》是一首山东省的经典民歌，属于小调。诞生于山东临沂沂蒙山望海楼脚下的费县薛庄镇上白石屋村。它的前身是 1940 年由驻沂蒙山区抗大文工团团员李林和阮若珊等人采集创作的《反对黄沙会》。

(2) 《沂蒙山小调》源于沂蒙山区的花鼓调。1953 年秋，山东省军区政治部文工团的副团长李广宗、研究组组长王印泉、乐队队长李锐云重新修改记谱，将原来歌词中的抗日主题改为歌颂家乡的主题，后面又续加了两段歌词，定名为《沂蒙山小调》，从此《沂蒙山小调》正式版本诞生。

(3) 《沂蒙山小调》与《茉莉花》被联合国教科文组织认定为中国最具代表性的两首民歌，蜚声海内外。

3. 曲目应用

该曲目作为著名的民族歌曲，适用于声乐演唱的教学以及合唱能力的训练。

(1) 教师边唱边引导幼儿体会语言风格对民歌音乐风格所起的作用。

(2) 欣赏歌曲，进一步感受歌曲风格特征。民歌歌手独特的音色以及对滑音和装饰音的运用，更能体现出浓郁的地方风格特色和赞美自己家乡的那种自豪感。

4. 活动小结

通过学唱歌曲《沂蒙山小调》，幼儿了解了山东民歌的风格情韵，掌握了“衬词”在民歌中的运用以及传统的创作手法“鱼咬尾”的特点，并且从歌曲中领悟了沂蒙老区人民对子弟兵的深厚情谊。希望通过这次民歌的学习，同学们能更加热爱民族音乐文化，继承发扬民族优良传统，让我们的民族文化流光溢彩，更加灿烂。

5. 活动延伸

以小组为单位，运用“鱼咬尾”的创作手法，创作一首四句类的一段体。

❖ 专家评析

本音乐活动不仅有助于幼儿在音乐启蒙阶段对民族音乐有一定的初期认识，还能够让幼儿在最大程度上理解音乐，也让音乐活动进行得更有价值和意义。活动的开展过程符合幼儿的心理以及学习规律。

案例六 现代流行曲目——《声声慢》

❖ 设计意图

《声声慢》(见图 3-30)对于幼儿来说并不陌生，通过复习，串联起以前的记忆，也是为了更好地解读这一首作品。通过一遍遍地演唱，老师指导技巧，穿插讲解简谱知识，一步步引领幼儿走进歌曲里，培养幼儿的演唱和合唱的能力，创设良好的氛围，为音乐课创造一种闲适、松弛的心情。

声 声 慢

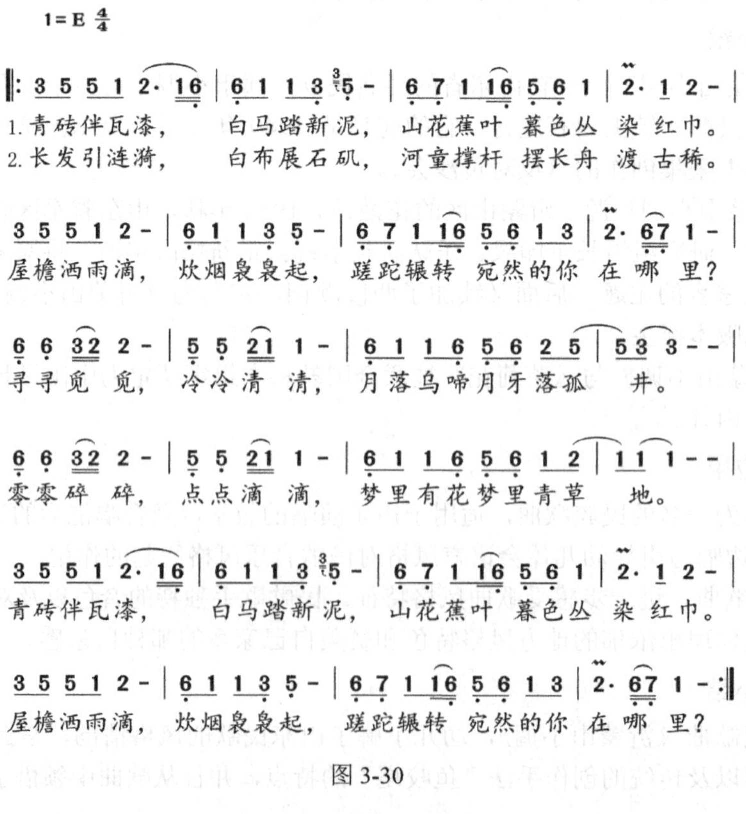

图 3-30

❖ 活动目标

(1) 歌曲简谱的掌握。
(2) 曲目演唱的把控。

❖ 活动准备

(1) 对二声部、转调等较为熟悉。
(2) 物质准备：钢琴。

❖ 活动重点

(1) 能快速、准确地识谱。
(2) 演唱时要注意转调。
(3) 注意气息的转换。
(4) 本曲目需要二声部。

❖ 活动过程

1. 创设情景、感受音乐

幼儿有序进教室，教师播放歌曲《声声慢》。

2. 曲目介绍

(1) 《声声慢》是一首改编自古诗词的民谣作品，曲调平缓优美，歌词充满古诗词韵味，能使幼儿在学习的过程中沉浸在古诗词与音乐相结合的意境当中。
(2) 这首曲目旋律优美，高音不多，非常适合幼儿演唱。

3. 曲目应用

该曲目改编自著名的古诗词，适应于声乐演唱的教学以及合唱能力的训练。

4. 活动小结

《声声慢》不仅是歌曲，也是诗词。诗词是表达情感的一个重要载体，词是一种对语言韵律运用十分到位的艺术形式，在词作中，音乐韵律感是很值得研究的一个部分。整首作品的速度缓慢柔和，尤其是对叠字的巧妙使用，使得诗词的音乐感更强。通过发音和节奏的训练，幼儿能把握音乐风格和结合“声”和“情”，把感情表达得淋漓尽致。

5. 活动延伸

将歌曲《声声慢》的演唱技巧应用到相类似的曲目里，如《水调歌头》，研究异同点。

❖ 专家评析

在学习歌曲《声声慢》时，教师先播放歌曲，然后介绍背景，这样有助于幼儿在音乐启蒙阶段对古诗词音乐有一定的初步认识，同时，能够让幼儿在最大程度上理解音乐，这符合幼儿的心理以及学习规律，激发幼儿的自主探索能力。

案例七　基本节奏训练

❖ 设计意图

节奏、旋律与和声并称为音乐的三大要素，节奏则是音乐中最具个性和活力的因素，它可以脱离其他要素而独立存在，反映的是音乐的强弱、长短关系。节奏包括了拍子、重音、小节、音符及休止符的组合等关系。

❖ 活动目标

(1) 通过练习，感受二拍子各类型节奏演奏时的变化。
(2) 通过拍手、敲击练习，感受节奏。
(3) 在教学过程中，可以通过节奏接龙或节奏变化游戏提升幼儿的学习兴趣。

❖ 活动准备

(1) 对各类节奏型较为熟悉。
(2) 物质准备：定音鼓、铃鼓、三角铁等。

❖ 活动重点

(1) 在敲击或拍手时需要注意速度、力度。
(2) 练习时需注意控制弹奏速度，切忌越拍越快。

❖ 活动过程

1. 感受节奏

以二拍子节奏为例(见图 3-31)，认识基本节奏。

图 3-31

2. 曲目应用

该曲目作为基本练习曲目，篇幅短小，适用于帮助幼儿掌握二拍子的各类节奏型。

3. 活动示范

(1) 教师可在琴键上变换速度弹奏，并要求幼儿根据弹奏速度的不同进行拍手。

(2) 教师可使用铃鼓或三角铁，敲击出节奏型(强弱弱)，幼儿根据节奏的轻重强弱表现出不同的拍掌力度。

4. 活动小结

幼儿已有创编节奏型的经验，为曲谱配上节奏型使幼儿更加明白了节奏是构成音乐的骨架，节奏的巧妙变化推动了音乐的发展。给曲谱配节奏型是幼儿一次生动有趣的音乐实践。

5. 活动延伸

利用餐后散步的时间，带领幼儿到音体室或电子琴室进行实践，进一步加深幼儿对敲打相关乐器产生的节奏的了解。

❖ 专家评析

教师在教授二拍子节奏时，能突出力度、强弱这些基本概念。难点是如何让幼儿理解“均分”，幼儿的学习特点是具体、形象、有思维，因此利用拍手或者各种乐器引导孩子是此节课的亮点。在敲击时，教师能够提醒幼儿做到匀速，没有越来越快。教师在教学中能把握曲目的重、难点，引导幼儿准确高效地进行练习，达到了实训的目的。

注意事项

(1) 咬字、吐字清晰，多用头腔共鸣，声音自然流畅。

(2) 将童趣化的纯真情感用歌声、身姿表现出来。

(3) 学习必要的声乐基本理论知识；了解幼儿的嗓音特点和幼儿歌唱教学方法。

(4) 注重教师的示范性指导与幼儿练习相结合。

实训3　钢琴技能

实训目标

(1) 掌握钢琴弹奏的基本方法和技巧。

(2) 了解和掌握不同节奏在乐谱中的表现形式。

(3) 了解和掌握对音乐的感知和表达能力。

(4) 掌握手指基础训练。

(5) 重新梳理与组合音乐理论与钢琴技能。

(6) 增加幼儿曲目储备。

(7) 完整演奏乐曲和练习曲。

(8) 培养弹奏曲目时的良好习惯。

实训内容

一、乐谱练习

节奏是每节课训练的重点，明白基本的节奏型，代入音符，并用不同的节奏型组合成基本练习。同时，掌握在不同的节拍(如 2/4、3/4、6/8、4/4)中出现的节奏型的弹奏方法。

二、坐姿、手型、手指

端正坐姿是弹奏的最基本要求。端正坐姿，即要求在弹琴时，背部笔直，大小腿自然成 90 度直角，同时，根据琴凳的不同，臀部仅坐琴凳的 1/4 或 1/3。

手型是弹奏曲目前需要检查的部分。正确的手型应是手指自然下垂，紧贴琴键，手腕自然下垂，可与琴键齐平或低于琴键，但不可下垂过多。

手指主要是在弹奏过程中需要注意。正确的手指弹琴动作应是指尖触碰琴键，所有的力量在指尖爆发，切忌用手腕带动指尖弹奏，否则将对手腕造成一定伤害。

以上三个基本点需要在长久训练中不断反复注意，从而避免对身体造成伤害。

三、弹奏

前期所做的一切练习都是为了更好地表现作品。根据歌曲的不同风格、不同要求，采用不同的乐曲处理方式，才能使乐曲更生动、更活泼。教师可在教学中采取示范教学的方式来增强幼儿的理解。此外，要注意提醒幼儿弹奏时一定要注意数节拍，从而达到曲目弹奏的稳定性。

四、案例分析

案例一　节奏练习——《节奏哈农之附点与落提》

❖ 设计意图

节奏练习能够使手指轻巧敏捷，灵活独立，结实有力，平均发展，还能使手腕放松平稳，自然柔顺，富有弹性。在打好基础的同时，再强调打好连奏、落滚、断奏、高抬指等技术基础，使学生在长期的实践中逐渐积累经验，理解音乐，进而能更好地表达音乐。因此，辅导幼儿练习《节奏哈农之附点与落提》(见图 3-32)要求教师不仅能正确地指导学生克服技术上的困难，还要以长远的眼光培养学生多方面的能力，以期获得更多的训练价值，激励幼儿对音乐活动的参与度，并使幼儿潜移默化地理解随乐律动。

节奏哈农之附点与落提

图 3-32

❖ 活动目标

(1) 通过弹奏练习，感受节奏附点前长后短在演奏时的变化。

(2) 通过手型练习，感受附点在弹奏时需要注意的姿势。

(3) 在教学过程中，可以通过附点节奏让幼儿区分“长”和“短”在音乐中的变化。

❖ 活动准备

(1) 对附点节奏型已有认知。

(2) 物质准备：钢琴、铃鼓、三角铁等。

❖ 活动重点

(1) 训练基本功。

(2) 有利于提高弱指(即 4、5 指)的弹奏能力。

(3) 解放手腕，对于手指的保护。

❖ 活动过程

1. 情景导入

赏析曲目《节奏哈农之附点与落提》，幼儿聆听、感受音乐。

2. 曲目简介

1) 曲目要点

(1) 左右手旋律相同，行进方向相同。

(2) 手指在触键时需要注意高抬指，用指尖弹琴，勿将整个指头平铺于琴键上。

(3) 注意旋律上下行时的连贯性。

(4) 注意左右手弹奏时的指法。

(5) 练习时需注意控制弹奏速度，切忌越弹越快。

2) 曲目应用

该曲目作为基本练习曲目，篇幅短小，弹奏时长较短，适用于帮助幼儿辨明音乐中的“长”和“短”等基本概念。

3) 活动示范

(1) 教师可在琴键上慢速弹奏，并要求幼儿根据弹奏速度进行站起和蹲下的动作。如：弹奏第一个半拍时幼儿站起，第二个半拍时幼儿蹲下。

(2) 教师可使用铃鼓或三角铁，敲击出附点节奏型。幼儿根据附点节奏的长短表现出不同的动作。如：听到长节奏可伸长手臂，听到短节奏可将手臂抱在一起等。

3. 活动小结

(1) 教师对幼儿的表现进行鼓励，激发并提高幼儿的自信心，培养幼儿对参与音乐活动的兴趣。

(2) 回顾本节课的内容，加深幼儿对节奏的记忆。

4. 活动延伸

教师可以通过活动培养幼儿对音乐更具创造性的肢体动作表达，构建相关音乐情境，对情境进行延伸，幼儿可以体验音乐故事情境，从而更好地培养对音乐的感知。

❖ 专家评析

教师能够将专业枯燥的音乐理论和有趣的课堂活动相结合，达到幼儿在此过程中可以更直观清晰地理解音乐理论的目的。简短的练习曲目中和简单的肢体动作，能够快速将幼儿带入学习情境，初步建立起简单的节奏概念，有一定导向性。体态律动教学是达尔克罗兹教学法中独有的音乐教学特色，通过身体动作体验节奏的速度变化。因此，这样的课堂形式符合教学规律，教师也能从幼儿的心理出发，调动课堂，活跃气氛，科学地把握幼儿的学习能力，在学前教育专业技能实训中注重将理论转化为实践，思路清晰，达到了实训目的。

案例二　节奏练习——《"三连音"节奏练习》

❖ 设计意图

激励幼儿对音乐活动的参与度，并使幼儿潜移默化随乐律动，理解音乐概念。

❖ 活动目标

(1) 通过练习，感受三连音在一拍内均衡分配演奏时的变化。
(2) 通过手型练习，感受三连音在弹奏时需要注意的姿势。
(3) 在教学过程中，可以通过三连音节奏让幼儿明白音乐中"均分(三等分)"的含义。

❖ 活动准备

(1) 对三连音节奏型已有认知。
(2) 物质准备：钢琴、铃鼓、三角铁等。

❖ 活动重点

(1) 对于重音的认知和掌握。
(2) 均匀节奏时值的把控。

❖ 活动过程

1. 情景导入

赏析曲目《"三连音"节奏练习》(见图 3-33)，幼儿聆听、感受音乐。

"三连音"节奏练习

图 3-33

2. 曲目简介

1) 曲目要点

(1) 左右手旋律相同，行进方向相同。

(2) 手指在触键时需要注意高抬指，用指尖弹琴，勿将整个指头平铺于琴键上，切忌折指。

(3) 注意旋律的连音线。

(4) 注意左右手弹奏时的指法。

(5) 练习时需注意控制弹奏速度，切忌越弹越快。

(6) 注意曲目中的临时升降记号，升降记号作用于一个小节。

2) 曲目应用

该曲目作为基本练习曲目，篇幅短小，弹奏时长较短，适用于帮助幼儿辨明音乐中的“均分(三等分)”这一基本音乐概念。

3) 活动示范

(1) 教师可在琴键上变换速度弹奏，并要求幼儿根据弹奏速度的不同进行匀速拍手的动作。如：快速弹奏时要求快速拍掌三下，慢速弹奏时要求慢速拍掌三下。

(2) 教师可使用铃鼓或三角铁，匀速敲击出三连音节奏型。幼儿根据三连音节奏的轻重强弱表现出不同的拍掌力度。

3. 活动小结

(1) 教师对幼儿的表现进行鼓励，激发并提高幼儿的自信心，培养幼儿对参与音乐活动的兴趣。

(2) 回顾本节课的内容，加深幼儿对节奏的记忆。

4. 活动延伸

教师可以通过活动培养幼儿对音乐更具创造性的肢体动作表达，构建相关音乐情境，对情境进行延伸，幼儿可以体验音乐故事情境，从而更好地培养对音乐的感知。

❖ 专家评析

教师在教授三连音节奏时，能突出“均分(三等分)”这一基本概念是本节课的重点。本节课的难点是如何让学生理解“均分”。孩子的头脑中充满着颜色、形状、声音等生动的形象，因此利用拍手或者各种乐器引导孩子打出“三等分”的三连音是此节课的亮点。在弹奏三连音时，教师能够提醒学生做到匀速弹奏，不要越弹越快，也让很多学生避免了把三连音弹成前八后十六或前十六后八节奏型的错误。该教师在教学中能把握曲目的重、难点，引导学生准确高效地练习，达到了实训目的。

案例三　节奏练习——《节奏哈农第一条》

❖ 设计意图

激励幼儿对音乐活动的参与度，并使幼儿潜移默化地感知不同速度下的旋律区别。

❖ 活动目标

(1) 强化手指。

(2) 熟练掌握跳音，前后附点，八分音符和十六分音符组合的节奏变化。

❖ 活动准备

(1) 对键盘的不同音区已有认知。
(2) 物质准备：钢琴、铃鼓、三角铁等。

❖ 活动重点

(1) 感受节奏在不同旋律乐段的变化。
(2) 把握速度的稳定。

❖ 活动过程

1. 情景导入

赏析曲目《节奏哈农第一条》(见图 3-34)，学生聆听、感受音乐。

节奏哈农第一条

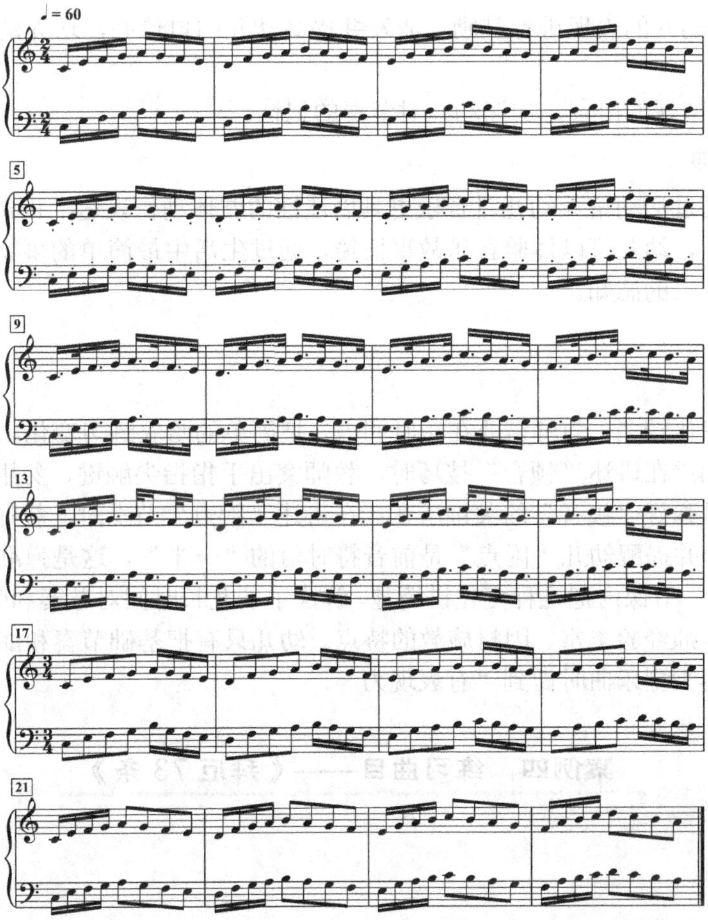

图 3-34

2. 曲目简介

1) 曲目要点

(1) 左右手旋律相同，行进方向相同。

(2) 手指在触键时需要注意用指尖弹琴，勿将整个指头平铺于琴键上，切忌折指。

(3) 注意左右手弹奏时的指法。

(4) 练习时需注意控制弹奏速度，切忌越弹越快。

(5) 注意音符时值、节奏的变化。

2) 曲目应用

该曲目作为基本练习曲目，篇幅短小，弹奏时长较短，能起到强化手指力量的作用。

3) 活动示范

(1) 教师可在琴键上慢速弹奏，并要求幼儿根据不同节奏进行动作变化。

(2) 教师可使用铃鼓或三角铁，敲击出不同节奏型。幼儿根据节奏的变化表现出不同的动作。

3. 活动小结

(1) 教师对幼儿的表现进行鼓励，激发并提高幼儿的自信心，培养幼儿对参与音乐活动的兴趣。

(2) 回顾本节课的内容，加深幼儿对节奏的记忆。

4. 活动延伸

教师可以通过活动培养幼儿对音乐更具创造性的肢体动作表达，构建相关音乐情境，对情境进行延伸，幼儿可以体验音乐故事情境，通过生活中最简单的事物发散思维，从而更好地培养对音乐的感知。

❖ 专家评析

本课技巧变化较多，教师需要在短时间内，把简单的哈农练习变化出诸多方式讲清楚是不容易的。如：在讲述“顿音”技巧时，教师突出手指指尖触键，勿用指肚平铺琴键，切忌折指，这是弹好“顿音”的关键所在；在讲述“附点”节奏时，教师用乐器敲出长、短变化的节奏，并提醒幼儿“附点”是前音符时值的“一半”，这是弹准“附点”节奏的核心。教师能在一节课内把几种变化讲清楚，解决了幼儿长时间对节奏和弹奏技巧的困扰，充分体现了该教师经验丰富、因材施教的特点。幼儿只有把基础节奏和演奏技巧问题处理好，才能在演奏大型乐曲时做到“有表现力”。

案例四　练习曲目——《拜厄 73 条》

❖ 设计意图

激励幼儿对音乐活动的参与度，并使幼儿潜移默化地感知不同速度下的旋律区别。

❖ 活动目标

(1) 段落划分。

(2) 练习左右手的强弱平衡关系。

❖ 活动准备

(1) 可对键盘音区进行区分。

(2) 物质准备：钢琴、铃鼓、三角铁等。

❖ 活动重点

(1) 了解双音的弹奏方法以及指法。

(2) 对于休止符的掌握、节奏时值的了解。

❖ 活动过程

1. 情景导入

赏析曲目《拜厄 73 条》(见图 3-35)，幼儿聆听、感受音乐。

拜厄 73 条

图 3-35

2. 曲目简介

1) 曲目要点

(1) 左右手配合。

(2) 手指在触键时需要注意用指尖弹琴，勿将整个指头平铺于琴键上，切忌折指。

(3) 练习时需注意控制弹奏速度，切忌越弹越快。

(4) 注意音符时值、节奏的变化。

(5) 注意调号。

2) 曲目应用

该曲目作为基本练习曲目，篇幅短小，弹奏时长较短，长时间练习可达到平衡左右手的效果。

3) 活动示范

(1) 教师可在琴键上分别用左右手弹奏，并要求幼儿根据声音高低进行动作变化。

(2) 教师可使用铃鼓或三角铁，敲击出不同节奏型。幼儿根据节奏的变化表现出不同的动作。

3. 活动小结

(1) 教师对幼儿的表现进行鼓励，激发并提高幼儿的自信心，培养幼儿对参与音乐活动的兴趣。

(2) 回顾本节课的内容，加深幼儿对节奏的记忆。

(3) 师幼模仿本节课的节奏进行问好道别。

4. 活动延伸

教师可以通过活动培养幼儿对音乐实施更具创造性的肢体动作表达，构建相关音乐情境，对情境进行延伸，幼儿可以体验音乐故事情境，通过生活中最简单的事物发散思维，减少幼儿对音乐活动中的动作的认知压力，从而更好地培养幼儿对音乐的感知。

❖ 专家评析

本条练习曲重点是旋律与伴奏的配合，教师首先把乐曲的段落乐句划分清楚，为后面练习曲目的旋律变化打下基础。本曲难点出现在左右手的强弱关系平衡上，在初学阶段，左右手协调是大部分幼儿头疼的问题。该教师在解决该问题时运用了“分—合—分—合”的方法，很好地化解了幼儿双手“粘”在一起的困扰，而且两遍的“分”“合”各不相同。第一遍“分”练习着重单独强或弱，第二遍的“分”着重解决前一遍“合”的问题。该教师合理运用教材，并且能针对不同技巧给出不同的解决方法，体现了教育的灵活性，真正达到了实训目的。

案例五　古典曲目——《“月光”奏鸣曲第一乐章》

❖ 设计意图

激励幼儿对音乐活动的参与度，并使幼儿潜移默化地感知旋律，培养幼儿对曲目情境的想象。

❖ 活动目标

(1) 通过练习，感受将节奏附点与三连音融合在一起时曲目的音乐性。

(2) 曲目练习过程中，通过手型的变化明白“转手腕”在曲目中应用的意义。

(3) 通过此曲目让幼儿感知古典音乐。

❖ 活动准备

(1) 对附点、三连音等节奏型较为熟悉。

(2) 物质准备：钢琴。

❖ 活动重点

(1) 对于三连音和附点的结合弹奏。

(2) 幼儿了解慢板的定义并在弹奏中体现。

(3) 培养幼儿对乐曲的想象力，并可在弹奏中进行音乐力的表达。

❖ 活动过程

1. 情景导入

赏析曲目《“月光”奏鸣曲第一乐章》(见图 3-36)，幼儿聆听、感受音乐。

“月光”奏鸣曲第一乐章

图 3-36

2. 曲目简介

1) 曲目介绍

这首曲子一共分为三个乐章，本次练习曲目为第一乐章，是改编后的简化版，持续的慢板，4/4 拍子，为奏鸣曲形式的、幻想性的、即兴性的柔和抒情曲。一反钢琴奏鸣曲的传统形式，贝多芬在本曲的首乐章中运用了慢板，徐缓的旋律中流露出一种淡淡的伤感；第一乐章情感的表现极其丰富，有冥想的柔情，悲伤的吟诵，也有阴暗的预感。虽然伴奏、主题和力度的变化不大，但仍通过和声、音区和节奏的变化，细腻地表现了作者心弦的波动。这首奏鸣曲包含着贝多芬最原始的构思。它那梦一般即兴的性质，探索钢琴音响共鸣的方式已预察到约一百年后德彪西的印象乐派。

(1) 乐曲开始由不断流出的三连音构造了无边的幻想，四小节后，第一主题在中音区淡淡地出现。它细致而沉静，略带些忧郁。

(2) 中间部由第一主题开始。三连音曲折有致地走向高音区，呈现出急躁不安的情绪。随后，进入第三段，第一主题平静地再现，第二主题以原调的面目再现，然后以低音继续奏出基础动机的尾奏，慢慢地消失而结束。

2) 曲目要点

(1) 左右手均出现三连音与附点，并进行交替。

(2) 手指在触键时需要注意用指尖弹琴练习，勿将整个指头平铺于琴键上，切忌折指。

(3) 注意左手第一行的连音线。

(4) 注意左右手弹奏时需根据音符在琴键上的位置转手腕，放松并解放手腕。

(5) 练习时需注意控制弹奏速度，切忌越弹越快。

(6) 注意曲目中的临时升降记号以及调号，升降记号作用于一个小节。

(7) 本曲目需要踏板配合。

3) 曲目应用

该曲目作为极具代表性的古典曲目，结构工整，速度平缓，娓娓道来，贝多芬称它“好像一首幻想曲一样的”(Quasi una Fantasia)。适用于在幼儿休息或入睡时弹奏，舒缓内心，并让幼儿感受古典音乐作品。

4) 活动示范

(1) 教师可在琴键上慢速弹奏，并要求幼儿闭上眼睛想象画面。

(2) 教师可在课堂中演奏，要求幼儿根据听到的曲目想象出画面，通过画笔或口述的形式描述出来，培养幼儿的想象力与创造力。

3. 活动小结

(1) 教师对幼儿的表现进行鼓励，激发并提高幼儿的自信心，培养幼儿对参与音乐活动的兴趣。

(2) 回顾本节课的内容，加深幼儿对节奏和旋律的记忆。

4. 活动延伸

教师可以通过活动培养幼儿对音乐实施更具创造性的肢体动作表达，构建相关音乐情境，对情境进行延伸。幼儿可以体验并想象音乐故事情境，通过生活中最简单的事物发散思维，减少幼儿对音乐活动中的动作的认知压力，放松心情，从而更好地培养幼儿对音乐的感知。

❖ 专家评析

教学内容侧重于在早期音乐启蒙中幼儿对古典音乐的感知与体会，对于幼儿来说，能够在音乐中有情感体验是音乐启蒙的开端，进而能做到感受、理解、表达等一系列的实践活动。

教师介绍了曲目在第一乐章的基本曲式特点和简单的和声情感表现，讲解了在音乐演奏中“手腕力量转移”的技术要点。在教学方法上，让幼儿根据听到的曲目用画笔勾勒想象的画面，是该教师引导幼儿从感性认识音乐作品向理性认识音乐作品过渡的有效手段，符合教学规律，使幼儿将情感体验与音乐作品结合，激发幼儿的音乐热情。

在学前教育专业技能中，教师能够对音乐教材的资源进行合理利用，实际操作性较强，达到了教学目的。

案例六　古典曲目——《献给爱丽丝》

❖ 设计意图

激励幼儿对音乐活动的参与度，并使幼儿潜移默化地感知旋律，培养幼儿对曲目的想象力。

❖ 活动目标

(1) 理解回旋曲式的结构。
(2) 曲目练习过程中，明白乐句处理的意义。
(3) 通过此曲目培养幼儿对古典曲目的初步认识。

❖ 活动准备

(1) 对升降号、踏板等较为熟悉。
(2) 物质准备：钢琴。

❖ 活动重点

(1) 了解 3/8 拍子的强弱走向：强、弱、弱。
(2) 左右手在曲目中的阶梯式配合。
(3) 培养幼儿应用踏板的习惯。
(4) 幼儿对乐段的初步处理能力。

❖ 活动过程

1. 情景导入

赏析曲目《献给爱丽丝》(见图 3-37)，学生聆听、感受音乐。

献给爱丽丝

p
mf
dim.

p
cresc.
f
diminuendo
p
cresc.
f
diminuendo
p

图 3-37

2. 曲目简介

1) 曲目介绍

(1) 《献给爱丽丝》是贝多芬为数不多的钢琴小品之一，但在他生前未发表。

(2) 乐谱发现于 1867 年。

(3) 这首乐曲是作者四十岁时(1810 年)为他的学生苔莱塞·玛尔法苔伊，一位十七岁少女所作的。

(4) 该作品采用回旋曲式写成，结构是 ABACA。

2) 曲目要点

(1) 注意左右手乐句的衔接，十六分音符的演奏。

(2) 手指在触键时需要注意用指尖弹琴，勿将整个指头平铺于琴键上，切忌折指。

(3) 注意踏板的使用。

(4) 练习时需注意控制弹奏速度，尤其是主旋律部分，切忌越弹越快。

(5) 注意曲目中的临时升降记号，升降记号作用于一个小节。

3) 曲目应用

该曲目作为古典风格代表曲目之一，整体风格偏抒情。适用于帮助幼儿对于古典音乐早期的认知。

4) 活动示范

(1) 教师可在琴键上运用不同速度弹奏主乐句，并要求幼儿闭上眼睛想象画面。

(2) 教师可在课堂中或休息时演奏，培养幼儿的想象力与创造力。

3. 活动小结

(1) 教师对幼儿的表现进行鼓励，激发并提高幼儿的自信心，培养幼儿对参与音乐活动的兴趣。

(2) 回顾本节课的内容，加深幼儿对旋律和节奏的记忆。

4. 活动延伸

教师可以通过活动或简单曲目背景介绍来培养幼儿对音乐实施更具创造性的肢体动作表达，构建相关音乐情境，对情境进行延伸，使幼儿可以体验并想象音乐故事情境，通过生活中最简单的事物发散思维，减少幼儿对音乐活动中的动作的认知压力，放松心情，从而更好地培养幼儿对音乐的感知。

❖ 专家评析

教师能从耳熟能详的古典曲目中挖掘所需，在示范中使幼儿对古典曲目有了初步的认识。在教学中，对于音乐中重复的抒情乐句，教师要求幼儿闭眼想象画面的方法，能使幼儿有效沉浸在美好的旋律中。

教师通过对练习要点的强调，说明想要把古典曲目完整地呈现给幼儿，就必须注重乐句、节奏、曲式结构等专业知识的学习训练，以及对曲目创作背景的基本了解，只有这样，才能营造出不同的情景氛围，在学前教育的实践教学中更好地传递音乐。

教师注重音乐教化作用，将示范性指导与幼儿练习充分结合。其教学方法符合教学规律，思路清晰，真正达到了实训目的。

案例七　古典曲目——《钟》

❖ 设计意图

激励幼儿对音乐活动的参与度，并使幼儿潜移默化地感知旋律，培养幼儿对曲目的想象力。

❖ 活动目标

(1) 和弦位置的掌握。
(2) 曲目流畅性的把控。

❖ 活动准备

(1) 对升降号、踏板、和弦等较为熟悉。
(2) 物质准备：钢琴。

❖ 活动重点

(1) 对于临时升降记号的掌握。
(2) 音乐符号在曲目中的意义。
(3) 踏板的应用。
(4) 大跳在曲目中的练习。

❖ 活动过程

1. 情景导入

赏析曲目《钟》(见图 3-38)，学生聆听、感受音乐。

钟

（片段）

图 3-38

2. 曲目简介

1) 曲目介绍

(1) 李斯特的《钟》是久负盛名的音乐作品。这首李斯特《钟》的主题简化版保留了《钟》的精髓。

(2) 钢琴高音区清脆悦耳的音色形成短促有力的音响，组成生动逼真的小钟的鸣响。

(3) 用音与音之间的大跳模拟钟声。

2) 曲目要点

(1) 快速且准确地找到每一组和弦的位置或右手旋律大跳的位置。

(2) 手指在触键时需要注意用指尖弹琴，勿将整个指头平铺于琴键上，切忌折指。

(3) 注意踏板的使用。

3) 曲目应用

该曲目作为古典曲目之一，节奏工整，适用于帮助幼儿建立对节奏的认知。

4) 活动示范

(1) 教师可在琴键上运用不同速度弹奏，并要求幼儿根据曲目速度踏步走。

(2) 教师可在教学时打拍子，培养幼儿对节奏、节拍的理解。

3. 活动小结

(1) 教师对幼儿的表现进行鼓励，激发并提高幼儿的自信心，培养幼儿对参与音乐活动的兴趣。

(2) 回顾本节课的内容，加深幼儿对旋律和节奏的记忆。

4. 活动延伸

教师可以通过活动培养幼儿对音乐实施更具创造性的肢体动作表达，构建相关音乐情境，对情境进行延伸，幼儿可以体验并想象音乐故事情境，通过生活中最简单的事物发散思维，减少幼儿对音乐活动中动作的认知压力，放松心情，从而更好地培养幼儿对音乐的感知和想象力。

❖ 专家评析

教师以《钟》这样经典的古典音乐作品作为教学曲目，有助于幼儿在启蒙音乐阶段对古典音乐的初步认识。在这首曲目中，其高音区清脆悦耳的音色巧妙地模仿了小钟的鸣响。教师科学合理地展开曲目，能够让幼儿在最大程度上理解音乐，符合幼儿的心理以及学习规律，使得教学顺利进行。

实训中教师注重幼儿指尖力量、和弦、大跳等技能练习，把集中实训与个别实训相结合，有效指导幼儿完成曲目，提升个人专业技能，顺应教育发展要求。

教师在学前教育专业技能实训中，能够重视幼儿技能的提升，全面并且具体到实训的内容上，达到了实训目的。

案例八　现代流行曲目——《Summer》

❖ 设计意图

激励幼儿对音乐活动的参与度，并使幼儿潜移默化地感知旋律，培养幼儿对曲目的想象力。

❖ 活动目标

(1) 通过练习，学会简单跳音、踏板及和弦的使用。
(2) 曲目练习过程中，明白乐句处理的意义。
(3) 通过此曲目培养幼儿对夏天及季节概念的认知。

❖ 活动准备

(1) 对跳音、踏板、和弦等较为熟悉。
(2) 物质准备：钢琴。

❖ 活动重点

(1) 简谱与五线谱的转换、对比。
(2) 跳音的弹奏。
(3) 和弦的强弱把控。
(4) 踏板的应用处理。

❖ 活动过程

1. 情景导入

赏析曲目《Summer》(见图 3-39)，学生聆听、感受音乐。

Summer

13
2.
3
mp
16
p
19
cresc.
21
mf
p
23
cresc.

25
mf
27
29
f
31
3
dim.
D.S.
Coda
34
3
mp

图 3-39

2. 曲目简介

1) 曲目介绍

(1) 《Summer》整首曲子简单明快、清新自然、灵动而活泼，让人听起来很舒心。

(2) 这首乐曲就像挂在窗边的风铃一样，摇曳着，发出阵阵清脆悦耳的声音，清新而自然。

(3) 曲目旋律是简单而收敛的，却能给人以最直接的心灵触动。

(4) 整首曲目主旋律以跳音为主，中段则以和弦为主。

2) 曲目要点

(1) 左右手均出现跳音。

(2) 手指在触键时需要注意用指尖弹琴，勿将整个指头平铺于琴键上，切忌折指。

(3) 注意踏板的使用。

(4) 练习时需注意控制弹奏速度，尤其是主旋律部分，切忌越弹越快。

(5) 注意曲目中的和弦、临时升降记号以及调号，升降记号作用于一个小节。

(6) 注意乐句的处理。

3) 曲目应用

该曲目作为现代流行曲目，曲风活泼，清新自然。适用于在幼儿课前或帮助幼儿领悟认知“季节”这个概念时进行弹奏，并让幼儿感受现代流行音乐作品中的音乐性。

4) 活动示范

(1) 教师可在琴键上运用不同速度弹奏，并要求幼儿闭上眼睛想象画面。

(2) 教师可在课堂中演奏，要求幼儿根据听到的曲目想象出画面，并通过画笔或口述的形式描述出来，培养幼儿的想象力与创造力。

3. 活动小结

(1) 教师对幼儿的表现进行鼓励，激发并提高幼儿的自信心，培养幼儿对参与音乐活动的兴趣。

(2) 回顾本节课的内容，加深幼儿对旋律和节奏的记忆，对升降记号的初步感知和了解。

4. 活动延伸

教师可以通过活动或简单曲目背景介绍来培养幼儿对音乐实施更具创造性的肢体动作表达，构建相关音乐情境，对情境进行延伸，使幼儿可以体验并想象音乐故事情境，通过生活中最简单的事物发散思维，减少幼儿对音乐活动中的动作的认知压力，放松心情，从而更好地培养幼儿对音乐的感知。此曲目有相关电影，教师可根据需要播放并为幼儿进行解说，使幼儿更好地了解曲目。

❖ 专家评析

教师所选用的曲目为现代流行曲目，选自日本动画大师宫崎骏的一部动画电影的主题曲。对比中国传统音乐以及中国现代流行音乐，选用日本这样的外来音乐作为幼儿教学中的一项内容，能够使幼儿对不同国家的音乐有初步的认知。这首曲目的曲风清新自然，跳音的使用使得整首歌曲轻盈活泼。教师的引导可以让学生体会到用音乐的多样性以及旋律的可塑性营造出的不同环境氛围。教师在实训时强调曲目中跳音技巧和踏板的运用，主要旋律的走向，及乐句的情感处理，符合教学规律要求。在实训内容上顺序合理，科学系统。在教学方法上，以引导幼儿了解音乐为目的，使幼儿获得不同类型音乐体验，然后理解音乐、表达音乐。

教师在实训中注重技能培训，合理运用教材，真正达到了实训目的。

案例九　流行曲目——《虫儿飞》

❖ 设计意图

激励幼儿对音乐活动的参与度，并使幼儿潜移默化地感知旋律，培养幼儿对曲目的想象力，并可跟着钢琴进行哼唱。

❖ 活动目标

(1) 练习学生的即兴伴奏的编配和演奏能力。

(2) 掌握左右手的配合。

❖ 活动准备

(1) 对升降记号、踏板等较为熟悉。

(2) 物质准备：钢琴。

❖ 活动重点

(1) 升降记号的认知。
(2) 左右手的配合，强弱的处理。
(3) 延长记号的掌握。
(4) 指法的规则和修改。

❖ 活动过程

1. 情景导入

赏析曲目《虫儿飞》(见图 3-40)，学生聆听、感受音乐。

虫 儿 飞

图 3-40

2. 曲目简介

1) 曲目介绍

《虫儿飞》是一首脍炙人口的歌曲，旋律悠扬。

2) 曲目要点

(1) 左手和声与伴奏织体的丰富。

(2) 手指在触键时需要注意用指尖弹琴，勿将整个指头平铺于琴键上，切忌折指。

(3) 注意踏板的使用。

3) 曲目应用

该曲目作为童谣类曲目之一，歌词朗朗上口，适用于帮助幼儿建立对儿歌、童谣的认知。

4) 活动示范

(1) 教师可在琴键上运用不同速度弹奏主乐句，并要求幼儿闭上眼睛想象画面。

(2) 教师可在教学时演奏并教唱简单歌词，讲授歌词的意义，培养幼儿对儿歌及童谣的理解。

3. 活动小结

(1) 教师对幼儿的表现进行鼓励，激发并提高幼儿的自信心，培养幼儿对参与音乐活动的兴趣。

(2) 回顾本节课的内容，加深幼儿对旋律和节奏的记忆。

4. 活动延伸

教师可以通过活动培养幼儿对音乐实施更具创造性的肢体动作表达，构建相关音乐情境，对情境进行延伸，使幼儿可以体验并想象音乐故事情境，通过生活中最简单的事物发散思维，减少幼儿对音乐活动中的动作的认知压力，放松心情，从而更好地培养幼儿对音乐的感知。此曲目为童谣类曲目，配有歌词，教师可根据需要为歌词配上简单动作，并引导幼儿边哼唱边做动作，更好地帮助幼儿掌握随乐律动。

❖ 专家评析

教师选用朗朗上口、童谣风格的儿歌作为教学内容。这对于调动幼儿歌唱积极性，活跃课堂气氛，都能起到很好的效果，可初步建立起儿童对童谣、儿歌的认知。教师对于儿歌的教学，既有歌唱要求也有演奏要求。实训中强调注重即兴伴奏的编配演奏能力，提升个人专业技能，掌握和声等理论知识，能够丰富左手伴奏织体。教学目标明确，具有针对性。教学思路清晰，层次分明。从幼儿心理特点出发，引导幼儿认识儿歌及童谣。

教师在实训中能有效结合理论与实践，调动幼儿的积极性，达到了实训目的。

注意事项

(1) 进行弹奏基本练习时要注意指法，换指、穿指时手指要提前找到下一个音的位置。

(2) 弹奏练习曲时，要仔细看谱面要求：速度、力度、表情术语、指法及踏板。

(3) 弹奏乐曲时，要先分析其音乐结构(乐句、乐段、呼吸等)，这样弹奏时思路会比较清晰；注意每个段落的音乐对比、指法要求以及音乐处理等。

(4) 尽量做到手指主动、积极、有力、放松地弹奏每一个音。

背景知识

知识1：什么是幼儿舞蹈

幼儿舞蹈是指由幼儿表演或反映幼儿生活、表达幼儿情趣的舞蹈。幼儿舞蹈是对幼儿进行德、智、体、美全面发展教育的重要手段，是一种形象生动、富有感染力、易于幼儿接受的艺术形式。

幼儿舞蹈不同于成人舞蹈，在舞蹈的动作节奏、语言以及表演的形式和风格上，都有不同的表现形式。

知识2：幼儿舞蹈创编的要求

1. 幼儿舞蹈创编要依据幼儿心理特征、年龄特点

小班幼儿的特点：

(1) 模仿性强。小班年龄段孩子的主要学习方式为模仿，这一时期的儿童通过模仿来学习动作，但还无法控制单一地重复做某一动作，他们会更喜欢追逐、跑跳。

(2) 喜欢边唱边跳，对富有戏剧色彩的、情绪热烈的歌曲产生很大的兴趣，会不断反复地哼唱，节奏不太准确，听音能力不强。根据小班幼儿的这些特点，舞蹈创编主要以自娱性舞蹈为主，如律动音乐游戏等。

中班幼儿的特点：

(1) 中班幼儿身体开始结实，精力很充沛，不但可以自如地跑、跳、攀登，而且可以单足站立，模仿动作的能力明显提高，既能坚持练习，又能坚持学习较长时间。

(2) 中班的幼儿能跟上节奏，并可以边唱边拍打。

(3) 注意力集中的时间比小班时期有明显进步，可以适当增加幼儿从事某种活动的时间，如集体舞的排练。

大班幼儿的特点：

(1) 合作意识逐渐增强。大班幼儿慢慢有了纪律意识，他们开始学会控制自己的言行举止，遵守集体的共同规则。所以，可以在舞蹈作品中增加一些队形的变化，锻炼孩子们的合作精神。

(2) 动作协调性增强，平衡能力、控制能力也明显增强。大班幼儿的各方面能力有所提升，可以给他们编排一些动作较为复杂的舞蹈，同时也可以在作品中加入道具，让舞蹈作品更加丰富。

幼儿舞蹈可以培养幼儿的认知能力、感受能力、表演能力及创造能力，更好地促进幼儿各方面的全面发展。

2. 幼儿舞蹈创编要深入生活，了解孩子的喜好

教师应该从生活出发，让作品自然真实、有感染力、赏心悦目，让天真活泼的孩子产生兴趣；教师一定要走进幼儿心里，真正了解幼儿的所思所想，让幼儿发自内心地表演他们眼中的生活，纯真自然地表露自己。教师不应仅从舞台出发，不去深入了解幼儿的生活，

凭空想象，把自己的思想强加在幼儿身上，以这种方式编出的舞蹈脱离现实，矫揉造作。成人化的幼儿舞蹈，幼儿看了不喜欢，大人看了也会不舒服。

3. 幼儿舞蹈创编要突出创新性，选择优秀的题材

幼儿舞蹈创编的创新表现在幼儿舞蹈题材的新颖、风格的独特、动作设计的巧妙等方面。在幼儿舞蹈的创编过程中要注意构思立意，这是创编幼儿舞蹈的核心。编导要先选择一个题材和主题，只有选择好了作品主题之后，才能设计好动作。设计的动作与作品的内容要密切相关，切忌胡乱拼凑。幼儿的思维活动比较简单、直接，编导作品一定要是幼儿能理解的，发生在他们生活中的，这样幼儿就能领会你的意图，理解舞蹈的主题。

4. 幼儿舞蹈创编要选择合适的音乐

幼儿舞蹈的创编离不开音乐的选择，幼儿舞蹈和音乐是相辅相成的。因此在创编时，音乐的选择尤为重要。音乐的选择要根据舞蹈的内容、形式和风格来定，不能随意设计，要与作曲的老师沟通舞蹈的题材与作品要表现的主题，让幼儿舞蹈和音乐成为一个有机的整体。幼儿舞蹈作品的音乐相对于其他音乐而言，具有旋律单纯，起伏规整有致，曲调简单、明快、通俗、优美、易唱、易记等明显特点。在选择音乐时要注意考虑幼儿的理解能力，要根据幼儿的年龄特征来设计舞蹈动作元素。幼儿的弹跳意愿突出，他们一高兴就会情不自禁地手舞足蹈，连蹦带跳，而且动作都比较短促，持续时间不长。在创编时，编导要考虑这些因素来选择音乐与设计动作，这样创编出来的幼儿舞蹈作品就会有益于幼儿开展丰富的听觉和视觉联想，陶冶他们的心灵，让他们在喜闻乐见中接受教育和学习知识，也只有这样，才有可能创编出完美的幼儿舞蹈作品。

知识 3：如何创编幼儿舞蹈

1. 舞蹈题材的选择

创编幼儿舞蹈时，首先要选择具有童真、童趣的舞蹈题材。要从幼儿的身心发展特点和实际需求出发，使舞蹈作品突出艺术特色。舞蹈的内容要有明显的思想性、教育性和趣味性。幼儿天生具有爱玩、爱动和爱幻想的特点，他们对身边的一切事物都很好奇，特别是对小动物，甚至把它们当成好朋友。抓住幼儿的这些特点，就能创编出各种有趣的动作设计，如像小蚂蚁一样在地上慢慢爬行，像小鸟一样在天空中展翅飞翔，像小猫一样捋胡须、喵喵叫……选择富有童趣的内容进行舞蹈创编，可以使幼儿更加快乐主动地学习舞蹈。

2. 舞蹈语言的选择

幼儿正处于生长发育期，骨骼软，易变形；肌肉弹力小，容易疲劳；大脑发育迅速，兴奋过程强于抑制过程，注意力持续的时间较短。这些生理特点决定了幼儿在做舞蹈动作时，控制力、节奏感和平衡性都比成人弱。因此，创编幼儿舞蹈要回避过于复杂的动作和高难度的技巧，使幼儿能通过简单、形象化的舞蹈语言来表达对事物的态度和情感，如用噘嘴、跺脚、捧腹大笑等简单的动作来表达情绪。

3. 舞蹈动作的选择

幼儿的弹跳力比较好，因此，快且重复的动作比较适合他们，慢而舒缓的动作效果可能不太理想。此外，幼儿的情绪变化无常，他们忽而吵闹，忽而安静，因此，幼儿舞蹈的

动作的节奏要快。

4. 舞蹈音乐的选择

应尽量选择节奏欢快、节奏感鲜明的幼儿音乐作为幼儿舞蹈的伴奏，这样比较容易引起幼儿的兴趣和情绪上的共鸣。而且，节拍强的音乐能对幼儿动作的快慢缓急起到提醒作用，便于幼儿掌握。

知识 4：幼儿舞蹈创编的分类

1. 表演性舞蹈

表演性舞蹈有利于提高幼儿参与活动的兴趣，增加幼儿的成就感；同时还可以丰富课余生活，锻炼身体，增强体质。老师对作品的讲解还可以潜移默化地影响幼儿的思想，培养幼儿情感。

表演性舞蹈根据内容可分为情节舞与情绪舞两类。

(1) 情节舞：其主要艺术特征是通过舞蹈中不同人物的言行所构成的情节事件来塑造人物形象，表现作品的主题。

(2) 情绪舞：其主要艺术特征是在特定的环境中，以鲜明、生动的舞蹈语言抒发幼儿的思想感情，以此来表达对生活的感受。

2. 自娱性舞蹈

自娱性舞蹈是幼儿以自娱自乐为目的，提高自身表演能力的舞蹈。其可分为以下五种。

(1) 律动：在幼儿园里称为“听音乐做动作”，就是幼儿听完音乐后，直觉地产生一种与音乐节奏内容相适应的感情，这种感情自然且富有节奏感，可以通过身体动作与姿态表达出来。由音乐节奏激发感情，同时又把感情变为节奏动作的表现就是律动。

(2) 歌表演：以唱、念为主，动作为辅的一种载歌载舞的幼儿舞蹈形式。在童谣、歌曲中配以简单形象的动作、姿态、表情来表达歌词的内容和音乐形象，边唱、边念、边表演，动作一般随童谣或歌曲的终止而结束。

(3) 集体舞：一种比较容易接受和普及的舞蹈形式，幼儿集体参与，以自娱为主要目的。集体舞是可以在一定的队形上反复进行的舞蹈。集体舞一般应当在短小歌曲或音乐的伴奏下进行，使幼儿在规定的位置和队形上，做简单统一、互相配合或自由即兴的舞蹈动作，共同体会某种情绪，互相交流情谊或学习基本舞步和动作。

(4) 音乐游戏：在歌曲或乐曲的伴奏下，按照音乐的内容、性质、节奏，乐曲的结构等进行游戏，有一定的规则和动作要求，这些动作常常是律动、歌表演或舞蹈。

(5) 即兴舞：即兴舞可以让幼儿充分发挥想象力与创造力，幼儿根据自己对音乐的理解与体验，自编自演，即兴发挥。通过即兴舞蹈的训练，促进幼儿个性自由、更加自信，学会用舞蹈表达自己内心的感受，抒发自己的情感。

知识 5：歌唱的基本知识与技能

1. 保护嗓音

关于保护嗓音的一些基本常识，应及早地让学前儿童掌握：不大声喊叫着唱歌；不在剧烈运动时或剧烈运动后大声地唱歌；不长时间地连续唱歌；不在空气污浊的环境中唱歌；不在咽喉发炎时唱歌等。关键是要及时教给幼儿正确的唱歌发声方法。

2. 姿势

正确的唱歌姿势：无论站着或坐着，都应保持身体和头部直立、放松；两臂自然下垂或放在腿上；两眼平视；两肩放松；口型保持长圆形，嘴唇的动作要自然，根据正确的咬字及发音的需要适当地张开嘴，应避免嘴角向两边延伸成扁圆形。

3. 呼吸

呼吸是歌唱的动力。歌唱时有气息的支持，才能保持或延长歌声。歌唱中正确的呼吸方法应该是自然地吸气，均匀地用气，并尽量在吸气时一次吸入足够的气息并保持住，然后再在演唱时根据乐句和表情的需要慢慢地、有节制地运气。另外，在呼吸的时候还应注意不抬头、不耸肩、不发出很大的呼吸声，一般不在乐句的中间换气，必须按照一定的乐句规律来换气。

正确的呼吸是歌唱表演艺术中的一个重要因素。歌唱呼吸是艺术表现的重要手段，是发声的动力，准确的发声、优美的音质和歌唱的表情都与呼吸息息相关。气息的好坏在影响声音的同时，对喉咙的状态及胸腔的紧张和松弛程度也有着重要的影响。练习气息是艰苦的，对体能耗费较大，要用心去体会，用头脑去学习，并要长期坚持训练，使横膈膜肌肉、腰周围的肌肉及腹肌的力量得以加强。做气息训练时，身体要放松，把气息吸满后，保持住气息对腰围和小腹的扩张。气息训练是声音训练的基础，美声唱法的三大法宝就是气息的饱满、声音的高位置、喉咙的充分打开。

4. 发声

正确的发声方法是使歌声优美动听的基本要求。要使学前儿童学会用“自然美好的声音”来唱歌，就必须运用一定的发声技巧。首先，儿童的下巴放松、嘴巴自然打开，用自然的声音唱歌。其次，不大声喊叫，也不过分地克制音量。一些害羞、胆小、自卑的孩子往往在歌唱时非常拘谨、紧张，而一些表现欲望强的孩子往往会大声喊叫着唱歌，这都是要加以纠正的。在声乐学习中，有些同学只顾张大嘴巴，喉咙却没有打开，究其原因，是忽视了“打哈欠”的动作，使得上下牙关未松开，下巴没有放下来，气息就不通畅，声音被堵在了喉咙里，产生挤、压、撑、捏的严重喉音。五个元音及辅音的训练方法在美声唱法和民族民间唱法中都很重要。当然，关键在于喉头的稳定。如果吸好气后就唱，气息会喷射到口腔外，使得横膈膜下降，两肋扩张。要保持吸气状态，用丹田支持小腹用力收缩，从而得到松、通、圆、竖、宽的美声效果。

5. 咬字吐字

唱歌和说话一样，需要咬字吐字清楚，才能表情达意。由于受到歌曲旋律和节奏的影响，对学前儿童来说，歌唱时的咬字吐字要比说话和念儿歌时困难。有的儿童会因为吐字器官配合不当，出现个别字音咬不准、吐不清的现象；有的儿童由于对歌词词义的不理解而吐字含糊不清；还有的儿童由于歌曲速度快、个别乐句节奏短促或一字多音而产生咬字吐字方面的困难等。针对这些情况，要教给儿童正确的咬字吐字方法。这可以从培养唇、齿、舌、喉的相互配合协同开始，所以小班的歌唱活动一般都是以歌曲韵律的形式来组织的。若要形成正确的声音概念，就必须学会分辨正确与错误的发音。训练歌唱音域的拓展仅能合理解决不同嗓音发声机能的自然连接问题，真正自由的歌唱是隐藏在其后的，它包括在整个歌唱音域范围内对嗓音音色、力度、气息等的绝对的任意调节的能力，使各方面达到平衡，从而真正使肌体协调运动。因此，有必要不断地总结长期歌唱训练中出现的各类问题，并对其进行思考和研究，感悟正确的声音概念，寻求自如、归真的歌唱境界，这才是声乐学习应追求的目标。

6. 协调一致

协调一致是指在集体唱歌活动中，学前儿童能够掌握一些正确地与他人合作的技能。首先，表现在歌唱时不使自己的声音太突出，能够有意识地将自己的歌声和谐地融入集体的歌声之中；其次，在接唱、轮唱、二声部合唱等不同歌唱表演中，能够做到准确地与其他儿童、其他声部相衔接，保持音量、音色、节奏、力度等方面的协调，以及声音表情、脸部表情和动作表情方面的和谐一致。

知识 6：音乐欣赏活动的基本知识与技能

音乐欣赏是人们感受、理解、鉴赏和品评音乐艺术作品的一种审美活动，也是由音乐来了解世界的一种认识和思维活动。对于学前儿童来说，有关音乐欣赏活动所包含的基本知识和技能主要有以下几个方面。

1. 倾听

倾听是学前儿童必须具备的一个非常重要的音乐基本技能。它是对幼儿实施音乐教育的基本出发点，也是开展音乐欣赏活动的前提和基础。

听觉是学前儿童最先发展的感觉器官之一。不仅是婴幼儿时期，在母体时，胎儿的听觉就一步步发育着。利用日常生活和周围环境对他们进行听觉和倾听的培养是最自然和直接的一条途径。我们可以和孩子们一起辨别倾听自然界的各种声音变化，诸如风声、雨声、蛙鸣声等；日常生活中的各种声音、响声，诸如切菜声、锅碗瓢盆撞击声等；人体发出的各种声音，诸如拍手声、说话声、跺脚声、弹响舌声等。

从小培养学前儿童对周围生活中各种声音产生倾听、辨别、模仿的兴趣，初步养成集中注意倾听的习惯，为欣赏音乐作品打下良好的、感知与理解音乐的音乐基础能力。

2. 对音乐作品的理解与分析

在音乐欣赏过程中，培养学前儿童对音乐作品的理解和分析能力，使其掌握对音乐作品进行分析的基础知识和方法。学前儿童音乐欣赏活动可以从以下几个方面展开。

(1) 与音乐作品相关的基本常识。学前儿童音乐欣赏的启蒙应从音乐作品的曲目名称、作曲家、时代背景、乐曲中的乐器演奏形式(诸如独奏、交响乐、乐器类别等)入手，引导幼儿进入音乐的大门。

(2) 音乐的本质特征。音乐与其他艺术的不同之处在于，音乐以音响的形式引起人的共鸣。音乐是以声音为物质材料构成的。音乐作品中的声音不是将生活中杂乱无章的各种声响随意堆砌，也不是单个的声音，而是具有高低(音高)、长短(音值)、强弱(音量)和音色等本质特征的乐音。这些乐音按照一定的关系(音程关系、和声关系、曲式结构、调式关系等)，运用严密的组织形式有机地构成了具有旋律起伏、和声张弛、音色变化等丰富音响表现形式的音乐作品，直接而即时地表达人们瞬息万变的情感态度，并包含着丰富的内涵。因此，学前儿童音乐欣赏活动应以掌握、分析音乐作品中的节奏、节拍、力度、速度、音色、旋律等基本音乐元素为基础。

(3) 曲式分析。音乐作品中的曲式现象是纷繁复杂的。从某种意义上说，任何一门具体的音乐作品的曲式结构都是独特的，因为它的具体的音乐内容决不会和另外一首乐曲的完全相同。尽管如此，曲式作为一种音乐思维的模式，毕竟存在一些抽象的共同规律。按照这些共同规律，人类在音乐实践中又创立了某些通用的既有模式化或程式化意义的曲式类型。这些定型化的格式，从具体的音乐风格中抽象出来，其本身形成人类音乐结构思维的传统模式而在历史上长久持续沿袭，一方面可以确保沿用这类程式写出的作品在形式上具有合理的有序性，同时也便于欣赏者做习惯性的把握。因此，学习作品分析，首先要掌握体现共同规律的曲式结构原则与一些最基本最常见的曲式类型，由此出发，进行举一反三的分析实践，进而才能对各种纷繁复杂、变异万端的曲式现象作出合理的解释。学前儿童对音乐作品的曲式分析正是建立在学习掌握基本的曲式结构模式的基础上，诸如一段体、两段体、三段体等，并在此基础上对音乐作品的情节内容、风格、情绪、调式、调性进行段落的对比分析，从音乐的本质内涵中强化幼儿对音乐作品的感受和理解。

(4) 想象和联想。虽然音乐是以流动的音响为物质材料，依靠听觉来感知的特殊艺术，它的形象也是非视觉的，但由于它不是抽象逻辑思维的产物，可以通过联想、想象，甚至创造等活动来构成有思想情感的、有审美价值的内容。因此，对音乐形象的想象和联想在学前儿童音乐教育中有着重要的意义。学前期的儿童随着生活圈子和活动范围的扩大，他们的感性经验也在增加，语言逐步丰富，思维也有了一定的发展。学前儿童在音乐教育活动中对音乐的理解和把握是不可能脱离其本身认知和思维发展水平的。这一年龄段儿童的思维主要依赖于对事物具体形象的联想及对事物表象的拟人化的想象而进行的。因此，学前儿童音乐教育的内容、形式及方法，都更多地体现出根据形象所体现出来的想象性和创造性的特点。而儿童音乐作品中，不论是声乐作品、器乐作品或其他形式与题材的音乐作品，无不具有鲜明的音乐形象，并通过这些形象反映儿童所熟悉的生活、事物，通过音乐欣赏活动使儿童对音乐产生生动的想象，从而感知、理解具体的事物形态。例如，圣桑的管弦乐组曲《动物狂欢节》，以生动的手法描写了动物们在热闹的节日中各种滑稽有趣、谐趣横生的情景，变幻的旋律、乐音构成了一个个生动可爱的动物形象：快速跳跃的声音表现了小白兔活泼伶俐的音乐形象；缓慢滞重的旋律使儿童感受到大象笨重迟缓的音乐形象。又如，乐曲中还有一些自然现象的模拟音响：风声、雨声、钟声、小鸟鸣叫声等，通过节奏、力度、音色的变幻透出其生动的音乐形象。这种声音作用于儿童的听觉，使他们在感受的同时能联系生活中所熟悉的事物，产生一定的联想和想象，在情绪上受到感染和陶冶。可以这样说，儿童对音乐作品中音乐形象的想象和联想使儿童更加喜爱音乐、亲近音乐、深入音乐。但儿童天性明显又要求直观性。对学前儿童来说，直观形象既可以是具体化的视觉形象，也可以是听觉形象，而后者虽不能像前者那样以具体的画面呈现在欣赏者面前，但它可通过教师、成人设计的非音乐辅助手段，如图片的展示、语言的讲解、动作的表演等外在形式，帮助儿童展开丰富的想象和联想，从而领略、体验到音乐的意境。

(5) 再欣赏的认知活动。音乐的欣赏和认知是连续、拓展的活动。对听过的音乐进行有计划的、阶段性的再欣赏，不仅可以锻炼学前儿童的记忆力和听觉表象能力，还可以使他们随着年龄的渐长对同一首作品产生不同深度的理解。

知识 7：学前儿童音乐活动中音乐作品的选择

1. 学前儿童音乐的题材

(1) 游戏题材。

游戏是幼儿自发、自主的活动，在教师支持下，幼儿游戏与幼儿园课程息息相关。在学前儿童音乐教育中生成的活动，经常和游戏联系在一切，这非常符合儿童天性好动的情况。可以说，游戏是儿童教育的主要存在方式。把游戏融入音乐教学中，或在游戏中学习、体验音乐，都能使儿童获得积极愉快的情绪情感体验和享受，培养并形成对音乐活动的兴趣和积极主动的个性。因此，学前儿童音乐的活动内容中经常融入游戏，在游戏题材中发展幼儿的音乐能力。例如，《找朋友》《编花篮》等音乐作品就是根据现实生活中的儿童游戏活动编创的。

(2) 生活题材。

学前儿童的认知体验是离不开生活的，幼儿可通过音乐更深刻地感受生活。例如，《一分钱》《健康歌》《牙歌》《我爱我的幼儿园》等儿童歌曲，不仅生动地描述了生活中的品德和习惯，还具有积极的教化意义，更是学前儿童生活认知的好范本。

(3) 童话题材。

儿童大都喜欢童话故事，因童话故事能配合儿童认知的发展程度，在所谓"原本思考程序"里，容许儿童沉醉于幻想境界，用象征的语言、魔术的方法，可以打败比自己还大的对方，满足弱小儿童的心理。虽然很多儿童故事是由成人所写的，但成人内心仍有一片童心，也有自己儿时的回忆与存留的欲望，通过童话与儿童沟通，拨动儿童的心弦。想象作为人最宝贵的思维品质，也正是童话故事最美好的品质。一个好的故事必定充满灵动的想象力。儿童生活在想象中，想象力使儿童的精神疆域得到无数倍的扩张。音乐本身就具有想象性的特点，学前儿童音乐作品选择童话题材更能激发儿童的想象力，愉悦身心。童话故事中隐含着现实的逻辑，它用艺术的手法再现真实的生活。从童话故事中，儿童可以看到自己、父母和朋友。在童话故事中，理解他人并站在别人的角度来看待自己成为可能。在阅读故事的过程中，大多儿童并非运用理智，而是通过喜恶来同情或厌恶某个人物，分出所谓的"好人"与"坏人"。例如，根据童话故事编写的歌曲《小兔乖乖》、交响中篇理论探索童话《彼得和狼》、舞剧《胡桃夹子》等。这种情感上的选择可以让儿童练习对社会道德的判断。美好的故事时时鼓励儿童，面对困难时拿出勇气和毅力，困难终可克服，奇迹会在最后关头出现。一个相信童话的儿童，会把童话所给予他的美好、感动、震撼实现为高雅、真诚、执着。所以，音乐中的童话故事也有助于儿童分辨是非，形成自己特有的人生观。

(4) 大自然题材。

学前儿童音乐作品的题材也经常选择自然的声音来作为音乐欣赏和模仿对象，诸如鸟鸣、鸡啼、猫叫等声音，火车、轮船、飞机等的声音，风雨雷电的声音，都能直接刺激幼儿的听觉，这对帮助学前儿童理解自然物质大有帮助。例如，作曲家圣桑的《动物狂欢节组曲》的音乐中所塑造的那一幅幅栩栩如生的动物肖像，令人拍案叫绝，发威的雄狮、灵巧的袋鼠、迟钝的乌龟，旷野中毛驴的长鸣和空谷幽林中杜鹃的低吟，都传神地刻画出了动物的独特个性和习性，每段刻画不同动物的音乐，都可以采纳到学前儿童音乐教育活动中，或作律动，或作欣赏。

2. 学前儿童音乐活动中的乐曲选材

(1) 学前儿童歌曲作品的选材。

学前儿童歌曲包括儿童歌谣和儿童歌曲两类。为学前儿童选唱歌曲时应注意以下选材事项。

① 歌词方面。

首先，日常生活是儿童歌曲的主要内容。孩子们日常生活的每一天都是他们品德、习惯、认知、情感、社会性表现等与外界环境互动的过程。寓歌曲于儿童的一日生活之中，在歌曲中捕捉儿童身边的感人事、有趣事和应该摒弃的事，用发生在儿童身边的事来教育儿童本人。儿童的生活给创作儿童歌曲提供了很好的素材。有的孩子喜欢玩娃娃家，就有了《过家家》《你我他》《布娃娃摇篮曲》《彩色积木真漂亮》等歌曲，让孩子们在玩娃娃家的过程中学习交往，学习摆放物品，理解娃娃家角色之间的关系，发展孩子们的游戏语言；有的孩子喜欢追逐、喜欢跑跳，就产生了《安全与快乐》《我最喜欢的地方》《放风筝》等歌曲，让孩子们懂得在玩耍中要注意安全、在安全中才能快乐玩耍的道理。

其次，儿童的心灵是纯真的，儿童的向往是美好的。寓歌曲于儿童的美好愿望中，在创作中激励儿童对自己身边的事情感兴趣，引导儿童对建设祖国美好未来的向往。一首又一首好听的儿童歌曲，诸如《我爱我的家》《我的祖国好》《五星红旗真漂亮》《梦幻曲》《我到太空去游玩》《航天叔叔好榜样》等，都是孩子们生活中最喜欢唱的歌曲。

再次，通俗易懂的儿童歌曲让孩子们有了属于自己的歌声；有教育意义的儿童歌曲引领孩子们做了自己能做的事情。寓歌曲于儿童的思想品德教育中，积极向上的歌曲能引领儿童健康成长。有的孩子在《关心他人我快乐》《雨天去上学》《猴哥请帮手》的歌声中，学会了关心他人，学会了克服困难，学会了看到别人的优点；有的孩子在《环保功劳数不清》《陌生人敲门我不开》《过马路》《我会干》等歌声中，懂得了如何爱护我们的环境，如何远离陌生人，如何遵守交通规则，如何自己照顾自己的道理；还有的孩子在《学会等待也快乐》《小动物玩滑梯》《淘气的小猴子》《我是快乐的值日生》等歌声中学会了等待，学会了遵守纪律，学会了为集体做事情。有趣的儿童歌曲给孩子们的生活带来了快乐，有教育意义的儿童歌曲激励了孩子们积极向上的情绪。

最后，应尽量注意歌词内容的可表达性，在边唱边做动作的歌唱韵律活动中自然而直接地发展学前儿童的肢体动作能力。学前儿童在对音乐感知的过程中也往往表现出自然的动作摇摆。选择适宜于肢体动作表现的歌词内容的歌曲，不仅有利于学前儿童更好地记忆、理解歌词，还能充分地发展学前儿童的动作协调能力，加强对歌曲情感的表达。

② 曲调方面。

第一，为学前儿童选择歌曲时应注意歌曲的音域不宜太宽，选调应参照各年龄段学前儿童音乐能力发展的具体情况，根据不同年龄段学前儿童的实际演唱音域范围来确定。

第二，为学前儿童选择歌曲时应注意歌曲的速度要适宜，不能太快，一般以中速或中速稍快、中速稍慢、行板或小快板指导歌曲速度。特别是四岁以前的学前儿童，肺活量小、呼吸浅、气息短，加之语言能力发展有限，歌唱中的呼吸、发声、咬字等方面的技能掌握起来有些困难，歌曲的演唱速度一定要适中，不宜太快或太慢，适宜中速。

第三，为学前儿童选择歌曲时应注意歌曲的节奏和节拍不宜太繁杂，节奏应简单而清晰，多以四分音符、二分音符、八分音符的均分节奏为主。中、大班时逐渐添加带有附点音符、少量的十六分音符、切分音节奏以及弱起节奏的歌曲，配合有特殊音乐内容的歌曲的学习，培养学前儿童对音乐的表现力。节拍主要是 2/4 和 4/4 拍，偶有三拍子的歌曲配合表现特殊的音乐情感。

第四，为学前儿童选择歌曲时应注意歌曲的旋律起伏应平稳适宜。学前儿童最容易掌握的旋律音程关系是三度或以下的音程，其次是四度、五度和八度音程的音高关系。六度、七度及其他增减音程，即使是六、七岁的儿童也不容易唱准。因此，小班儿童适宜选多为三度音程的旋律音高关系的歌曲，中、大班儿童的歌曲旋律可适当增加一些三度以上音程的跳进。

最后，为学前儿童选择歌曲时还应注意歌曲的曲式结构应短小而工整。小班儿童的歌曲以四个乐句为宜，中、大班的歌曲可有六至八个乐句，偶尔也可有稍长的乐句。歌曲中的每个乐句不宜太长，一般每四拍或六拍一个乐句配合二拍子、四拍子和三拍子的歌曲节拍，且乐句间的长度最好相等。歌曲的曲式结构简单工整，可以是简单的二段体或三段体的歌曲，一般没有间奏或尾奏等附加音乐。

(2) 韵律和舞蹈活动的配乐选材。

韵律和舞蹈活动的配乐体裁广泛而有特色，诸如歌曲、器乐曲、舞曲等，选择时应考虑以下几个方面。

① 旋律优美，节奏感强。

美妙的音乐能自然地激发儿童参与和表现的欲望，韵律和舞蹈活动能引发他们积极地模仿各种肢体、舞蹈动作，表现音乐的感情色彩。此外，选择不同节奏、不同性质和风格的音乐，能丰富学前儿童对音乐节奏及乐感的体验和培养，帮助他们理解动作和音乐的关系，从而协调动作和音乐的配合能力，提高对动作的反应能力。

② 音乐形象鲜明。

学前阶段儿童的知识经验、社会实践和音乐感悟都处在启蒙阶段，形象生动、鲜明、有趣的音乐有助于学前儿童对动作的模仿和理解。例如，流畅而优美的音乐旋律可配合鸟类的飞翔动作，活泼轻快、跳跃的节奏旋律配合动物的跳跃动作(诸如小兔跳、袋鼠跳等)，沉重而缓慢的音乐旋律就像大象在走路。

③ 结构工整。

韵律和舞蹈活动的配乐同样要遵循结构工整的原则，简洁的结构和清晰的段落有助于学前儿童区别、对比音乐形象，理解不同的韵律、舞蹈动作及队列的变换如何配合音乐曲式的展开。

(3) 打击乐器演奏的音乐选材。

学前儿童进行的乐器演奏活动主要是打击乐器演奏。为学前儿童选择配合打击乐演奏的音乐，要节奏鲜明、结构工整、旋律明快优美。配合打击乐器演奏的音乐体裁一般是进行曲、舞曲或其他富有情趣性和艺术性的音乐作品，这些作品具有明显的节奏特征，曲式结构工整，段落清晰，一般是二段体或三段体，段落旋律对比鲜明，适合启发学前儿童用不同音色、音量的乐器和特色的节奏变化来表现音乐的内容情感。

在幼儿园的打击乐器演奏活动中使用的“打击乐曲”一般可以分成两类。一类是伴随旋律进行的打击乐器演奏乐曲；另一类是纯粹由打击乐器或替代性的乐器来演奏的打击乐曲。这些打击乐曲的演奏方案，有的是由专业音乐工作者创作的，有的是由幼儿园教师创作的，还有的是在幼儿教师的帮助下由幼儿自己创作的。

(4) 音乐欣赏作品的选择。

为学前儿童选择音乐欣赏的音乐作品时，首先要考虑学前儿童的年龄特点以及他们感知、理解音乐的实际能力和接受水平。无论选择什么风格的音乐作品，都要注意音乐作品的题材、形象应贴近学前儿童生活中熟悉的事物和情感认知，能唤起他们的兴趣。其次，还要从音乐的题材、体裁、内容、曲式、风格等音乐元素上考虑音乐作品的艺术性。例如，钢琴作品《洋娃娃的梦》描写了娃娃睡觉、做梦和跳舞三段不同音乐表现内容：第一段“娃娃睡觉”的速度标记是行板，4/4 拍，旋律音符是二分、四分音符，摇篮曲风格；第二段“娃娃做梦”的速度标记是中速，4/4 拍，旋律音符是四分、八分音符，叙述风格；第三段“娃娃跳舞”的速度标记是小快板、中速，2/4 拍，旋律音符是四分、八分、十六分音符并伴有附点节奏音型，谐谑风格，活泼欢快。这样的欣赏曲不仅为孩子们所喜欢，更便于学前儿童对作品内容、风格、情绪的感受和理解，从而引起他们情感上的共鸣。

同时，学前儿童欣赏的音乐作品还应考虑内容、曲式、体裁等方面的丰富多样性，扩展学前儿童对音乐作品的大容量认识和理解。

知识 8：钢琴的基本弹奏方法

1. 断奏

整个手臂保持自然状态，可以根据力度的需要来加力或减力。注意手腕的横向调节，使力量贯通。

2. 连奏

指根发力，掌指关节开合。可根据力度、音乐风格和弹奏要求改变抬指高度及弹奏速度；可根据弹奏需要进行手臂力量的转移，通过手腕的横向调节来完成。

3. 跳音

初学跳音先从手腕跳音开始。跳音按触键的方式分为下弹力跳音与反弹力跳音，幼儿一般从反弹力跳音学起。学习跳音时要避免手部僵硬，发力点在手腕。根据力度、乐曲风格等要求来变化速度、时值以及手腕的力度。

知识 9：音阶与琶音的弹奏

1. 练习弹奏音阶的意义

(1) 十个手指可以得到均衡发展，并提高控制手指的能力。

(2) 可以训练快速、灵活的反应能力。

(3) 可以帮助熟悉琴键的位置。

2. 音阶的弹法

(1) 1 指从 2，3，4 指下穿过。弹奏要领：右手上行或左手下行弹奏时，2，3，4 指的落下与 1 指的下穿动作同时进行；1 指落下，2，3，4 指迅速从 1 指上方松开，恢复弹奏开始时的手型。

(2) 2，3，4 指在 1 指上跨越。弹奏要领：右手下行或左手上行弹奏时，1 指的落下与

2，3，4 指的上穿动作同时进行；2，3，4 指落下，1 指迅速从手掌下松开，恢复弹奏开始时的手型。

弹奏音阶与琶音时，弹奏者在内心观念与自我感觉上，要认为每一个音、每一个琴键、每一个手指都为一个独立体，音与音、键与键、指与指之间互不依附、混淆、粘连，干干净净，利利落落，清清楚楚。

人们通常用“颗粒性”一词来形容上述要求。所谓颗粒性，包括四个特点：① 弹出之音如一颗颗、一粒粒，个个独立、凸起、鲜明、清晰；② 所弹的每一个音都似有一坚实之芯，声音集中、充实、饱满；③ 触键短促，弹出的各个音之间间隙分明；④ 弹出的所有音均匀、规整、统一。

学习钢琴要掌握的基础乐理知识有：① 基本音级(Ⅰ、Ⅱ、Ⅲ、Ⅳ、Ⅴ、Ⅵ、Ⅶ)；② 音的分组及在键盘上的体现(钢琴键盘的音区为大字二组的 6 至小字五组的 1)；③ 五线谱的构成(高音谱号、低音谱号、中音谱号)及识别；④ 音的时值(全音符、二分音符、四分音符、八分音符、十六分音符、三十二分音符)；⑤ 记谱 C 大调音阶法；⑥ 节奏 (附点节奏、前八后十六、前十六后八、切分、连线)，节拍空拍、单拍子、复拍子、混合拍子等；⑦ 音乐的速度 (广板、慢板、中板、快板、小快板)，力度(p、mp、mf、f、sf 等)；⑧ 装饰音(上滑音、下滑音、颤音、倚音)。

此外还要加强理论学习，提高基本的音乐能力。首先，开展理论学习，加深对钢琴弹奏的理解与认识。缺乏理论支持的教学是随意的，缺乏理论指导的实践是盲目的。系统的学习能够使我们树立正确的教育教学理念，用理论指导实践，剖析问题，解决问题，逐步提高学以致用的能力。其次，改变学习方式，加强音乐素材的积累。在幼儿园教师学习弹奏钢琴的过程中，模仿、练习以及对音乐素材的积累都显得尤为重要。教师的学习方式经常是听讲座、学习理论书籍、参加观摩活动，这些方式都是被动的。教师只有变被动参与为主动内化，成为主动的学习者，才能切实提高钢琴弹奏能力。可以每周开展一次“心得交流”活动，大家一起探讨如何快速识别五线谱、如何快速掌握钢琴弹奏技巧、如何弹奏出生动的乐曲等，激发大家对音乐的热爱和学习的积极性，以促使共同提高。

知识 10：双音的弹法

双音是指一只手同时弹奏不同音程的两个音，既可看作是一种附加声部，又可认为是被省略了声部的和弦。双音本身是一门独立的技术，分为断奏和连奏。

(1) 双音断奏：弹法与单音断奏相同，弹奏时手型要固定。注意放松手腕和前臂，将重量凝聚到指尖，发出整齐的声音即可。

(2) 双音连奏：双音连奏要比双音断奏有更多技术含量。首先稳定将要触键手指的关节，指端均匀地积聚起被控制着的重量，控制感掌握在腕关节上。然后指端轻放键面上或几乎挨着键面，这是第一个双音的预备状态。准备好后，由控制重量的腕关节主动动作，依照音色力度的需要，或温柔地揉下去，或轻轻地掉下去，或果断地推下去。所谓连奏，是指第一个双音奏出后需两个手指留在键上，抬起另外两个手指准备第二个音。倘若前后两组双音中有共用的手指(如拇指)，必须绝对保证共用手指抬起时另一指留在键上。

知识 11：和弦的弹法

三个或三个以上的音，按照三度关系叠置起来称为和弦。一般情况下，和弦的最高音往往是旋律音，而这个音正好由比较无力的小指弹奏。所以为了在弹奏时使旋律较明显地被突出，更要注意小指的触键方法和支撑力。弹奏时值较长的和弦的方法，与弹奏时值较长的双音的方法在原则上是一致的。

在弹奏和弦时，最忌敲击琴键，即使是强奏，也不能随意敲击。敲击出来的声音呆、僵、涩，既不集中，也无共鸣，根本无法表现出宏大气势。正确的和弦弹奏，需要肘前臂和手腕的放松，在触键的一刹那，把全部力量凝聚在指尖，各指同时触键，使弹出的声音深厚。触键后，立即放松手指第一关节(决不能塌陷)，手型自然弯曲，手的支撑力不能变。

知识 12：八度的弹法

八度是指一只手同时弹奏构成八度音程的两个音。八度音的音响效果响亮、有力，不论在旋律声部或低音声部都有着相当重要的意义。

八度的弹奏要注意手指各个关节的支撑，特别是掌关节与手指第一关节。通过关节的支撑，手指能够承受手臂的重力面，弹奏出浑厚有力的声音。在多种多样的八度弹法中，首先需要注意解决速度和耐久力的问题。这里有一个手指安排：用一指和五指来弹白键上的八度，用一指和四指来弹黑键上的八度。五指和四指交替使用，就减少了手掌和手臂的抖动，弹起来容易得多，并能做到流畅和连贯，这是一种事半功倍的指法。

同时，还要注意以下几点：

(1) 大小指在张开状态下承受重力的稳定性。

(2) 张开的力用在手掌上，不用腕力和骨力，这对大手并不难，小手就不容易做到，可以在意念中竭力区分掌与腕的受力，以便为腕关节保留最多的活力。

(3) 八度的发力部位，理论上说，有时以腕关节为主(手腕八度)，有时以肘关节为主(前臂八度)，有时以肩关节为主(上臂八度)。初学者的重点应放在腕关节的练习上。腕关节的能力增强了，肘、肩关节将不难发挥作用。实际演奏中，这三个关节是关联的。所谓肘关节发力，绝不是说腕关节丝毫不动；而用肩关节作为发力点，也不意味着腕、肘就变得僵硬。诚如钢琴家霍夫曼在讲到弹奏前臂八度时用到的手腕时所说，那并不像我们"看到的那样不活跃"，即手腕也在弹奏时起到帮助作用。

知识 13：变音记号

变音记号是用来表示升高或降低基本音级的记号。变音记号可以记在五线谱的线上和间内，可以记在音符的前面和谱号的后面。

变音记号有五种：

(1) 升记号(♯)：表示将基本音级升高半音。

(2) 降记号(♭)：表示将基本音级降低半音。

(3) 重升记号(×)：表示将基本音级升高两个半音(一个全音)。

(4) 重降记号(♭♭)：表示将基本音级降低两个半音(一个全音)。

(5) 还原记号(♮)：表示将已经升高或降低的音还原。

作 业

1. 课下观察生活中常见的各种小动物并加以模仿。

2. 掌握古典舞基本手位——兰花手，课下练习兰花手，扩大手腕和手指的灵活度。

3. 掌握舞蹈中地面压腿的方法，能够课下独立练习压腿动作，提高幼儿的基本功及身体柔韧性。

4. 掌握舞蹈中常用的脚位，能够运用到幼儿舞蹈中。

5. 帮助幼儿学会正确使用牙刷，掌握刷牙的方法，养成每日两次刷牙的好习惯。

6. 演唱歌曲《刷牙歌》。

7. 演唱歌曲《两只小象》。

8. 演唱歌曲《金孔雀轻轻跳》。

9. 弹唱《勤快人和懒惰人》《比尾巴》《皮鞋嗒嗒响》《笑一个吧》《小毛驴》《七个阿姨来摘果》《打电话》《庆祝“六一”》《学做解放军》《人人夸我好儿童》《我有一双小小手》《刷牙歌》《山谷回音真好听》《鄂伦春娃娃的歌》《自己爬起来》《两只小象》。

第二部分　美工教学技能

实训 1　绘画技能

实训目标

(1) 掌握儿童画造型元素、儿童画色彩及构图的基本方法，培养幼儿对儿童画的兴趣。
(2) 掌握各种工具和颜料性能，以及作画的方法和步骤。
(3) 掌握工具的用色技巧和涂色方法。
(4) 能够运用儿童画造型原理把需要表达的故事情节和内容创作出来。
(5) 能够运用不同的绘画表现技法进行幼儿主题儿童画创作。

实训内容

一、儿童画的分类及实训要求

1. 植物画

1) 定义

植物画即描绘各种植物的绘画，如花朵、小草、大树等。

2) 实训要求

(1) 学习植物画绘制方法、基本形体表现方法及色彩的应用。
(2) 掌握用线技巧、绘制步骤，提高绘画水平。
(3) 合理地搭配构图，注意空间关系。

2. 动物画

1) 定义

动物画即描绘各种动物的绘画，如老虎、兔子、猴子、大象、蝴蝶等。

2) 实训要求

(1) 学会用夸张、概括、拟人的方法画动物。
(2) 学习用简笔画的方法表现动物的绘画技巧，准确把握动物的特点。

(3) 熟悉并掌握简笔画技巧，用简笔画形式表现自己喜欢的小动物。

(4) 正确运用色、线、形表现动物特征。

(5) 合理布局画面，体现画面的趣味性和故事性。

(6) 培养幼儿的观察能力、想象能力和创造能力。

3. 人物画

1) 定义

人物画即描绘人物正面、侧面、背面形象的绘画。

2) 实训要求

(1) 动态人物的生动性(走、跑、跳、爬、躺、拉手、仰望、劳动、运动、阅读等常用动态)。

(2) 男、女，老人、小朋友等不同人物特征的把握。

(3) 人物比例搭配合理，场景适宜。

(4) 掌握人物画的绘画技巧，提高绘画能力。

4. 想象画

1) 定义

想象画即用不同虚拟场景的表现方法绘制的儿童画，如未来世界、太空等。

2) 实训要求

(1) 根据主题进行想象，画面内容合理。

(2) 在色彩、画面、表现形式上有创新之处，具有想象力。

5. 场景画

1) 定义

场景画即描绘常见景物的绘画，如房子、城堡、学校、游泳池、操场等。

2) 实训要求

(1) 正确运用建筑风景人物关系构图。

(2) 注意近大远小、近实远虚。

(3) 主题明确，画面组织合理。

(4) 色彩搭配和谐，体现画面的完整性。

6. 主题画

1) 定义

主题画亦称“命题画”。由教师提出绘画的主题，幼儿围绕主题，展开想象，完成作品。

2) 实训要求

(1) 让幼儿初步体会到简笔画的方便，学会欣赏，画出比较简单的图案，培养幼儿的手绘能力。

(2) 通过幼儿自主完成主题简笔画，提升幼儿的成就感，初步形成欣赏美、创造美的能力，同时增加幼儿对自然的热爱之情。

(3) 学习远景、中景、近景的处理方法。

7. 儿歌画创编

1) 定义

儿歌画创编是指根据儿歌进行创作。

2) 实训要求

(1) 掌握儿歌画创编的特点及要求。

(2) 学习用富于变化的线条(色彩)创作一幅表达儿歌的儿童画作品。

(3) 自由组合植物、动物、人物，培养幼儿的设计能力。

8. 儿童故事插图儿童画创编

1) 定义

儿童故事插图儿童画创编即根据儿童故事进行插图的搭配，绘制故事情节。

2) 实训要求

(1) 挖掘幼儿目识、心记、手写等意识，充分调动幼儿的兴趣。

(2) 让幼儿尝试儿童画写生的创编。

(3) 进行构图的练习。

(4) 进行形象表现的训练。

二、儿童画常用的材料及表现技法

创作儿童画时可选择的工具和材料很丰富，不同的绘画材料可通过不同的表现方法产生不同的画面效果，常用的绘画材料有水粉颜料、油画棒、国画颜料和水彩笔等。教师在指导儿童作画时，应先了解不同绘画材料的特点。合理运用技法才会产生不同寻常的效果，常用的表现技法有水粉画技法、油画棒技法、儿童水墨画技法和彩笔画技法。

三、教学儿童画的设计与表现

1. 形象设计

根据所要表达的内容，对文中的主体形象、主要景物以及有代表性的道具进行设计。注意人物形象及动态设计要注重个性化和特色化。

2. 合理安排形象

画面的组合及表现要针对所要表达的内容，在独幅或多幅画面中合理地安排形象。每幅画面主体形象的位置、比例、大小、动态，以及道具和环境的布置等，都需要有一个总体的设计和构想。教学儿童画既要图释所表达的内容，又要发挥教师个体的再创造性。

3. 设计与表现

教学儿童画创编是在具备了一定的绘画水平后进行的一种绘画创意。创编者必须深入具体地思考所要表达的内容、形式，找到合适的表达方式，运用多种手段，通过画面将创意表现出来。

(1) 构思与构图。

构思是指人们对生活中的事物根据各自的感受和理解，在头脑中思考和想象的过程。构图的根本任务就是把构思通过绘画的方式，按照作者的意图，组合成一个统一而和谐的具体画面。

(2) 内容与形式。

教学儿童画创编一方面要求题材、主题新颖，另一方面也要求在表现形式、技巧上有变化，达到内容和形式的统一。

(3) 造型与创意。

儿童画创编不仅要求绘画者简练、概括地把握造型方法，还要通过创意使画面内容丰富化、独特化。

四、儿童画创编的步骤

(1) 构思，即确定创编的主题。

(2) 根据主题收集各种素材，可通过图片、视频或现场观察了解。

(3) 构图，即确定主体形象在画面中的位置，以及整幅画面的背景。

(4) 画出草图，并对形象进行修改，确定正稿。

五、案例分析

案例一　用水粉来表现儿童画——生命的眼睛

❖ 设计意图

眼睛对于幼儿来说并不陌生，它可以帮助幼儿开阔眼界，感受生命的价值。本次活动根据幼儿的年龄特点，通过欣赏图片，让幼儿了解眼睛的不同特征以及表现手法，可以锻炼幼儿的绘画技能，培养幼儿爱观察、有思想、敢创造、会表现的能力；利用水粉材料进行儿童画创作，还可以培养幼儿对色彩的感受能力。

❖ 活动目标

学会观察日常生活中最熟悉的事物，激发幼儿创造美和表现美的情趣。掌握水粉工具的使用，并能掌握水粉画的表现方法和步骤。

❖ 活动准备

(1) 各种动物眼睛的图片。

(2) 8 K 水粉纸、颜料、调色盘等。

❖ 活动重点

眼睛的造型：构图要适当、饱满，色彩要丰富，能够很好地突出主题、诠释主题。

❖ 活动过程

1. 导入新课

(1) 让幼儿观察动物的眼睛，了解睫毛、眼睑、眼珠和瞳孔的位置。

(2) 让幼儿仔细观察各种动物(如鹰、蛇、虎、斑马等)的眼睛有哪些不同，引出今天活动的主题。

2. 讲授新课

教师讲授水粉画的三种表现方法。

(1) 厚涂法：具有油画般的醇厚，有较强的覆盖力，能表现出丰富的色彩效果。

画面特点：笔触、画痕明显，绘画特点突出，适合个性化表现。

(2) 底色法：在有底色的画纸上作画，现成的色纸有卡纸、色胶纸、牛皮纸等。

画面特点：画面完整、和谐、统一。

(3) 冷暖法：利用色彩的冷暖感觉给人不同的心理感受来作画。

画面特点：主观色彩较多，要尊重幼儿的意愿。

3. 教师示范作画步骤

(1) 通过对不同动物眼睛的认识，启发幼儿大胆想象，用单色在有底色的卡纸上画出眼睛的形象，鼓励幼儿大胆变化眼睛的结构，突出主体。

(2) 画出眼睛的细小结构，画其他形象时注意画面的排列组合，不要太聚或太散。

(3) 涂色时注意画面冷暖色的安排，色彩既要统一又要有对比反差。

(4) 最后从整体上对画面进行调整。画作如图 3-41 所示。

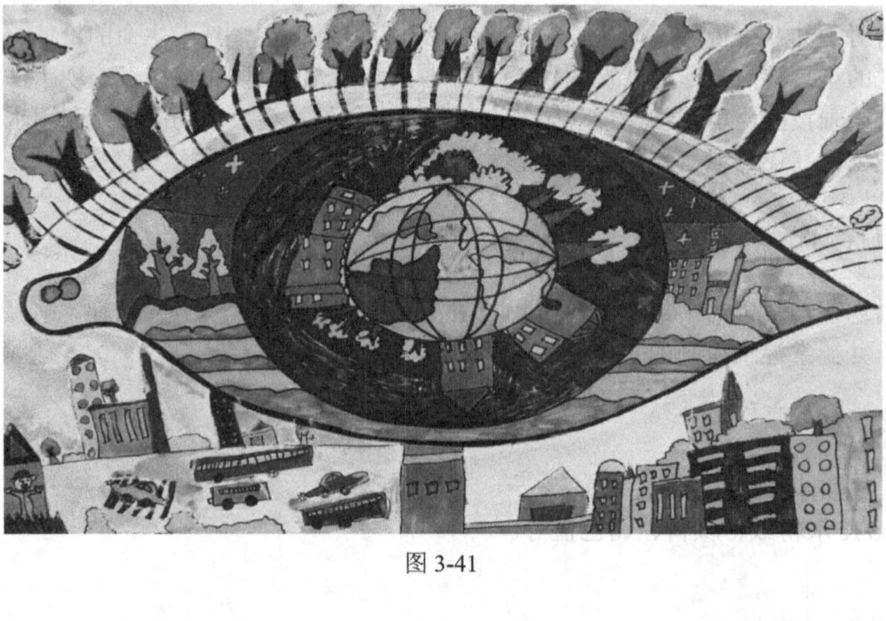

图 3-41

❖ 专家评析

整体造型随意大胆，线条粗犷，用色鲜艳，把不同形状和颜色的眼睛交融在一起，形成一幅好看的抽象画。创作过程中恰当地添加了各种颜色，画面变化丰富，松紧有度，线面结合得很好。画面跳跃、有活力，很好地表现出眼睛的造型。

案例二　用油画棒来表现儿童画——自由游动的鱼

❖ 设计意图

求异、好奇是儿童重要的心理特点之一。一成不变的绘画材料，会使孩子们感觉到索然无味。本活动让幼儿边画边玩，培养幼儿对绘画活动的兴趣，用油画棒创作出富有童趣的作品。通过创设的情境，幼儿可以带着愉快的心情参与到整个美术活动中，激发他们对绘画活动的乐趣。

❖ 活动目标

(1) 观察、了解鱼类的特征和生活环境。

(2) 练习曲线造型及形的装饰方法。

(3) 激发幼儿的想象力，提高视觉创造力。

❖ 活动准备

油画棒、画有鱼的卡纸(2 张)、颜料、画笔、倒背衣、抹布。

❖ 活动重点

(1) 鼓励幼儿大胆想象，不要求和真的鱼完全相同。

(2) 造型重点在装饰方面，提示线和形排列时疏密要有变化。

❖ 活动过程

1. 导入新课

看鱼类的图片，激发幼儿绘画的兴趣。

2. 讲授新课

教师讲授画作的表现方法。

(1) 要抓住鱼的不同类型的典型形态及局部特征。鱼的主要结构有头、嘴、身、尾、鳍等，鱼的形态可以用几何图形表现。

(2) 在造型表现上要强调夸张和变形，强化鱼的个性特征。如可以将大鱼弯成一个“C”，鱼身加肥，超出我们对鱼的正常认识。

(3) 要把鱼拟人化处理，使鱼像儿童一样活泼可爱。

(4) 要熟练使用混色法、渐变法、平涂法来表现作品。

3. 教师示范作画步骤

(1) 先勾画铅笔稿，画面作点状形构图，有主有次，画面饱满。

(2) 用深色彩笔勾线，擦去铅笔痕迹。

(3) 拿油画棒用渐变法画出鱼的嘴和眼睛，用黑、红、黄、白画出鱼鳞的花纹，用平涂法画出珊瑚，用混色法画出背景。

(4) 仔细画出鱼的各部分细节。注意两只鱼眼要呼应。

(5) 最后从整体进行调整。画作如图 3-42 所示。

图 3-42

❖ 专家评析

作品构图饱满，鱼的大小比例适当，颜色过渡自然。画面的色彩丰富，还具有一定的装饰性。

案例三 用水彩笔来表现儿童画——大树的故事

❖ 设计意图

树在人们生活中很常见，许多孩子喜欢在大树下玩耍、乘凉。因此，这个课题很容易引起幼儿的兴趣。本次活动通过引导幼儿对各种情景进行丰富的联想，可以培养幼儿的创新精神和造型表现能力，使幼儿初步认识人与自然的关系，渗透可持续发展的思想，达到教学目标的多元化。

❖ 活动目标

(1) 观察了解树的基本结构，并能够用彩笔来进行艺术表现。
(2) 掌握彩笔画的用色技巧和涂色方法。

❖ 活动准备

彩色卡纸和水彩笔。

❖ 活动重点

(1) 进行充分的想象，完美地表现大树的故事，富有新意。
(2) 画面的构图要饱满，以大树为主体，把各种形象组织好。

❖ 活动过程

1. 导入新课

教师以多媒体形式展示一个关于大树的故事，并提问：大树是由哪几个部分组成的？在大树的不同位置可能有什么故事发生？

2. 讲授新课

教师讲授彩笔画的用色技巧。

(1) 多使用固有色，即在画彩笔画时，多使用所画物体固有的颜色。例如：胡萝卜画成橘红色，草地画成草绿或翠绿色。

(2) 对称用色，即在画面左侧或上面有这种颜色，那么在画面的右侧或下面也用这种颜色，只不过颜色可有面积和形状的变化。

(3) 交替用色，即两种以上的颜色交替出现，形成色彩的节奏感。

(4) 渐变用色，即相邻的颜色应是同类色或近似色，这样画出来的画面效果更好。

(5) 使用颜色对比度大的颜色，这样会使画面的颜色反差大，对比鲜明，主体突出。

教师讲授彩笔画的涂色技巧。

(1) 各种色笔勾线，如画树干用褐色笔，画树叶用绿色笔，画好后，用各色彩笔涂满。

(2) 用一种深色笔和淡色笔勾线，画好后根据需要涂色或不涂色。

(3) 直接用彩笔画形象，先不勾线，一块块地涂色，等颜色干后根据需要再勾线。

(4) 有时可以采用不同色点组合成色块，用长短直线、弧、圈、曲线组成色块；色线并置、组合、重叠等方法表现色彩，产生新的色感。

3. 教师示范作画步骤

教师先教幼儿画一个能展开各种故事的大树作基础，让幼儿充分想象，并在老师范画的基础上进行修改，添加自己的想法。

(1) 构图时，要把大树放在画面中央或接近中央的位置。先画树干，要粗些，不要过高；再画主枝和小枝，要按树的生长规律画；最后画树冠，用黑色水彩笔勾轮廓线，可对树冠进行适度夸张。

(2) 在树干部位，如果想拟人化大树，可给大树画出五官，并带有表情，如把大树画成老爷爷的形象。

(3) 添加围绕大树展开故事的各种形象，注意画的时候不可喧宾夺主。

(4) 用水彩笔的各种涂色技巧进行涂色。在涂树干、树冠的时候，可以采用叠加涂色的方法，先涂较浅的颜色，如浅黄、浅蓝、浅绿、浅粉等，待颜色干后，再用较深色的彩笔用点或线的形式叠加各种形象；也可以用渐变的方法涂色，但要注意相邻两种颜色的反差要小。画作如图 3-43 所示。

图 3-43

❖ 专家评析

本课程的教学，紧扣“故事”二字，创设幼儿熟知的故事情境，认识各种形态的树，观察它们不同的形态和颜色。作品构图合理，想象丰富，树木及其他造型生动、可爱、有童趣，画面色彩和谐、完整。

案例四 用水墨画来表现儿童画——小刺猬

❖ 设计意图

有趣的童话情境可以巧妙地把幼儿阶段的美术知识融入绘本故事中。本活动以绘本方式展开，由故事的形式导入，可让幼儿在欣赏故事的同时，观察小刺猬的样子，并尝试大胆地自己创编作品，让幼儿在故事的海洋中轻松地学习。

❖ 活动目标

(1) 巩固基本用笔、用墨的方法，掌握运笔的走向，注意墨色的浓淡变化，恰到好处地调出所需要的颜色。

(2) 学会刺猬的基本画法，并能创作出各种姿态的小刺猬。

(3) 通过教学激发幼儿对中国民族传统画的热爱，陶冶艺术情操。

❖ 活动准备

国画材料和国画宣纸。

❖ 活动重点

(1) 侧锋、中锋的用笔方法和调色方法。

(2) 小刺猬的姿势及运动特点。

❖ 活动过程

1. 导入新课

教师让幼儿通过小刺猬的图片，找出小刺猬的特点，并想象如何用水墨画的方式表现出小刺猬的可爱。

2. 讲授新课

教师讲授儿童水墨画的艺术特点。

(1) 主张神似。

(2) 注重笔墨。

(3) 强调个性发挥。

(4) 融诗、书、画、印为一体。

教师讲授儿童水墨画的笔墨情趣体现方法。

(1) 用笔：豪放、洗练。

(2) 用墨：丰富、微妙。

(3) 用色：鲜艳、高雅。

3. 教师示范讲解儿童水墨画的基本技法

(1) 勾：用毛笔勾线，将物体外轮廓的主要脉络勾勒出来，起到撑起骨架的作用。

(2) 皴擦：毛笔干笔侧锋，横卧纸上轻擦，显示出树皮、石块的纹理凹凸和阴阳明暗。

(3) 点：也叫“点簇”，常用于水墨画中。点可为横点、竖点和圆点。

(4) 提按顿挫：提是将笔轻轻提起，按即将笔锋按下，顿即停顿，挫是将笔锋卧倒在纸上揉搓。这些动作在运笔过程中可以使线条产生丰富的变化，画树干、树枝时常会用到。

4. 教师示范奔跑的小刺猬的画法

(1) 构图以小刺猬为主体，可添加自己喜欢的形象。先画小刺猬的头，再用浓墨中锋勾画眼睛，造型要生动，要画出小刺猬的可爱形象，最后用淡墨侧锋点画出第一组刺，注意墨色轻重的变化。

(2) 用有轻重变化的墨点画出后三组刺，注重小刺猬的整体轮廓，用浓墨侧锋画出脚，并用中锋勾出脚。

(3) 用中等墨色勾出蘑菇，用焦墨勾出根，用浓墨中锋向侧后方画出小刺猬身上的硬刺，一定要注意刺的方向的一致性。

(4) 用曙红中侧锋画出水果、舌头及脸蛋，用藤黄色画出肚皮和眼睛以及树根及蘑菇，用朱色画树根和蘑菇，用三绿点画树叶及地上的草。

(5) 画面墨色浓淡层次分明，用侧锋、干笔、重墨勾画小刺猬身上的墨色，一定要形成浓淡虚实，突出小刺猬的可爱形象。画作如图 3-44 所示。

图 3-44

❖ 专家评析

本活动的精彩之处在于，教师将水墨画的精湛技法和深远的意境，用一则美妙幻境般的故事导入，呈现在幼儿面前，带给孩子们美好的享受。在欣赏画作时，幼儿静静地欣赏粗粗细细的线条和深深浅浅的墨色表现出的画面，从局部到整体，由慢到快，越来越多的小刺猬与蘑菇相映成趣，这让幼儿充分感受到画面表达的快乐气氛和画家作画时的愉快心境。教师在关注审美的同时兼顾画家的表现手法，有助于培养幼儿细致观察的习惯和对水墨画表现手法的借鉴，看似复杂的小刺猬也因此变得简单随性了。教师在用故事引导幼儿欣赏作品的时候，分层次进行和先局部后整体的方法有助于引导幼儿既关注细节又兼顾整体。

注意事项

幼儿应学会观察生活，通过分析掌握创作的步骤，掌握不同的表现技法。强调幼儿注意人物的动态变化及小动物的拟人化处理。通过主题创作，幼儿能够熟练地掌握主题画创作必备的知识要点，并进行知识点的合理转化。在创作过程中选择物象时应大胆用色，同时注意色彩点、线、面的搭配。涂色均匀细致，画面感觉完整，知道涂色的目的是烘托画面、突出主题。注意运笔方法，要正确使用基本运笔方法。教师在活动过程中的角色更多的是引导者。

实训2　手工技能

实训目标

(1) 熟练掌握折纸、剪纸和立体纸的造型。
(2) 熟练掌握泥材料造型的制作方法。
(3) 熟悉布贴的基本方法，学会制作布贴画和学会制作布玩具。
(4) 了解绳的基本编结方法，进行编结造型实践。
(5) 掌握用废旧材料造型的方法，提高用废旧材料造型的创作能力。

实训内容

一、纸材料的设计制作

1. 折纸制作

(1) 运用折纸的基本技法，设计制作小动物、花篮等作品。
(2) 适合幼儿园小班、中班、大班。
(3) 作品规格：自行确定。

2. 剪纸作品制作

(1) 运用剪纸的基本技法，设计制作彩色剪纸小动物、图案、花鸟、人物等作品。
(2) 适合幼儿园大班。
(3) 作品规格：将剪好的作品装裱在 A4 纸上。

3. 撕纸作品制作

(1) 运用撕纸的基本技法，设计制作植物、动物、人物等主题撕纸画。
(2) 适合幼儿园小班、中班、大班。
(3) 作品规格：将撕好的作品装裱在 A4 纸上。

4. 纸雕作品制作

(1) 运用纸雕的基本技法，设计制作立体贴画、游戏面具、立体纸偶、纸塑场景等作品。
(2) 适合幼儿园中班、大班。
(3) 作品规格：将立体贴画的作品装裱在 A4 纸上，游戏面具、立体纸偶、纸塑场景自行确定。

二、泥材料的设计制作

1. 传统泥塑作品制作

(1) 运用传统泥塑的基本技法，设计制作人物、动物、物品等作品。

(2) 适合幼儿园中班、大班。

(3) 作品规格：自行确定。

2. 橡皮泥作品制作

(1) 运用橡皮泥的基本技法，设计制作人物、动物、物品等带有场景主题的作品。

(2) 适合幼儿园小班、中班、大班。

(3) 作品规格：自行确定。

3. 橡皮泥浮雕画作品制作

(1) 运用橡皮泥浮雕画的基本技法，设计制作植物、花卉、人物、动物、风景等作品。

(2) 适合幼儿园小班、中班、大班。

(3) 作品规格：将制作好的作品装裱在 A4 或 A3 纸上。

三、布材料的设计制作

1. 布偶玩教具作品制作

(1) 运用布偶的基本技法，设计制作小动物、人物、物品等作品。

(2) 适合幼儿园中班、大班。

(3) 作品规格：自行确定。

2. 袜偶作品制作

(1) 运用袜偶的基本技法，设计制作动物、物品、人物等作品。

(2) 适合幼儿园中班、大班。

(3) 作品规格：自行确定。

3. 布贴画作品制作

(1) 运用布贴画的基本技法，设计制作人物、景物、动物布贴画等作品。

(2) 适合幼儿园中班、大班。

(3) 作品规格：将贴画的作品装裱在 A4 或 A3 纸上。

四、绳材料的设计制作

1. 绳编织作品制作

(1) 运用绳编织的基本技法，设计制作中国结、首饰、挂件等作品。

(2) 适合幼儿园中班、大班。

(3) 作品规格：自行确定。

2. 绳线刺绣的作品制作

(1) 运用绳线刺绣的基本技法，设计制作动物、风景、人物等装饰画作品。

(2) 适合幼儿园大班。

(3) 作品规格：将制作好的作品装裱在 A3 大小的布面上。

3. 绳线贴画作品的制作

(1) 运用绳线贴画的基本技法，设计制作装饰画等作品。

(2) 适合幼儿园小班、中班、大班。

(3) 作品规格：将制作好的作品装裱在 A3 大小的纸板上。

五、环保材料的设计制作

1. 废旧纸盒作品制作

(1) 运用废旧纸盒玩教具的基本技法，设计制作家具和室内环境等作品。

(2) 适合幼儿园小班、中班、大班。

(3) 作品规格：自行确定。

2. 废旧瓶作品制作

(1) 运用废旧瓶的基本技法，设计制作装饰瓶和花瓶等作品。

(2) 适合幼儿园小班、中班、大班。

(3) 作品规格：自行确定。

六、案例分析

案例一 折纸——折帆船

❖ 设计意图

折纸是一种将纸折成各种不同形状的艺术活动，折纸可以让孩子们提高自己的观察能力、审美能力及创造能力，锻炼自己脑、手、眼的协调性与手部的精细动作。

❖ 活动目标

(1) 情感目标：愿意动手操作，体验制作手工帆船的快乐。

(2) 技能目标：能够掌握翻转、翻折的方法，并在折好的帆船上进行装饰和添画。

(3) 认知目标：知道帆船的制作步骤，了解帆船的用途。

❖ 活动准备

(1) 物质准备：音乐《小白船》，帆船折纸成品 1 个，手工纸若干，彩笔若干，胶棒若干。

(2) 经验准备：学习过歌曲《小白船》，有过折纸的经验。

❖ 活动重点

了解帆船的特点和用途，体会折帆船带来的乐趣。

❖ 活动过程

1. 活动导入

教师带领幼儿进行《月亮船》手指谣，激发幼儿的兴趣，引出活动主题。

师：弯弯的月亮小小的船，小小的船儿两头尖。我在小小的船里坐，只看见闪闪的星星蓝蓝的天。

2. 活动展开

(1) 教师出示帆船成品，唤起幼儿已有经验，了解帆船的用途。

① 教师引导幼儿回顾坐帆船的经历，请幼儿说说帆船的用处。

教师小结：帆船能载人，还能运输物品。

② 教师引导幼儿观察帆船折纸，总结帆船的样子。

(2) 教师示范折纸步骤，幼儿尝试跟着教师的讲解进行折纸，教师巡回指导。

① 教师发放材料，并说明注意事项。

师：幼儿要和自己的纸宝宝做好朋友，不能把纸宝宝弄破了。

② 教师示范帆船折纸步骤，幼儿跟折。

(3) 折纸步骤。

① 正方形两角对折。

② 将折好的三角形长边向上折一指宽。

③ 折好后沿中线向后翻折。

④ 将左侧上面一层沿中线向另一侧翻折。

⑤ 将折好的小船翻转到背面。

(4) 幼儿练习折纸帆船，教师巡回指导。

(5) 教师引导幼儿继续创作，为帆船进行装饰。

① 教师引导幼儿添画，完成整幅作品。

师：同学们都已经折好了帆船，请同学将小帆船用胶水贴在画纸上，用彩笔为自己的帆船画上背景吧。

② 教师请幼儿大胆在集体中展示自己的帆船画，并互相评价。

3. 作品展示

教师展示自己的作品，如图 3-45 所示。

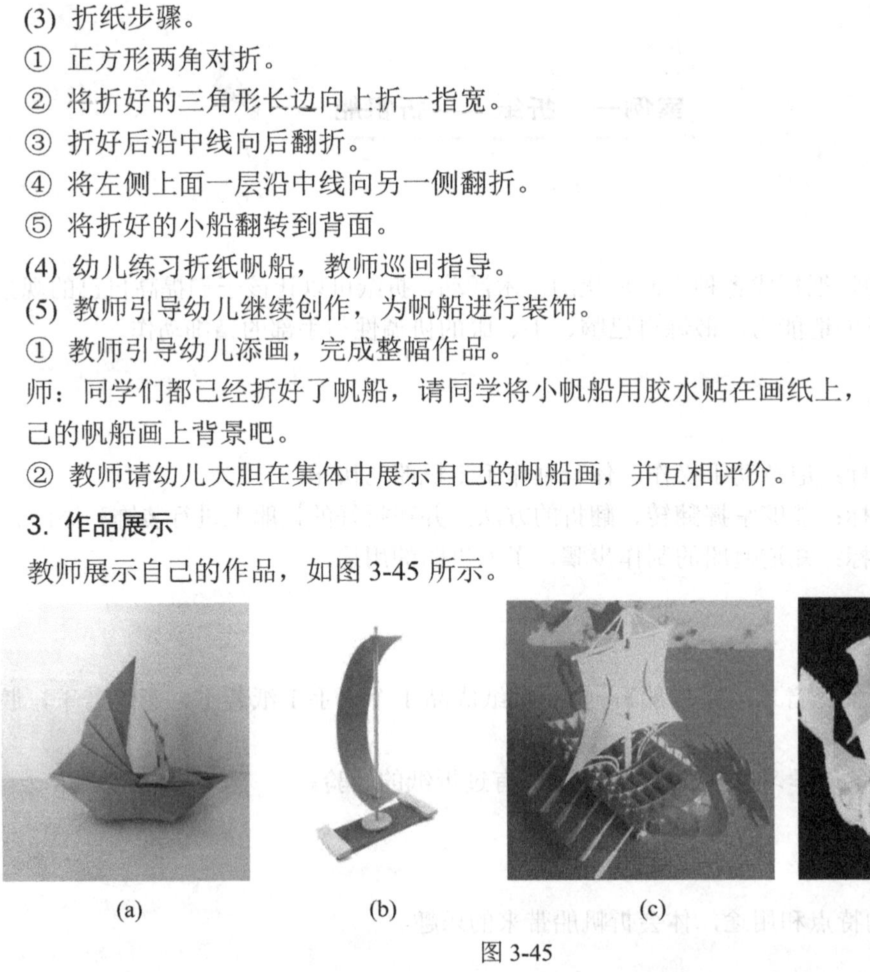

(a)　(b)　(c)　(d)

图 3-45

4. 活动小结

教师组织幼儿进行《小白船》歌曲律动，在音乐中愉快自然地结束本次活动。

师：蓝蓝的天空里，有只小白船；船上有棵桂花树，白兔在游玩。桨儿桨儿看不见，船上也没帆，飘呀飘呀，飘向西天。

5. 活动延伸

教师组织幼儿去户外做游戏《划龙船》。

游戏规则：分两组，小朋友扮演水手，接力划船到河对岸，将作品贴在主题墙上，最先完成的小组获胜。

❖ 专家评析

教师以儿歌导入活动，使整个活动气氛活跃，幼儿能够积极参与。在制作过程中，教师以引导为主，引导幼儿互相帮助，互相评析作品，并在教师的指导下折出各种图案，锻炼了动手能力。

案例二　剪纸——美丽的窗花

❖ 设计意图

剪纸是我国传统的民间手工艺术，已有几千年的历史。劳动人民最早从绣花花样中得到启发。剪纸主要用于节日和喜庆之时装饰窗户、房门、家具，取材广泛、形象生动活泼，有很高的欣赏价值和艺术价值。

❖ 活动目标

(1) 认识我国悠久灿烂的民族文化，通过剪纸了解我国优秀的民间手工艺术。

(2) 认识剪纸艺术是我国民间艺术中一门独特的艺术创作形式。

(3) 掌握现代中国剪纸的创作技法和技巧。

(4) 提高幼儿的审美素质。

❖ 活动准备

小刻刀、剪刀、彩色纸(两至三色)、小胶水、白色卡纸、铅笔、绘画纸、复写纸等。(每人一份)

❖ 活动过程

了解中国传统文化，锻炼幼儿的动手能力。

❖ 活动过程

1. 了解传统手工艺

(1) 让幼儿讲述自己去过哪些风景区，购买过哪些民间工艺品。

(2) 通过网络和教师演示的资料，幼儿欣赏图片，感受我们祖国美丽的河山和灿烂的文化。教师适时进行爱国主义教育，指出剪纸艺术是我国劳动人民热爱生活、热爱美的结晶。

(3) 了解民间艺术在生活中的作用、地位。

2. 认识剪纸艺术

(1) 在古代，我国广东的佛山和潮汕地区、陕西的安塞、山西的浮山、河北的蔚县等地的民间剪纸就很有名。

(2) 传统的剪纸主要是单色的，形象以动物、植物和文字为主，技法单一。现代剪纸拓宽了题材，人物、风景均可，表现力、思想性强，技法除了剪、刻还有撕，现代感极强。

3. 制作剪纸(课堂教学)

(1) 说说剪纸好不好看，喜不喜欢。想不想自己也动手做一幅剪纸作品。

(2) 发辅助用品(综合材料)：看一看、想一想、议一议、做一做。

(3) 议一议：准备设计一幅怎样的作品。

(4) 试一试：将设计的窗花草图剪刻出来。

(5) 给自己的作品取一个符合主题的名字。

4. 剪纸的制作技法

(1) 设计草图。先构思好一幅窗花的草图，尽量用大块面，图形要概括，力求简单。

(2) 设计色彩。想好每部分的颜色，用铅笔在草图上标好。可以用色块相拼的方法，也可用大块色小块色的方法。

(3) 上稿。用复写纸将设计好的草图分颜色画在不同的彩色纸上。

(4) 剪刻。用阴剪法、阳剪法、阴阳结合剪法等，生成各种不同的图案。

(5) 调整。将剪刻好的图形摆在白卡纸上，根据画面的需要作小范围的调整。

(6) 完成。将刻好的图形按设计好的草稿粘贴在白卡纸上，并为自己的作品取个好听的名字。

5. 作品展示

教师展示自己的作品，如图 3-46 所示。

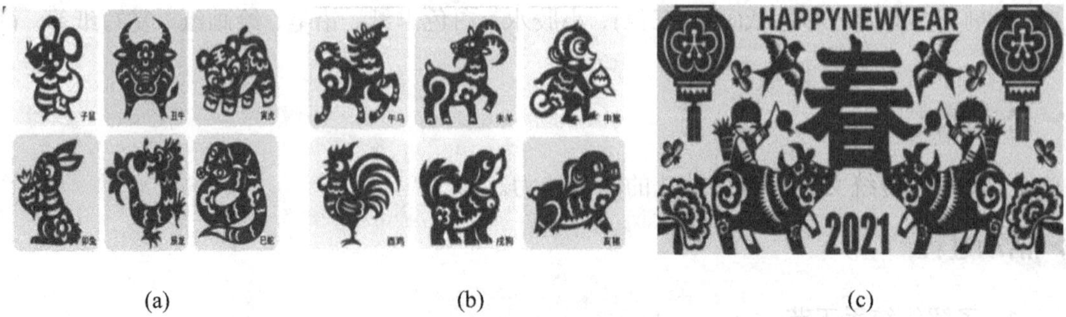

(a)　(b)　(c)

图 3-46

6. 活动小结

通过学习，幼儿熟练地掌握了剪纸造型，学会了剪纸造型的制作方法。

7. 活动延伸

建议幼儿尝试用刻刀去剪纸，使用多种工具，制作出的剪纸会更加好看。

❖ 专家评析

在整个教学活动中，教师借助网络，以欣赏图片的方式，将人文历史和民族美术创作融合在一起，不仅锻炼了幼儿双手的灵活性和协调性，还培养了热爱民族文化、热爱美、热爱生活的高尚情操，让幼儿了解剪纸的艺术美，增强民族自豪感。

案例三　撕纸粘贴画——自画像

❖ 设计意图

兴趣是学习美术的基本动力之一。看美丽的作品，猜作品的制作方法，可激发幼儿的学习兴趣。本活动可通过自画像撕纸与粘贴画制作，锻炼幼儿的手工制作能力。

❖ 活动目标

(1) 知识目标：通过撕纸，使幼儿初步掌握撕纸、粘贴等综合作图的方法。

(2) 能力目标：借助幼儿对纸形的联想，培养幼儿丰富的想象力，体会想象的乐趣，发展美术实践能力。

(3) 情感目标：激发幼儿对美术的兴趣，培养幼儿发现美、创造美的能力。

❖ 活动准备

(1) 教师准备：课件、范画若干。

(2) 幼儿准备：彩纸、废纸、胶水。

❖ 活动重点

能对纸形展开丰富的想象。

❖ 活动过程

1. 活动导入

(1) 教师示范撕纸，幼儿欣赏。

(2) 提问：猜猜老师会怎样完成它？

(3) 出示课题：奇妙的撕纸。

① 讲故事设疑：唐朝的美女杨贵妃最爱听纸撕裂的声音，她喜欢把纸撕成各种形状美丽的作品。(教师边讲边撕)有一天，她正在屋子里高兴地撕纸，忽听太监说皇帝要来，心里想：这可糟啦，皇上可不喜欢不爱干净的妃子，他见了一定会不高兴。我该怎么办呢？

你们能帮她想个好办法吗？(幼儿自主发言)

② 释疑：杨贵妃灵机一动，将碎片捡起，把它们拼成一幅幅美丽的画，并自己动手添画了几笔，画面就更漂亮了。(教师出示图片)皇帝看见了这些画，觉得很新奇，还虚心向她学习呢。这种画流传到现在，就成了撕纸添画。

2. 拓展思维

(1) 撕图案：用剪纸的折叠组合技巧撕出想要的图形。与用剪刀剪出的细腻的剪纸形成鲜明的对比，使剪纸产生朴拙自然的“撕味”。

(2) 撕纸贴画：直接撕取想要的形体轮廓，再进行粘贴组合。注意撕口尽量向外，可先用铅笔画形再撕。

(3) 撕纸添画：撕出画面主体物的基本型，再用各种笔画出图形，添画细节，既容易制作，又能与绘画结合展示个性，使画面形式活泼，生动有趣。

3. 撕纸画的制作方法与步骤

(1) 第一环节，构思与选材：将自画像作为撕纸的题材和表现对象。

(2) 第二环节，撕纸：用铅笔在纸上轻轻起画稿，也可以不起稿，边想边撕，这样撕出来的形象会更加自然、生动。

(3) 第三环节，粘贴：选择稍厚的、颜色适宜的纸张做衬纸。将所撕自画像在衬纸上先摆好位置，然后用胶棒在物象背面均匀涂抹，并用力将其压平。

4. 作品展示

教师展示自己的作品，如图 3-47 所示。

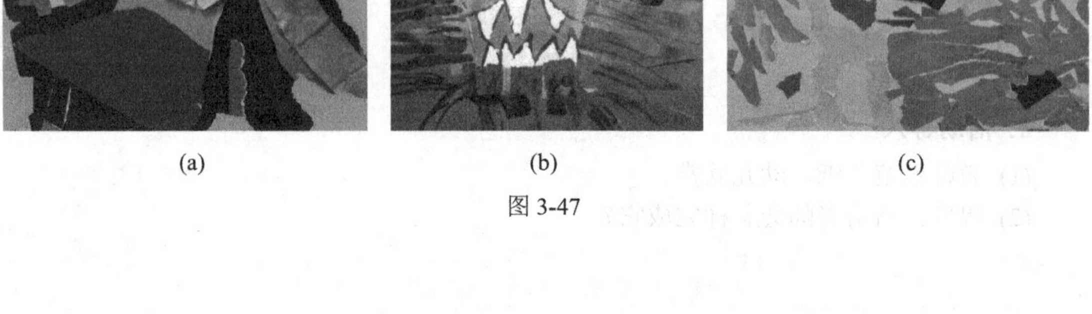

(a) (b) (c)

图 3-47

5. 活动小结

通过撕纸这一“造型·表现”领域的学习活动，幼儿增强了对形状和色彩的认识，激发了想象力和创造力，提高了艺术感知能力，并在体验中产生对美术学习的兴趣。通过撕纸，他们感觉到纸的厚、薄，嗅到纸张的香味，听到撕纸发出的声高，并从撕纸活动中产生并获得美感。

6. 活动延伸

今天我们学习了撕纸贴画。其实面对碎纸，我们还有更多的方法把它们组成一幅幅美丽的画。有兴趣的同学可以在课外尝试制作一些更漂亮的画。现在，我们的地面已经变得花花绿绿了，同学们觉得在制作的过程中还应该注意些什么呢？现在又有哪些聪明的同学能像杨贵妃一样把所有的废纸都利用起来，完成一张美丽的画呢？

❖ 专家评析

该师结合幼儿好奇心强、参与教学活动积极性高、想象力极其丰富的特点，在教学过程中注重师幼的互动性，体现了“教师为主导，学生为主体”的教学思想，整个教学重点突出，层次分明。教师教得灵活、朴实，传统中又有创新；幼儿学得主动、投入、兴趣浓厚。教师着重运用生动的语言、大方的表演，感染幼儿积极参与学习活动。难易适当的作业练习安排，使幼儿能顺利地体验艺术创造的成功感，有利于幼儿保持积极的学习态度和良好习惯的养成。教师还注重幼儿的体验和尝试。教师没有对造型技能进行简单的传授，而是激发幼儿的思维和情感，创设情景，提供思路和条件，充分地让幼儿进行体验感受和尝试表现。

案例四 纸雕作品——猫头鹰

❖ 设计意图

本活动可以帮助幼儿了解猫头鹰的外形特征、生活习性，以及猫头鹰是益鸟，是我们的朋友，我们要爱护它们！

❖ 活动目标

(1) 使幼儿认识纸浮雕，并运用画、剪、刻、折、粘等方法制作纸浮雕猫头鹰，认识材料的美。

(2) 提高幼儿手工制作技能，丰富幼儿的想象力、创造力、表现力和审美能力。

(3) 提高幼儿感受生活的美的能力和判断生活的美的能力。

❖ 活动准备

(1) 剪刀、圆规、胶水、色纸。有关纸浮雕猫头鹰的课件。

(2) 已做好的纸浮雕猫头鹰。

❖ 活动重点

认识纸浮雕造型，掌握制作方法。

❖ 活动过程

1. 导入新课

(1) 提问：请同学们看图片，哪位同学能告诉我猫头鹰的形态特征？

(2) 演示课件：看了刚才的图片，你们已经了解了猫头鹰的形态特征，如果用纸浮雕的形式表现猫头鹰，你会如何突出它的特征？今天我们要学习的就是用纸来做浮雕画。

2. 授课

(1) 欣赏：请大家看课件，上边这几幅图中形态各异的猫头鹰，多么可爱。

(2) 讨论表现方法：怎样使猫头鹰在平面的纸上凸起来，做成纸浮雕猫头鹰呢？

3. 示范制作过程

(1) 设计制作图。(注意虚实线的应用)

(2) 根据制作图进行制作。

(3) 调整完成一只凸起的浮雕猫头鹰。

4. 作品展示

教师展示自己的作品，如图 3-48 所示。

(a)

(b)

图 3-48

5. 活动小结

(1) 刚才老师做的时候，大家都看得很认真。哪位同学能说说老师刚才的制作步骤。

(2) 通过画、剪、刻、折、粘，可以使平面猫头鹰在纸上凸起来，做成纸浮雕猫头鹰。

6. 活动延伸

这节课我们学习的纸浮雕其实是纸雕的一种，除此之外，纸雕还包括平面纸雕和圆雕。比如：剪纸艺术就是平面纸雕；能分别从不同角度进行观赏的叫作圆雕。下面，老师就带领大家一同欣赏纸雕大师叹为观止的纸雕作品以及纸雕在生活中的应用。

❖ 专家评析

教师在上课的过程中，太重视技法了，而且方法比较单一，幼儿的学习方法也以临摹为主，使这节课成了单一的手工制作课。关于技法的内容，也很难在一个课时的时间内讲清楚。在刚开始上这节课时，教师采取了讲授与讨论相结合的方法，但效果并不理想，主要问题是内容不系统，没有条理性。

案例五　凤翔泥塑作品——十二生肖描摹

❖ 设计意图

在幼儿美术教育活动中，手工活动是儿童美术创作活动的另一个组成部分，泥塑活动是其中的一个典型活动，深受幼儿喜欢。通过凤翔泥塑教学活动，不仅能使幼儿掌握一些简单的塑造物体形象的方法和技能，还能增强幼儿双手的协调性、灵活性，从而促进智力的发展。

❖ 活动目标

(1) 了解凤翔泥塑线条、色彩的装饰特点，学习其表现形式的多样性，运用吉祥图案装饰挂件。

(2) 运用讲解、分析、欣赏实物和图例，引导幼儿动手实践，提高幼儿对民间艺术的学习兴趣。

(3) 通过动手实践，提高幼儿对民间艺术的学习兴趣，激发幼儿热爱民族艺术、弘扬民族艺术的情感。

❖ 活动准备

(1) 教具准备：实物，课件。

(2) 学具准备：画纸，彩笔，十二生肖原始白胚挂件。

❖ 活动重点

通过讲解、分析、欣赏实物和图例，了解凤翔泥塑的分类和用色特点。

❖ 活动过程

1. 引导阶段

1) 导入新课

师：你见过这样的玩具吗？好玩吗？请大家欣赏它的外形和颜色，谈一谈它给你带来的直观感受。

幼儿回答问题并欣赏泥塑玩具。

2) 设计意图

引起学习兴趣。

2. 发展阶段

1) 出示课题

师：你喜欢这样的玩具吗？为什么？说出你的理由。

幼儿欣赏泥塑并回答提问。幼儿掌握凤翔泥塑的分类。

2) 设计意图

探索与发现，了解凤翔泥塑来源于生活。

3. 探索与发现

1) 教师主导活动

(1) 组织幼儿做观察游戏“找不同”，分析凤翔泥塑的线条装饰特点。

(2) 欣赏常见的线描吉祥图案。

(3) 进一步欣赏探索。可以再做一个“找相同”的游戏，看哪组幼儿先找到用色的特点。

2) 幼儿主体活动

(1) 幼儿看课件，了解泥塑作品中线条的运用方法，进一步发现同样的泥胎可以用不同的线条装饰。

(2) 幼儿游戏，体会凤翔泥塑的用色特点。其设色是极富代表性的，用色鲜丽浓烈、丰富鲜明，显现着强烈的民族情感和审美特征，从而造就了民间美术色彩的吉庆氛围。

3) 设计意图

通过上述两个活动，引导幼儿从简到繁，一步一步地发现凤翔泥塑用线和设色的特点，在有趣的活动中解决教学重点的全面掌握。

4. 实践活动

1) 教师主导活动

随着时代的进步，凤翔泥塑也随着人们不断变化的审美情趣发生着变化。怎样继承和发扬这一古老的民间艺术？我们能为传承凤翔泥塑做点什么？为了让更多的人了解凤翔泥塑，就让我们向民间艺人学习绘制一个生肖挂件，送出一份对美好生活的祝福。

2) 幼儿主体活动

幼儿欣赏图片，了解凤翔泥塑的发展现状。幼儿动手实践运用凤翔泥塑勾线和设色的特点绘制生肖挂件。

3) 设计意图

激发幼儿热爱民族艺术、弘扬民族艺术的情感。训练幼儿动手绘制的能力，培养幼儿的创新意识。

4) 制作流程

第一步：和泥。

第二步：擀泥。

第三步：捏泥。

第四步：挂白(见图 3-49)。

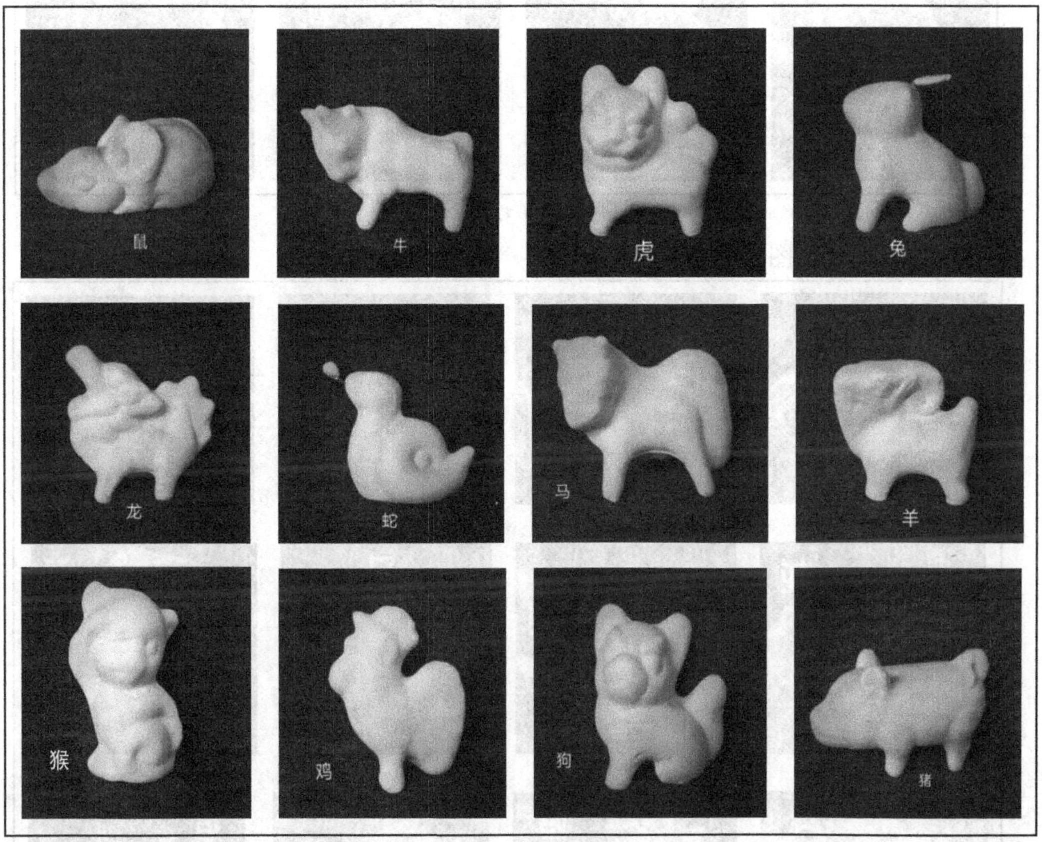

图 3-49

第五步：晾干。

第六步：勾线(见图 3-50)。

图 3-50

第七步：上色(见图 3-51)。

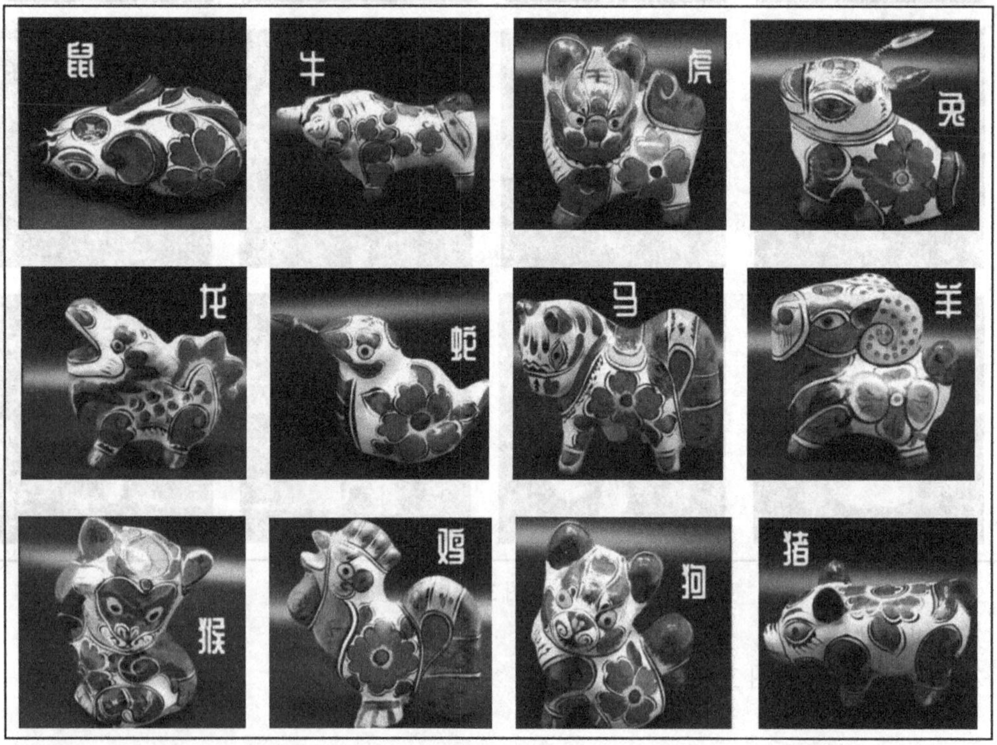

图 3-51

5. 活动小结

凤翔泥塑为陕西省宝鸡市凤翔区的一种民间美术，当地人称之为“泥货”，用以祈子、护生、辟邪、镇宅、纳福，它在我国民间艺术中独具特色，在国内外享有盛誉。此类泥塑的线条变化多端，疏密安排合理，有效地提高了泥塑的立体感，同时也起到了装饰和美化泥胎的作用。凤翔泥塑主要由红、绿、桃红、黄色，以及黑白两色为主。以四色搭配黑白两色为典型代表，四种颜色错落有致，浓厚热烈，装饰感极强，黑白又收敛了四种色彩的过分张扬，这样的色彩运用给凤翔泥塑带来了极大极强的生命力。石榴，意为多福多子；艾草，意为驱毒辟邪；海棠，寓意富贵；蝴蝶，寓意多福；牡丹，意为吉祥：这些有讲究的符号，表达了作者对美好生活的向往。

6. 活动延伸

将泥塑、印花工具、几何模具放在活动区，让幼儿自己玩，老师也可准备一些小动物模具，教小朋友用。

❖ 专家评析

活动通过欣赏泥玩具，引导幼儿认识中国传统民间艺术。在活动中，教师以幼儿为主体，幼儿积极参与，真正实现了幼儿的主体性。活动结束后，幼儿通过比较、欣赏和老师给予的肯定，提高了自信，也积累了更多制作泥塑的经验。

案例六　橡皮泥作品——好吃的包子

❖ 设计意图

在美术教学中，泥工作为其中的一个重要组成部分，深受幼儿的喜爱，孩子们对玩泥工非常感兴趣。当你给他们一团泥时，他们会很高兴地反复捏着玩，这时幼儿的手指和肌肉便得到了锻炼。“好吃的包子”是幼儿熟悉的、感兴趣的物体形象，来源于幼儿的日常生活，是幼儿所熟知的食物之一，根据幼儿的泥工表现的特点设计此课题，目的是通过“好吃的包子”这一橡皮泥教学活动，让幼儿在积极的活动氛围中掌握团泥的技能，增强幼儿手指的协调性、灵活性，充分体现了玩中学、学中玩的思想。

❖ 活动目标

(1) 观察画面，理解儿歌资料。
(2) 感受儿歌的特殊韵味。
(3) 尝试用简单的食品名称进行替换，仿编儿歌。

❖ 活动准备

(1) 儿歌《小猴子做包子》。

(2) 挂图《小猴子做包子》。

(3) 猴子玩偶、猴子卡通头饰、实物栗子若干。

❖ 活动重点

训练幼儿对橡皮泥材料手工制作的能力。

❖ 活动过程

1. 小猴子出场，引起幼儿兴趣

师：同学们，今天来了一位客人，你们想知道是谁吗？

幼儿：想。

师：(出示猴子玩偶)班里的同学们大家好！我是小猴子，很高兴见到你们。

2. 欣赏并学习儿歌，在朗诵儿歌的过程中体验儿歌的韵味

1) 观察图片，了解资料

师：(出示图片)快看，小猴子头上戴着高高的厨师帽，手上拿着铲子。咦，他在炒什么呢？

幼儿：蛋糕豆豆。

师：同学们，锅里的东西圆圆的，下面是个炉子。再用你们聪明的脑袋想想哦。

幼儿：核桃(有幼儿回答栗子)。

师：同学们，看看这个是什么(拿出实物栗子)，你们真棒，猜对了！

师：噢，原来小猴子在炒栗子，它准备做包子给小兔子吃。

2) 初步学习儿歌

师：同学们，这首儿歌的名字叫作《小猴子做包子》(歌词：小猴子，戴帽子，拿铲子，炒栗子，炒好栗子做包子，送给邻居小兔子)，跟老师读两遍。老师把它编成了一首好听的儿歌。

(1) 出示图片。老师有节奏、完整地朗诵儿歌。学生欣赏儿歌。

(2) 幼儿跟老师一齐念儿歌。(教师指图，幼儿尝试跟读儿歌)

师：(小结)这首儿歌的每一句话最后都是一个“子”字，好读又搞笑，我们再念一遍。(教师带学生打节奏，有节奏地拍手让学生读)

3. 游戏：小猴子送包子

师：小兔子说它好饿啊，想吃包子了，我们一起变成小猴子送包子给小兔子吃好吗？

幼儿：好！(幼儿念儿歌 1～2 次)

4. 结合生活经验，仿编儿歌

师：如果你是小猴子，你还会炒什么呢？

幼儿：蛋糕。

师：你会送给谁吃呢？(幼儿自由回答)

幼儿：(自由回答。)

通过这两个问题，在教幼儿念儿歌的基础上，培养幼儿关心家人、同伴以及老师的良

好情感。

5. 制作过程

(1) 用白色黏土搓一个圆球。

(2) 用工具在中间捣一个洞。

(3) 用工具在边缘处做出图案。

(4) 用工具挑出边缘的花纹，做出包子折子。

6. 作品展示

教师展示自己的作品，如图 3-52 所示。

(a)　(b)　(c)　(d)

图 3-52

7. 活动小结

这节课，同学们能积极合作，发挥想象力，大胆创造，用简单的橡皮泥材料做出了一件件别有趣味的作品。老师希望你们多观察生活的事物、美景，运用这些方法，寻找一些合适的材料，多创作一些有趣的作品，做一个爱动脑、爱动手的好孩子。

8. 活动延伸

出示两件用布和纸张制作的作品，启发幼儿，除了用彩泥制作以外，还可以用其他材料来制作。

❖ 专家评析

该师教学准备充分，虽然没有实物，但是课件的制作弥补了这一不足，并取得了良好的教学效果。在活动过程中，教师充分尊重幼儿的个性发展，合理创设环境，为教学营造了良好的氛围，把幼儿带入舒适的教学环境中。不足之处：示范做包子的过程有点儿快，解释的语言不够形象生动。

案例七　橡皮泥浮雕——防疫人员

❖ 设计意图

本活动可以通过小小的泥浮雕让幼儿了解祖国民间艺术文化，欣赏泥塑的艺术特色，同时让幼儿感受泥材，了解三维空间的塑造方法，培养幼儿的动手能力、造型能力和创造力。

❖ 活动目标

(1) 在观察照片的基础上，会用橡皮泥表现人物的不同大小。

(2) 利用辅助材料刻画、装饰人物。

(3) 体验制作泥塑作品的成就感和快乐。

❖ 活动准备

(1) 防疫人员的照片。

(2) 人手一盒橡皮泥，每组一盒玩泥工具。

❖ 活动重点

锻炼幼儿对泥塑浮雕技法的掌握。

❖ 活动过程

1. 导入新课

引导幼儿拿着自己的防疫人员的相关照片，从人物的身高、体形、服装等各个方面进行介绍。

师：今天，谁来介绍一下你手里的照片呢？介绍的时候可以说说防疫人员的样子。

幼儿上台介绍，老师重点引导幼儿发现人物的穿戴特点。

2. 看看、做做

(1) 引导幼儿观察照片上人物的不同大小，探索分泥的方法。

师：今天，我们要来做“防疫人员”，你觉得可以怎样用橡皮泥来表现呢？(讨论、交流)请你来试一试。

(2) 幼儿自由探索，教师观察，发现出现的好方法。

(3) 交流：谁来介绍一下，你是怎么做的？有什么好方法？

(4) 小结：原来防疫人员有大有小，有胖有瘦，所以做出来的人是大小不一样的。衣服上的花纹也各不相同，头发也是不一样的。

(5) 幼儿再次创作，教师重点指导幼儿创作出不同大小的人物，并运用辅助材料进行装饰。

3. 装饰人物

师：照片上的白衣天使们穿着白色的防护服，戴着防护眼镜，让我们来帮助她们穿上美丽的衣服，好吗？可以用怎样的线条和图案来装饰？(自由交流)

师：老师给大家准备了一些工具和材料，请你们动手去装饰吧！

4. 作品展示

教师展示自己的作品，如图 3-53 所示。

(a)

(b)

图 3-53

5. 活动小结

今天我们各小组的作品不仅创意好，而且制作得非常精美，希望同学们能够利用所学过的橡皮泥浮雕的制作方法，做出更多更出色的作品。

6. 活动延伸

运用学过的浮雕制作方法，尝试创作一件带有主题性的浅浮雕或高浮雕作品。

❖ 专家评析

在手工制作活动中，教师让幼儿通过欣赏照片的方式发现主题，并让幼儿自己动手捏，让幼儿成为活动主体。教师启发引导幼儿创作出优秀的作品，从而锻炼了幼儿的动手制作能力，进一步提高了美术素养，为今后的美术手工积累了更多的经验。

案例八　布偶材料制作——公主小女孩

❖ 设计意图

本活动引导幼儿欣赏、设计、装饰布偶，让幼儿发现生活中的废物也能变宝，并把做完的布偶投放到语言活动区和表演活动区，让幼儿享受动手制作带来的乐趣，同时让幼儿感受和体验生活。

❖ 活动目标

(1) 掌握布偶的基本制作方法和步骤。
(2) 在教学中培养幼儿的创新意识和动手能力。
(3) 在游戏中发展语言表达和表演能力。

❖ 活动准备

玩偶材料和工具。

❖ 活动重点

布偶的制作方法。

❖ 活动过程

1. 导入新课

创设情境，通过手偶的“表演”，激发幼儿的兴趣，把幼儿带入“玩偶大本营”。接着采用自学的方式，引导幼儿展开联想，进入创作玩偶的构思阶段。教学中，应引导幼儿欣赏一些玩偶，激发幼儿的学习兴趣，以供幼儿做玩偶时作为参考。

2. 探索发现

(1) 请幼儿上台并观察玩偶。教师：这是怎么制作出来的？它的装饰物是什么？

(2) 出示制作步骤图，幼儿用自己手中的材料尝试制作。

(3) 反馈自学成果。教师：刚才在制作的时候，有什么问题吗？老师示范幼儿不明白的步骤。

(4) 教师示范，引导幼儿直观地了解制作方法及难点。

(5) 展示课件，让幼儿了解布偶的各种装饰方法。

幼儿边看边思考：在什么地方进行装饰可以使布偶的样子发生改变？

(6) 讨论：你准备怎么装饰你的布偶人？

满足幼儿的需求，采用分组的形式，边看教材边讨论，让幼儿自主探究做小布偶的基本步骤和方法。

幼儿通过观察体验，教师答疑解惑，使幼儿更清楚制作作品的方法及难点。

3. 欣赏分析

(1) 引导幼儿仔细看教材的文字提示、图片说明，解决制作的难点。分组交流自己在活动中体验到的制作与表演的乐趣与感受。

(2) 通过分组交流，让幼儿了解玩偶最终的制作方法及步骤。

(3) 通过分组交流，让幼儿在自主学习的同时，提高语言表达能力及解决问题的能力，并让幼儿充分了解小组合作的重要性。

4. 制作步骤

(1) 幼儿进行制作。要求：在规定时间内完成一个公主小女孩布偶，注意制作精致，把最漂亮的材料用上。

(2) 对齐前后片(正面布块相对)，沿画线从一端波浪线处开始缝合，通常用平针缝。

(3) 预留返口(波浪线处不要缝)，留做开口以填充 PP 棉。

(4) 缝好之后，距离缝制线 0.6～1 cm 处剪掉多余的布。有弧度拐弯处剪出牙口(方法：将两片布片缝合后，在圆弧处或者尖角的地方剪一个小口子)。这一步对返口后正面的平整圆滑很重要，尽量剪密剪深，但千万不要剪断缝线。剪了牙口后，布翻过来就不会皱皱的了。

(5) 将 PP 棉均匀地从返口的位置填充。PP 棉要在蓬松的状态下一点儿一点儿均匀地摊分至各个角落，保证外观的漂亮平整。要避免搓揉成球状后再填入，否则，完成的作品表面会凹凸不平。

(6) PP 棉填充完成后，将返口用藏针缝的针法进行缝合。

(7) 缝制正面表情：根据样品图片，在布偶的适当位置添加表情及装饰。如缝眼睛、鼻子等。(表情可根据自己喜好进行设计)

(8) 幼儿根据自己制作的玩偶形象，创编有趣、明理的故事进行展示，丰富视觉及审美能力。利用幼儿互评和自评，促进他们互相交流学习。这样，可以让每个幼儿都成为主动参与者，既锻炼了幼儿的语言表达能力，又提高了他们的审美鉴赏能力。

5. 作品展示

教师展示自己的作品，如图 3-54 所示。

(a)　　(b)　　(c)

图 3-54

6. 活动小结

同学们的表现非常不错，大家也都开动了自己的脑筋。希望幼儿带着今天所学的知识，走出课堂，制作出更多更美更有趣的东西，来丰富和美化我们的生活。

7. 活动延伸

展示作品，比一比谁的布偶公主小女孩色彩鲜艳，设计合理，方法恰当。

❖ 专家评析

本活动为幼儿提供了故事情境，游戏贯穿整个活动，师幼共同扮演角色，在轻松愉快的气氛中完成全部的学习任务，充分调动了幼儿的积极性和自主性，符合幼儿的年龄特点。通过教师的总结，激发了幼儿对美术多个方面的兴趣，为以后制作更有趣、更独特的作品埋下伏笔。

案例九　袜偶作品制作——兔子袜偶

❖ 设计意图

本活动运用实物、多媒体等多种教学手段，介绍有关中国民间工艺及布艺小饰品，创设各种情境，可以让幼儿结合自己的生活经历，利用普通袜子所特有的材料属性，发挥想象和创造能力，设计并制作出具有主题的布艺制品——兔子袜偶。在设计过程中，幼儿可通过对大量信息的收集、分析和判断，学会设计和制作方案，并通过积极的评价再一次获得知识与技能、过程与方法以及情感态度与价值观等方面的提升。

❖ 活动目标

(1) 初步学会利用袜子设计出结构合理、主题鲜明的袜偶。
(2) 初步了解作品设计的一般流程和制作方法。
(3) 基本掌握选料、排料、裁剪、缝制等的相关技能，并正确运用。
(4) 通过对袜子独特结构的分析，确定兔子袜偶的设计方案。
(5) 通过讨论、交流，修正和优化设计方案。
(6) 通过合作学习，制定科学合理的加工流程。
(7) 通过分工合作，完成袜偶的制作。
(8) 通过交流，完成对袜偶的评价，并不断拓展主题袜偶的设计思路。
(9) 通过任务驱动，提升幼儿的审美能力、创造能力和动手能力。
(10) 通过过程学习，培养幼儿热爱劳动、热爱生活的思想感情。

❖ 活动准备

袜子和手工工具。

❖ 活动重点

兔子袜偶由平面转换成立体的结构分析和设计思路的培养，掌握兔子袜偶设计与制作的流程。

❖ 活动过程

1. 教学内容

(1) 运用图示和实物分析线段的作用。
(2) 演示、讲解兔子袜偶形成立体造型的过程与方法。
(3) 讲解安全操作工具的要求。

2. 完成准备工作

(1) 幼儿自备剪刀、直尺、铅笔、透明胶。
(2) 教师准备针、线、彩袜、腈纶棉。
(3) 指导学生仔细检查设计图纸中出现的问题。

3. 教师现场示范、讲解袜偶的制作方法

1) 操作技术要点

(1) 选料：根据设计图，选择袜子的颜色和式样。
(2) 排料：注意袜子的特殊造型，找准画线位置。
(3) 划样：严格按设计图划样。
(4) 裁剪：裁剪必须预留 0.5 cm 的放缝尺寸；袜子有弹性，裁剪时放慢速度，垂直下刀。
(5) 填料：适当充填，不超越袜子的弹力极限。

(6) 缝制：根据自己需要灵活运用针法，针脚细密，不可露出棉花和结头。

(7) 整形：与设计图保持“神似”的必然工序。

2) 特殊技术

(1) 裁剪、充棉、缝制的先后顺序可以根据实际需要灵活运用。

(2) 根据需要选择收口方式。

“明缝暗线”即明针下线通过对面布边暗缝拐弯。出针，再到本方下针拐弯出针，反复进行至终端抽线打结，两边面料自然缝合。

4. 巡视指导

幼儿操作时，教师根据幼儿制作中可能出现的图形平面转换成立体的判断错误，不照设计图排料，裁剪不放缝，缝制线距不匀直，缝合度不严密，填料超载弹力极限等现象，及时发现问题，并适时提出解决方案，帮助幼儿修正，解决幼儿操作中的实际困难。

5. 作品展示

教师展示自己的作品，如图 3-55 所示。

(a)　(b)　(c)

图 3-55

6. 活动小结

今天，同学们的表现非常不错，大家也都开动了自己的脑筋。我们小偶人还可以用其他的材料制作，例如珠子和田螺等。我们的现实世界就像魔法世界，老师希望你们带着今天所学的知识走出课堂，把家中废旧的材料充分利用起来，来个魔法变变变，制作出更多又美又有趣的东西，来丰富和美化我们的生活。

7. 活动延伸

教师引导学生积极评价在活动过程中技术上的得与失，积极开拓幼儿的创作思路，为日后的学习做好准备。

❖ 专家评析

活动将袜子制作成可爱的兔子袜偶，深受幼儿的喜爱。制作材料易于寻找，既可以废物利用，还有利于环保，袜子的制作包含穿针、打结、灵活选择针法等各种技巧。本活动有利于培养和锻炼幼儿的观察能力、动手操作能力和创新能力，激起幼儿对缝制的兴趣，教会幼儿缝补的基本技能，树立旧物改造的环保意识。

案例十　布贴画制作——瑞雪兆丰年

❖ 设计意图

本活动将根据幼儿的心理特点，以激励的方法导入课题，结合“变废为宝”的理念，充分激发幼儿的进取心，调动学习积极性，继而通过欣赏布艺粘贴画的范作，层层递进，使幼儿沉浸在粘贴画的艺术海洋中，不知不觉产生创作欲望和创新意识。在教学中，尽可能让幼儿主动参与、自主学习。对幼儿设计的作品进行自评、互评，使幼儿的综合能力得到提高。

❖ 活动目标

(1) 掌握布艺工艺的特点和基本技法。

(2) 培养幼儿的创造能力和动手能力，引导幼儿创造出富有艺术美感的形象，并利用布这种原材料表现出来。

(3) 通过对布贴画作品的欣赏与工艺实践，培养幼儿热爱生活、创造生活的能力，同时进行“节约利废”主题教育。

❖ 活动准备

剪刀、胶水、笔、硬纸板、各种布料(废弃的衣物、毛巾等)。

❖ 活动重点

学习布贴画的设计方法，了解布贴画的工艺特征。

❖ 活动过程

1. 导入

运用多媒体向幼儿展示布贴画作品，在幼儿欣赏的同时，提出问题：欣赏了这些精美的布贴画作品，你有什么感受？这些艺术作品，其实都是用我们日常生活中被丢弃的“废布”制作的，大家是不是也想动手试一试，自己来创作一幅布贴画呢？

教师播放视频，引发幼儿的学习兴趣，带出本课的主题——瑞雪兆丰年。

2. 教学内容

1) 制作过程

(1) 绘图：根据“瑞雪兆丰年”主题构思自己的画，将构思好的画用铅笔轻轻地画在纸板上。

(2) 裁剪：根据设计稿的要求找合适的布料进行裁剪，裁剪出合适的形状和大小。

(3) 粘贴：将剪好的布料按照一定的先后顺序贴在板上。画面要清洁，避免弄脏。

(4) 整理：装饰过于空白的地方。

2) 动手实践

(1) 将幼儿分为若干小组，将自己收集来的布料进行资源共享，以“瑞雪兆丰年”为主题进行创作。小组成员可以进行分工，共同创作一幅布贴画。

(2) 提出相关注意事项。

① 作品要具有形式美感。

② 注意剪刀的使用。

3. 作品展示

教师展示自己的作品，如图 3-56 所示。

(a)

(b)

图 3-56

4. 活动小结

这节课，我们学习了布贴画的制作方法：第一步，构图；第二步，选择布料；第三步，裁剪布料；第四步，粘贴组合；第五步，画龙点睛。

5. 活动延伸

由布贴画延伸到“变废为宝”这个主题上来。在我们的生活中，除了用碎布作画，还可以用种子、树叶、扣子、果壳等很多材料做出美丽的图画，只要你有一双善于发现美的眼睛，勤于动手动脑，就能变废为宝，精彩就会诞生在你的手中。

❖ 专家评析

整个活动中幼儿积极参与，感受到了手工活动带来的乐趣。在教师的示范和引导下，幼儿进一步理解布贴画的制作方法。活动培养了幼儿对布贴画的兴趣，增强了幼儿制作布贴画的信心。更为重要的是，这次活动有利于锻炼幼儿的动手能力和想象创造能力，使幼儿得到全面发展。

案例十一　绳编织作品——鱼

❖ 设计意图

本活动能让幼儿正确跟随老师完成简单编鱼动作，熟悉编鱼的各个环节，并根据简单编鱼的手法，进行拓展，完成自己喜欢的另一种鱼的编制。

❖ 活动目标

(1) 能想象出生活中各种像绳子的事物。
(2) 体验形体扮演的乐趣。

❖ 活动准备

(1) 儿歌《绳子像什么》。
(2) 各种粗细长短不一的绳子。
(3) 事先请几个幼儿学会表现儿歌的形体动作。

❖ 活动重点

了解绳子的编制方法。

❖ 活动过程

1. 开始部分

进入活动室，听音乐，做律动。

2. 基本部分

(1) 今天老师带来了一个很有趣的儿歌，你们想知道是有关什么的儿歌吗？让我们一起听录音。

(2) 播放儿歌《绳子像什么》。

附：儿歌

绳子像什么

绳子细长长，像小蛇儿在路中央。
绳子粗短短，像面条儿Q又软。
绳子围圈圈，像一列火车开进大花园。

(3) 同学们，刚才儿歌里面说的是什么？(绳子)
儿歌里面绳子像什么呢？(像小蛇、像面条、像火车)
说得真好，请同学们再听一遍，然后做出与儿歌内容大致相关的形体动作。
幼儿自由做动作，教师不要给予评价。
(4) 大家一起表演儿歌《绳子像什么》。

附：儿歌动作

“绳子细长长”：双手向上，双脚踮高，将身体往上提。
“像小蛇儿在路中央”：扭动身体左右摇晃。
“绳子粗短短”：慢慢将身体缩至最小。
“像面条儿Q又软”：前后摇动身体。
“绳子围圈圈”：趴在地板上，双臂绕成圆。

① 老师边念边示范表演。幼儿进行模仿。

② 老师念儿歌，幼儿进行表演。

③ 集体边念儿歌边表演。

(5) 请小朋友们再想一想绳子还像什么？(幼儿自由回答)

老师可适当给予提示：绳子摆动、抖动时像什么？绳子绕成圆圈、三角形、正方形时又像什么？

(6) 现在让我们一起来玩绳子吧，看哪个同学想得最多，想得跟别人不一样。

用绳子配合形体动作做出各种可能的联想物，如洗澡的毛毛虫、游泳的鸭子、跳舞的小丑、软绵绵的棉花糖、黏黏的口香糖等。

刚才老师看到同学们做出了很多老师也没有想到的物体，现在让我们一起来说一说你表现的是什么。(指名回答)

同学们真厉害，能想出这么多的玩法，说得也这么好，现在就让我们一起到外面做“绳子变身”的游戏吧。

3. 结束部分

做游戏：《绳子变身》。

请同学们假装自己是绳子变成的联想物。

师：绳子变身了。

幼儿：变什么？

师：变成会转动的鱼。

4. 作品展示

教师展示自己的作品，如图3-57所示。

(a)　(b)　(c)

图3-57

5. 活动小结

绳编织是我国民间艺术，我们应创新地继承和发扬我国这项传统民间艺术。一根绳通过巧手的编制，承载着中国的民间文化内涵。同学们，我们惊叹传统艺术的独特魅力的同时，老师相信充满智慧的你们，通过本节课的学习，一定能具有继承和发扬传统文化的精神。

6. 活动延伸

(1) 听音乐，幼儿自由玩绳。

(2) 老师记录幼儿联想的内容(绳子的玩法)，以海报的形式张贴在活动区，供有兴趣的孩子将作品继续“变身”。

❖ 专家评析

本活动开阔了幼儿的视野，让幼儿了解了有关编织的知识，感受到劳动人民的聪明与智慧，知道编织不仅造型美、色彩美，还具有深刻寓意，寄托着人们美好的情感，进一步激发幼儿对民族文化的热爱，对美好生活的热爱，让孩子们真正体会到美来源于生活，生活创造美的深刻内涵。同时，增强了幼儿的民族自豪感，培养了幼儿高尚的爱国主义情操。幼儿的审美能力和美术素养在欣赏中也得到提高。

案例十二　绳线刺绣——荷包

❖ 设计意图

通过制作绳线刺绣荷包的教学活动，可以让幼儿用刺绣的方法装饰荷包，了解荷包的结构，并知道荷包是一件吉祥的物件。

❖ 活动目标

(1) 认识荷包的构造，知道荷包是吉祥如意的饰品。

(2) 运用所学刺绣针法装饰荷包。

(3) 通过绣荷包、送荷包的活动，启发幼儿爱同伴的美好情感。

❖ 活动准备

一个圣诞老人木偶；荷包图 PPT；已打好洞的海绵纸、绳子、毛线若干。

❖ 活动重点

制作刺绣的技法。

❖ 活动过程

1. 圣诞老人导入，引起学生兴趣

师：同学们，你们看谁来了？(出示圣诞老人木偶)圣诞节马上就要到了，你想送好朋友什么礼物呢？

小结：我想，不管你们送什么样的礼物，好朋友都会喜欢的。老师这儿还有个特别的礼物，想让你们来看看认不认识？

2. 出示荷包 PPT

师：认识吗？这是什么？

小结：告诉你们啊，它有个好听的名字——荷包。

师：看一看，荷包上都有哪些东西呢？

小结：原来荷包上有绳子、包、穗头。

师：那你们猜猜荷包里面会放些什么呢？

小结：荷包里面可以放一些祝福的话。我们已经把对朋友的祝福话语画了下来，一会儿就把它放进荷包里送给自己的好朋友吧。

3. 制作荷包

师：下面我们就一起来做荷包吧。先拿出一个荷包，看看上面有什么？(洞)洞的大小都一样吗？(有大洞和小洞)大洞有几个？(1 个)你觉得这个大洞是用来做什么的？(穗头)拿出同样的包，再拿一些毛线从大洞里穿过去，再用我们学过的打结方法来打个结。(教师示范做穗头)

师：小朋友们想一想，用什么办法可以将两个包连接起来变成一个包？(刺绣)

师：将荷包的轮廓修好后，将写有祝福语的画放进荷包里，最后打个结，荷包就做好了。

师：下面，请小朋友们来做一做、绣一绣荷包，好吗？(幼儿自由操作)

4. 作品展示

教师展示自己的作品，如图 3-58 所示。

(a)　(b)　(c)

图 3-58

5. 活动小结

荷包的形式多种多样，下节课我们再来一起欣赏。下面就把自己绣好的荷包送给好朋友吧。

6. 活动延伸

在活动区中投放不同种类的绳子，让幼儿感受玩绳的乐趣，并体会绳子的广泛用途。在娱乐区，让两名幼儿一组，用毛线绳玩民间翻绳游戏，轮流用手指将绳挑出各种花样。在劳作区，让幼儿用艺术绳玩系鞋带游戏，学习系鞋带的方法。在操作区，让幼儿用细尼龙绳玩穿线板游戏，教师可准备正方形或长方形的硬塑料板，并在其上用锥子戳出若干个洞眼，让幼儿用尼龙绳在塑料板的洞眼上上下穿线，自由构图，感受绳子的奇妙用途。

❖ 专家评析

在荷包刺绣活动中，幼儿运用所学刺绣针法进行装饰荷包，认识荷包的构造，知道荷包是吉祥如意的饰品。绣荷包、送荷包的活动，启发幼儿爱同伴的美好情感。同时，弘扬中华民族优秀传统文化就要让孩子们从小去接触，让传统文化滋润孩子们的成长，让传统文化根植孩子们幼小的心田。

案例十三　绳线粘贴画

❖ 设计意图

利用不同色彩、材料、粗细的线或绳子粘贴线画作品，制成具有装饰美的工艺品。通过“绳子粘贴画”的制作，培养幼儿的创新意识、动手能力和审美情趣。

❖ 活动目标

(1) 教幼儿学习用彩绳进行绕贴作画。
(2) 激发幼儿对美术活动的兴趣，发展幼儿的想象力、创造力。
(3) 增强幼儿相互间的协作意识。
(4) 体验运用不同方式与同伴合作作画的乐趣。
(5) 激发幼儿喜欢画、愿意画的活动意愿。

❖ 活动准备

若干彩绳子，胶水，每组一个硬纸板，每组 1 块抹布。

❖ 活动重点

绳线粘贴画的制作技法。

❖ 活动过程

1. 欣赏范画，引起幼儿对美术活动的兴趣

(1) 你们知道这两幅漂亮的画是用什么材料做成的吗？(彩绳)

(2) 大家想不想也学着用彩绳来做一幅漂亮的画呢？

2. 相互合作

做彩绳，让两位幼儿各拉住彩条的一端，向相反的方向扭动后拉直即成。

3. 老师进行示范讲解

(1) 用铅笔在硬纸板上勾勒出自己想象绕贴物体的轮廓(尽量大些、简单些)。

(2) 讲解绕贴的两种方法。

① 圆形物将彩绳一头牢牢粘贴在圆心，然后用手按住，由内向外一圈一圈地进行绕贴。

② 三角形物将彩绳一头粘贴在三角形的顶点处，然后由外向内进行绕贴，每个角都必须按紧。

4. 幼儿制作，老师巡回指导

(1) 要求幼儿绕贴时尽量平整，注意保持作品及桌面的整洁。

(2) 鼓励幼儿大胆想象。

(3) 对个别幼儿给予一定的帮助指导。

5. 作品展示

教师展示自己的作品，如图 3-59 所示。

(a) (b) (c)

图 3-59

6. 活动小结

今天，同学们表现得非常不错，大家都开动了自己的脑筋，用绳线做出了很多有趣的手工粘贴画作品，并相互展示、评价了作品。老师希望同学们能积极合作，发挥想象力，大胆创造，用简单的绳线材料做出更多有趣味的作品，做一个善于观察生活、感受生活，爱动脑、爱动手的好孩子。

7. 活动延伸

幼儿课后可以用彩线装饰镜框或做出立体的形象。

❖ 专家评析

该教师通过这个美术活动，不仅让幼儿学会了一种新的美术技巧，还让幼儿通过这个活动增强了与同伴协调合作的意识，并享受合作带来的快乐。整个活动教会幼儿绕贴作画技能，发展了幼儿的想象力和创造力。但整个活动的节奏把握得不是很好，时间偏长，在一个活动中让幼儿首次接触做彩绳并要求完成绕贴画，可能难度大了些，如果把彩绳的制作放在活动准备中完成，可能效果会更好些。

案例十四　好玩的纸盒

❖ 设计意图

纸盒是幼儿常见的物品，各种大小不一，形状、颜色各异的纸盒在孩子们的手中和眼里，简直就是宝贝。“好玩的纸盒”从幼儿年龄及生活经验出发，可以让幼儿在愉快的情景中进行“玩中学”，并完成预设的目标。

❖ 活动目标

(1) 探索纸盒的不同玩法，激发幼儿的创新意识。
(2) 学习与同伴合作玩游戏，促进身体动作协调性，体验合作的乐趣。
(3) 发展幼儿的动手能力。
(4) 在活动中，让幼儿体验与同伴共游戏的快乐，并乐意与同伴一起游戏。
(5) 初步了解健康的小常识。

❖ 活动准备

每人一个纸盒；龙头、龙尾、藤球各一个，音乐《金蛇狂舞》。

❖ 活动重点

废物利用，用纸盒制作技法的掌握。

❖ 活动过程

1. 自由玩纸盒

(1) 说一说纸盒的用途。

师：老师带来了一些纸盒，这些废旧的纸盒还可以用来干什么？

(2) 今天我们就用纸盒来做玩具吧。

(3) 幼儿自由取纸盒、玩纸盒，教师巡回指导。

(4) 教师展示玩纸盒的方法，幼儿集体学习。

2. 合作玩纸盒

(1) 刚才我们用很多方法玩了纸盒，现在我们找几个幼儿一起来玩纸盒。

(2) 幼儿合作玩纸盒。教师启发幼儿用拼、搭、接等方法来组合，重点指导幼儿把纸盒连接起来玩。

(3) 集中交流。引导幼儿观察盒子连接起来后像什么？(像龙、像蛇、像火车等等，像龙的话还少了什么？)

3. 舞龙游戏

(1) 说说舞龙时的注意事项(注意绣球的引导和与同伴间的合作)。

(2) 和着音乐《金蛇狂舞》做一遍舞龙的动作。

4. 作品展示

教师展示自己的作品，如图 3-60 所示。

(a)　(b)　(c)　(d)

图 3-60

5. 活动小结

纸盒有大，有小；有正方体的，有长方体的。将纸盒分类(以组为单位，先讨论，再分类。按一个共同特征进行分类)。

6. 活动延伸

利用纸盒开展各类游戏，制作不同形式的手工作品。

❖ 专家评析

整个活动中幼儿的积极性始终是高涨的，每个人玩纸盒的创意无限，有的幼儿把纸盒做成了坦克玩具，有的做成了小提琴，还有的将纸盒戴在头上扮怪兽，具体环节中也体现了小组的合作能力。本活动有利于锻炼幼儿的动手能力和想象能力。

案例十五　废旧瓶子

❖ 设计意图

从小应该培养幼儿成为社会人，让他们了解社会，关心社会，尤其是一些社会热点问题。比如废物的利用，让孩子在了解环保的过程中，也体会到一种关心社会的责任，并把这种责任心的培养作为大班教育目标。

❖ 活动目标

(1) 学会用简单的线条花纹进行构图，装饰瓶子。

(2) 鼓励幼儿大胆想象，画出各种花纹，会利用各种装饰材料对瓶子进行装饰，体验创造带来的无穷乐趣。

(3) 引导幼儿认识废弃瓶子可以回收再利用，增强幼儿的环保意识。

(4) 培养幼儿动手操作的能力，并能根据所观察到的现象大胆地在同伴间进行交流。

(5) 培养幼儿的艺术气质。

❖ 活动准备

(1) 收集各种废弃的瓶子并洗净、晾干。

(2) 各色颜料，毛线，碎布，卡纸，即时贴，皱纹纸，印花，毛笔，剪刀，双面胶，纸篓，擦手毛巾，录音机，音乐磁带。

(3) 场景布置。在美术创作室张贴由各种瓶子制作的创意作品，摆设由各种瓶子制作的装饰品及玩具。

❖ 活动重点

(1) 能充分利用各种材料对瓶子进行绘画和装饰，要求想象力丰富，有一定的创造力。
(2) 利用瓶子的各种形状设计装饰物。

❖ 活动过程

1. 激发兴趣，导入活动

(1) 带幼儿到美术创作室，欣赏各种作品。(播放轻音乐)
(2) 教师向幼儿介绍生活中各种形状的瓶子。(出示教师带来的各种瓶子)

2. 引导构思，联想组合

(1) 引导幼儿根据生活经验对瓶子的形状进行造型构思想象。
(2) 幼儿说说自己做装饰作品所需要的各种材料。

3. 提要求

(1) 使用剪刀时要注意安全，不要伤到自己或别人。
(2) 我们的瓶子有的是玻璃的，容易打碎，不要碰倒或摔碎。
(3) 颜料不要弄脏自己或别人的衣服。
(4) 废纸、废品要扔到纸盒里，保持环境整洁。

4. 幼儿操作

教师适当予以指导或帮助。(播放音乐)

5. 作品展示

教师展示自己的作品，如图 3-61 所示。

(a)

(b)

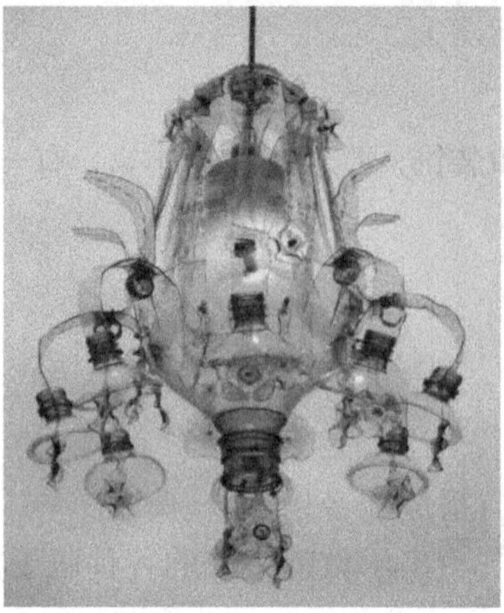

(c)

(d)

图 3-61

6. 活动小结

今天这堂课，同学们充分发挥了自己的制作才能，利用废旧瓶子做出了各种漂亮精美的作品。希望在以后的学习生活中，同学们能善于利用身边的废旧物品，发挥聪明才智，通过巧手，让它们都变废为宝。

7. 活动延伸

在我们的生活中，除了旧瓶子以外，还有很多废旧物品也可以收集起来做成许多有趣的东西，小朋友可以回家和爸爸妈妈一起收集废旧材料，制作环保玩具。

❖ 专家评析

活动以废旧材料为道具，通过让幼儿玩饮料瓶来提高幼儿进行废物利用的兴趣，鼓励一物多玩，激发幼儿玩瓶活动中的创造性。本次活动是让幼儿利用好废旧物品，大胆地玩起来，发展创造性思维。从整节课的掌握情况来看，幼儿还是十分喜欢这种方式的，从活动开始到结束，几乎每个人都沉浸在一种积极学习的氛围中，并敢于在活动中表现自我。

注意事项

(1) 注意纸艺的细节处理。
(2) 捏泥塑大型时要注意确定形体各部分的比例，重点是神似。
(3) 裁剪布艺材料时注意布丝的编织走向，缝制针脚均匀。
(4) 整理收线时，要按照编绳的顺序一点儿一点儿地仔细整理收紧。
(5) 废旧材料的收集要有目标，不盲目，材料要整洁干净，注意安全使用材料。

背景知识

知识 1：简笔画对学前教育的意义和作用

1. 意义

简笔画是一种直观的教具。在教学过程中，迅速地用简单几笔线条所描绘的画面叫作教学简笔画，它是用来表达教学思想的形象符号，是教学语言的辅助与补充，是科学与艺术的结合体，是形象化教学的一种产物。简笔画容易掌握，不仅能激发幼儿的学画兴趣，还可以培养幼儿的速记能力、概括能力、想象能力，有利于幼儿的智力发展。

2. 作用

教师在教学中迅速而准确地绘出简笔画，可以使教学活动生动活泼，激发幼儿的兴趣，使幼儿注意力完全集中在教师引导的问题上。教师运用教学简笔画可以使幼儿获得丰富的感性认识，从而加深对问题的理解和记忆。通过简笔画这一形象化方式在教学活动中的运用，可以调动幼儿的形象思维能力，把大脑充分利用起来，这对于提高教学质量很有意义。第一，简笔画能激发幼儿识字的兴趣，加深幼儿对汉字的记忆。第二，简笔画能帮助幼儿展开丰富的想象，激发幼儿对某种事物的热爱之情。第三，简笔画能加大课堂教学密度。提高教学质量的关键在于提高课堂教学质量，使幼儿尽可能当堂理解，当堂巩固运用，不依靠加班加点，增加幼儿过重的课业负担，乃至影响幼儿全面发展来达到所谓的“高质量”。

知识 2：学前教育专业手工课教学的重要性

(1) 提高幼儿的动手能力和学习兴趣。在学前教育中开展手工教学对幼儿的成长和发展具有非常重要的意义，由于幼儿的年龄较小，在成长过程中生性好动，对于学习缺乏足够的耐心和细心，但是手工课教学可以有效改变当前的教育现状，可以更好地提高幼儿的学习兴趣，让幼儿在动手过程中不断磨炼自己的耐心，进而对学习产生浓厚的兴趣。

(2) 可以锻炼幼儿的手脑协调能力。学前教育的核心在于激发幼儿的潜能，开发幼儿的智力，使幼儿可以根据自身的意识去发现生活中一些事物的原理，这为日后培养幼儿的动手能力提供了良好的素材。专业手工课教学与传统的教学有所不同，可以更加系统地连接每一节课，使幼儿的手脑同时得到有效锻炼，更加科学地激发出幼儿的潜在能力。创新教学的内容是将生活中小细节与手工课程进行有机结合，让幼儿可以在动手操作中充分理解知识的重要性，进一步增强了课堂的趣味性，使幼儿可以在课堂学习中获得更为丰富的知识。手工制作的过程需要幼儿对制作的对象进行构想，然后针对制作中出现的问题进行方法的探索，进而促进幼儿大脑和四肢的全方位发展。

作　业

1. 根据命题要求，采用纸艺材料和技法，每个班级制作一个大主题，比如以中国年为主题，每位同学制作完成一个分支，最后班级每位同学组合形成完整的作品。要求主题作品的画面内容、构图形式、整体风格要适合幼儿园儿童学习观赏。

2. 根据命题要求，采用泥材料和技法，每个班级制作一个大主题，比如以甜点、火锅、水果等为主题，每位同学制作完成一个分支，最后班级每位同学组合形成完整的作品。要求主题作品的画面内容、构图形式、整体风格要适合幼儿园儿童学习观赏，所用材料要适合在幼儿园教室墙体或各公共区域堆放、悬挂、张贴展示等。

3. 根据命题要求，采用布材料和技法，使用每类布材料制作完成一幅 A4 大小或相应规格的主题作品。要求主题作品的画面内容、构图形式、整体风格要适合幼儿园儿童学习观赏，所用材料要适合在幼儿园教室墙体或各公共区域堆放、悬挂、张贴展示。

4. 根据命题要求，采用绳材料和技法，使用每类绳材料制作完成一幅 A4 大小或相应规格的主题作品。要求主题作品的画面内容、构图形式、整体风格要适合幼儿园儿童学习观赏，所用材料要适合在幼儿园教室墙体或各公共区域堆放、悬挂、张贴展示。

5. 根据命题要求，采用废旧环保材料和技法，使用每类废旧环保材料制作完成一幅相应规格的主题作品。要求主题作品的画面内容、构图形式、整体风格要适合幼儿园儿童学习观赏，所用材料要适合在幼儿园各公共区域堆放、展示。

第四模块

幼儿园保教活动分析与幼儿教师素养综合测评实训

第一部分　幼儿园保教活动分析

实训1　幼儿一日生活与保育技能

实训目标

(1) 掌握幼儿园晨间接待、盥洗、进餐、上厕、喝水、午睡和离园等生活环节的保育要点及各年龄段幼儿一日生活组织的要点。

(2) 熟悉幼儿园一日生活各环节组织与实施的一般流程，并能在仔细观察的基础上尝试至少组织一次生活活动。

(3) 形成运用专业理论正确判断、分析教师在组织入园及晨间活动中的言行并提出具有针对性、科学性、合理性指导建议的能力，以及运用专业理论准确分析不同年龄阶段幼儿身心发展特点的能力。

(4) 能够对幼儿园一日生活活动中常见的保育问题采取合理的引导策略。

(5) 能够对幼儿的一日生活进行科学的保育。

实训内容

一、幼儿园一日活动保育情况观察记录

1. 观察目标

通过观察，了解幼儿的卫生和健康情况，保证幼儿在园的安全和健康。

2. 观察内容

幼儿入园晨检、早操、点心、教学活动、户外活动、午餐、午睡、如厕、午后户外活动等各环节的时间安排及主要活动内容。

3. 观察列表

填写表4-1～表4-3。

表 4-1　幼儿园入园活动保育情况记录表

幼儿园：______ 幼儿班级：_____ 记录者：_____ 观察日期：______ 时间：______

时间	幼儿活动	主要内容

表 4-2　入园环节幼儿行为表现观察表

幼儿园：______幼儿班级：______日期：______ 幼儿姓名：_____ 年龄：___ 性别：__

入园活动	幼儿行为表现	□ 按要求带齐当日所需的学习和生活用品，没带零食和危险品来园。 □ 着装整洁舒适，手(指甲)、脸、脖子、头发等干净整齐。 □ 按时愉快地入园，有礼貌地向老师、小朋友问好，并能开心地和家人说再见。 □ 愿意接受晨检，身体不舒服时能够告诉老师或保健医生。 □ 能把自己的衣物整理好放到衣帽柜或指定位置。 □ 其他：
典型行为记录		
行为评析与建议		

注：根据观察，是的在□处打√，否的打×。“其他”这一项需要自行进行文字说明。

表 4-3　离园环节幼儿行为表现观察表

幼儿园：______幼儿班级：______日期：______ 幼儿姓名：_____ 年龄：___ 性别：___

离园活动	幼儿行为表现	□ 保持一种稳定、愉悦的情绪等待家长来接。 □ 整理自己的仪表，喜欢干净和整洁。 □ 学习管理自己的物品，并能有顺序地整理和摆放。 □ 会将玩具、材料、椅子等收放整齐、归位，保持环境的整洁和有序。 □ 主动与教师和小朋友道别，礼貌离园。 □ 知道跟随家人离园，不独自离开，不跟陌生人走。 □ 其他：
典型行为记录		
行为评析与建议		

注：根据观察，是的在□处打 √，否的打×。“其他”这一项需要自行进行文字说明。

4. 观察说明

(1) 幼儿入园，一般伴随着晨检、晨间活动、早餐、自由活动、早操、教学活动、上午点心、游戏活动、户外活动、午餐、午睡、如厕、午后户外活动等生活环节情况，教师把根据观察或调查得到的幼儿一日生活环节按时间顺序及对应的主要活动内容填在表格中。比如晨检环节，安排在早7:30～8:00，幼儿主要接受晨检和入园礼仪的养成教育。晨间活动主要安排在8:00～8:10，安排小朋友做早操或进行一些音乐律动等活动。

(2) 观察和调查幼儿各项活动的具体要求。

① 晨检。做好幼儿卫生、健康、传染病、携带物等方面的检查与处理。

② 早操。按时做操，做操前教师要检查幼儿的衣服、鞋帽，做好防寒、防暑及安全检查工作。

③ 喝水。按时组织幼儿集体喝水，嘱咐幼儿随渴随喝，喝水不催促。

④ 如厕。培养幼儿定时排便的习惯，教会幼儿便后自己擦屁股的正确方法，提醒幼儿便后洗手。

⑤ 进餐。进餐时关注幼儿是否需要添加食物及幼儿自主进餐能力，餐后漱口、洗手。

⑥ 户外活动。保证幼儿每天户外活动时间在2小时以上，其中有组织的户外活动时间为中班20分钟，大班30分钟。注意幼儿户外安全，不能让幼儿离开自己的视线范围。

⑦ 活动区活动。保证幼儿活动区的活动时间，为幼儿提供适宜的材料。

⑧ 离园。做好离园前的准备工作(如整理衣物、洗手、洗脸等)，教师做到对每名幼儿心中有数。把每位幼儿亲自交到家长手中。

5. 观察反思

通过观察(调查)，反思个人对幼儿园一日生活的了解和认识情况。

二、幼儿园晨、午检的观察

1. 观察目标

通过观察，了解幼儿的卫生和健康情况，保证幼儿在园的安全和健康。

2. 观察内容

(1) 幼儿入园晨、午检的实施。

(2) 幼儿晨、午检的内容和记录。

3. 观察列表

填写表4-4和表4-5。

表 4-4　幼儿园晨检情况观察表

幼儿园：________ 幼儿班级：________ 观察日期：________ 观察人员：________

晨检的准备	
晨检的地点	
晨检的人员	
晨检的步骤	
晨检的内容	
晨检的记录	
晨检的处理措施	
午检时间	
午检内容	

表 4-5　________幼儿园晨、午检记录表

班级：________________　　　　　　日期：________

序号	姓名	出勤	体温		精神		饮食、睡眠、大小便		口腔、个人卫生		备注
			早	午	早	午	早	午	早	午	
1											
2											
3											
4											
5											
6											
7											
8											
9											
10											
11											
12											
13											
14											
15											
16											
17											
18											
……											

4. 观察说明

(1) 选择一个幼儿班级，观察教师进行晨检和午检的情况，晨、午检的记录情况，持续观察一周，写出观察报告。

(2) 晨检是绝大部分幼儿园均在执行的一项保健措施。曾有一些家长对此表示不解，“为什么孩子来幼儿园时要晨检呢？”更有甚者，直接将晨检当成了“搜身”，认为这是对孩子自尊心的一种伤害。其实这是部分家长对晨检工作的误解。晨检的目的在于防止幼儿将传染病及危险物品带入园所，具有维护健康、保障安全的双重作用。幼儿园作为儿童的聚集地，晨检是一项不可或缺的保健措施。

(3) 晨检前的准备。

① 晨检教师及各班教师要着装整洁，不留长指甲，不戴戒指。

② 晨检教师要用消毒水和清水对幼儿桌椅做好消毒清洁工作，放好晨检用品(压舌板、晨检牌子筐、消毒棉球、测量体温用具等)，备好各班晨检及全日观察记录簿、幼儿口服药记录簿。

(4) 晨间检查。

一问：询问家长有无发热、咽痛、咳嗽、腹泻，以及饮食、睡眠、大小便情况。

二摸：摸额头、颈部、手心是否有发烧迹象，摸腮腺区淋巴结是否有肿大状况。

三看：观察幼儿神态、口腔、眼神、皮肤及整个精神状态等有无异常。

四查：有无携带不安全的物品，如剪刀、曲别针等。

(5) 晨检记录及处理措施。填写幼儿晨检记录表，必须及时把晨检时有问题的孩子的情况记录在晨检记录上，并向园长汇报。发现身体异常、不适，尤其是发烧、手足和口腔部位有疱疹的，要及时告诉家长。对于发烧、有传染病的幼儿，一般请家长带回家中或就医治疗。危险物品交由家长带回。带药幼儿要登记。

(6) 午检相对于晨检比较简单，主要关注幼儿在幼儿园是否有发热、精神状态变化、突发疾病、私藏危险物品等现象。

5. 观察反思

有效提高晨、午检的措施和方法有哪些？

注意事项

(1) 明确该项目各活动环节的实训目标、内容与观察要点等，掌握一日生活活动组织实施的方法与要点。

(2) 仔细观察，勤加记录，善于发现问题，积极思考，能够提出建设性的意见，并在实践中进行检验。

(3) 遵守幼儿园的各项规章制度，不大声喧哗与吵闹，不影响幼儿园的正常工作与教学，不与幼儿园的工作人员起冲突。

实训2　游戏活动分析

实训目标

(1) 掌握科学的儿童观，深入领悟幼儿身心发展特点、规律以及幼儿游戏理论。

(2) 掌握科学的教育观、教师观，深入领悟组织幼儿游戏活动所必需的专业理论。

(3) 明确游戏活动中教师保教工作的要求。

(4) 形成运用专业理论正确判断、分析教师在幼儿游戏活动中的言行并提出具有针对性、科学性、合理性指导建议的能力，以及运用专业理论准确分析不同年龄阶段幼儿身心发展特点的能力。

(5) 形成良好的思维习惯，观点正确鲜明，思路清晰，分析透彻，逻辑性强。

实训内容

一、学习专业理论知识

通过教师讲解和自主学习，了解有关组织游戏活动的理论知识，为后续实训做好准备。多种方法学习游戏活动中教师保教工作的要求。

二、观看视频

观看视频，并思考以下问题。

(1) 视频中的幼儿在游戏活动中表现出怎样的身心发展特点？

(2) 视频中的幼儿在游戏活动过程中，教师的哪些言行是适宜的或不适宜的？为什么？依据是什么？

(3) 不适宜之处你有什么指导建议？

三、讨论、分析视频，完成活动分析

在教师的启发和引导下，学生分析视频，师生互动，完成活动分析。可采取多种练习方式，如可以先请个别学生完整展示活动视频分析，然后教师总结评价，最后教师完整示范等。

四、观察列表

填写表4-6和表4-7。

表 4-6　幼儿园自由游戏活动保育情况记录

幼儿园：______　班级：______　记录者：______　日期：______　时间：______

自由游戏活动	老师们做到了哪些	
	我做到了哪些	
典型案例分析		
保育工作评价和反思		

表 4-7　游戏环节幼儿行为表现观察表

幼儿园：_____　班级：_____　日期：____　幼儿姓名：____　年龄：____　性别：__

自由游戏活动	幼儿行为表现	□ 在游戏前如厕，并自己整理衣服和鞋帽。 □ 在游戏的过程中不乱跑、不打闹、不喊叫，不做危险动作。 □ 在游戏过程中不拥挤、不推拉，遵守秩序，具备基本的自我保护能力。 □ 游戏过程中，能够在教师的指导或帮助下根据身体状况随时增减衣物。 □ 爱护和正确使用游戏材料。会轻拿轻放，不乱丢、乱扔、随意毁坏玩具和游戏材料。 □ 能在教师的帮助或指导下收拾游戏场地和材料。 □ 其他：
典型行为记录		
行为评析与建议		

注：根据你的观察，是的在□处打√，否的打×。“其他”这一项需要自行进行文字说明。

注意事项

(1) 游戏活动的计划和目标是否建立在了解本班幼儿现状的基础上。

(2) 游戏活动的内容、方式、策略、环境条件是否能调动幼儿活动的积极性。

(3) 游戏活动的过程是否能为幼儿提供有益的学习经验，并符合其发展需要。

(4) 游戏活动的内容、要求能否兼顾群体需要和个体差异，使每个幼儿都能得到发展，都有成功感。

(5) 教师的指导是否有利于幼儿主动、有效地活动。

实训3　教育活动分析

实训目标

(1) 深入领悟集中教育活动所需的专业理论及相关规范要求，明确本实训考核要求。

(2) 掌握科学的儿童观，深入领悟幼儿身心发展特点及规律。

(3) 掌握科学的教育观、教师观，深入领悟开展保教工作(组织集中教育活动)所必需的专业理论知识。

(4) 明确集中教育活动中教师保教工作的要求。

(5) 形成运用专业理论正确判断、分析教师在集中教育活动中的言行并提出具有针对性、科学性、合理性指导建议的能力，以及运用专业理论准确分析不同年龄阶段幼儿身心发展特点的能力。

(6) 形成良好的思维品质，观点正确鲜明，思路清晰，分析透彻，逻辑性强。

实训内容

一、学习专业理论知识

通过教师讲解和自主学习，了解有关组织集中教育活动的理论知识，为后续实训做好准备。多种方法学习集中教育活动中教师保教工作的要求。

二、观看视频

观看视频，并思考以下问题。

(1) 视频中的幼儿在集中教育活动中表现出怎样的身心发展特点？

(2) 视频中教师的哪些言行是适宜的或不适宜的？为什么？依据是什么？

(3) 不适宜之处你有什么指导建议？

三、讨论、分析视频，完成活动分析

在教师的启发和引导下，学生分析视频，师生互动，完成活动分析。可采取多种练习方式，如先请个别学生完整展示活动视频分析，再进行师生互动总结评价，最后教师完整示范；先小组讨论，再由各组代表总结发言；先集体讨论，再笔答展示；先师生互动讨论，再教师完整示范等。

四、观察列表

填写表 4-8 和表 4-9。

表 4-8　幼儿园教育活动保育情况记录

幼儿园：______ 班级：______ 记录者：______ 日期：______ 时间：________

教育活动	老师们做到了哪些	
	我做到了哪些	
典型案例分析		
保育工作评价和反思		

表 4-9　教育活动环节幼儿行为表现观察表

幼儿园：_____ 班级：_____ 日期：____ 幼儿姓名：_____ 年龄：____ 性别：___

教育活动	幼儿行为表现	□ 在教育活动之前如厕洗手，做好活动准备。 □ 用眼、握笔、坐立姿势正确。 □ 积极参加活动，心情愉悦，注意力集中。 □ 不干扰别人，不和小朋友发生争执，不影响活动的秩序。 □ 活动结束后，有序整理活动场地、操作材料及玩教具等。 □ 其他：
典型行为记录		
行为评析与建议		

注：根据你的观察，是的在□处打 √，否的打×。“其他”这一项需要自行进行文字说明。

注意事项

(1) 教育计划和教育活动目标是否建立在了解本班幼儿现状的基础上。

(2) 教育的内容、方式、策略、环境条件是否能调动幼儿活动的积极性。

(3) 教育过程是否能为幼儿提供有益的学习经验，并符合其发展需要。

(4) 教育内容、要求能否兼顾群体需要和个体差异，使每个幼儿都能得到发展，都有成功感。

(5) 教师的指导是否有利于幼儿主动、有效地学习。

实训4　进餐环节分析

实训目标

(1) 掌握科学的儿童观，深入领悟幼儿身心发展特点、规律。

(2) 掌握科学的教育观、教师观，深入领悟幼儿进餐环节所必需的保教专业理论及相关知识。

(3) 明确进餐环节中教师保教工作的要求。

(4) 形成运用专业理论正确判断、分析教师在幼儿进餐环节中的言行并提出具有针对性、科学性、合理性指导建议的能力，以及运用专业理论准确分析不同年龄阶段幼儿身心发展特点的能力。

(5) 形成良好的思维习惯，观点正确鲜明，思路清晰，分析透彻，逻辑性强。

实训内容

一、学习专业理论知识

通过教师讲解和自主学习，了解有关幼儿进餐的专业理论知识，为后续实训做好准备。多种方法学习进餐环节中教师保教工作的要求。

二、观看视频

观看视频，并思考以下问题。

(1) 视频中的幼儿表现出怎样的身心发展特点？

(2) 视频中教师的哪些言行是适宜的或不适宜的？为什么？依据是什么？

(3) 针对不适宜之处，你有什么建议？

三、讨论、分析视频，完成活动分析

(1) 请个别学生完整示范活动视频分析。

(2) 教师总结评价。

(3) 教师完整示范。

四、观察列表

填写表4-10和表4-11。

表4-10 幼儿园进餐活动保育情况记录

幼儿园：______ 班级：______ 记录者：______ 日期：______ 时间：______

进餐活动	老师们做到了哪些	
	我做到了哪些	
典型案例分析		
保育工作评价和反思		

表4-11 进餐活动环节幼儿行为表现观察表

幼儿园：____ 班级：____ 日期：____ 幼儿姓名：_____ 年龄：____ 性别：___

进餐活动	幼儿行为表现	□ 进餐点前能够用正确的方法将双手洗净。 □ 学习餐具的使用方法，逐步做到独立进餐，乐于自己进餐。 □ 了解各种食物的营养知识，根据需要适量进餐，知道均衡营养对身体有益；爱吃各种食物，不挑食，不偏食，吃饱吃好。 □ 养成细嚼慢咽、吃饭不发出较大声音、不掉饭菜、不剩饭的良好进餐习惯。 □ 能安静愉快地进餐，懂得进餐时情绪愉快对身体有益。 □ 需要添饭时用举手等方式告诉老师，不吵闹，不争抢。 □ 餐后知道收拾食物残渣，并能有序整理自己使用过的餐具。 □ 餐后能做到及时擦嘴、洗手、漱口等。 □ 其他：
典型行为记录		
行为评析与建议		

注：根据你的观察，是的在□处打√，否的打×。“其他”这一项需要自行进行文字说明。

注意事项

(1) 餐食的提供是否能满足幼儿的营养需要，是否适合幼儿的消化能力，是否能满足幼儿的心理需要(引起幼儿食欲)，是否方便幼儿自主进餐、养成良好进餐习惯。

(2) 进餐环节的组织方式、引导策略、环境条件的创设等，是否建立在了解本班幼儿现状的基础上，是否能兼顾群体需要和个体差异，是否有利于培养幼儿良好的生活习惯、促进幼儿发展。

实训5　饮水环节分析

实训目标

(1) 掌握科学的儿童观，深入领悟幼儿身心发展特点、规律。

(2) 掌握科学的教育观、教师观，深入领悟幼儿饮水环节所必需的保教专业理论及相关知识。

(3) 明确饮水环节中教师保教工作的要求。

(4) 形成运用专业理论正确判断、分析教师在幼儿饮水环节中的言行并提出具有针对性、科学性、合理性指导建议的能力，以及运用专业理论准确分析不同年龄阶段幼儿身心发展特点的能力。

(5) 形成良好的思维习惯，观点正确鲜明，思路清晰，分析透彻，逻辑性强。

实训内容

一、学习专业理论知识

通过教师讲解和自主学习，了解有关幼儿饮水的专业理论知识，为后续实训做好准备。多种方法学习饮水环节中教师保教工作的要求。

二、观看视频

观看视频，并思考以下问题。

(1) 视频中的幼儿表现出怎样的身心发展特点？

(2) 视频中教师的哪些言行是适宜的或不适宜的？为什么？依据是什么？

(3) 针对不适宜之处，你有什么建议？

三、讨论、分析视频，完成活动分析

(1) 请个别学生完整示范活动视频分析。

(2) 教师总结评价。

(3) 教师完整示范。

四、观察列表

填写表 4-12 和表 4-13。

表 4-12 幼儿园饮水活动保育情况记录

幼儿园：______ 班级：______ 记录者：______ 日期：______ 时间：______

饮水活动	老师们做到了哪些	
	我做到了哪些	
典型案例分析		
保育工作评价和反思		

表 4-13 饮水活动环节幼儿行为表现观察表

幼儿园：_____ 班级：_____ 日期：_____ 幼儿姓名：_____ 年龄：_____ 性别：___

饮水活动	幼儿行为表现	□ 懂得喝水对身体有好处。 □ 喜欢喝白开水，逐步做到在需要时会主动取水喝。 □ 在取放杯子、接水、喝水的过程中能正确使用口杯。 □ 能独立喝适量的水。 □ 正确取水，不浪费水，不喝生水，喝水时不说笑，不边走边喝水。 □ 养成安静、有序、独立、适量喝水的良好习惯。 □ 知道按时喝水，遇到特殊情况时能及时喝水。 □ 其他：
典型行为记录		
行为评析与建议		

注：根据你的观察，是的在□处打√，否的打×。“其他”这一项需要自行进行文字说明。

注意事项

饮水环节的组织方式、引导策略、环境条件的创设等，是否建立在了解本班幼儿现状的基础上，是否能兼顾群体需要和个体差异，是否有利于培养幼儿良好的生活习惯、促进幼儿发展。

实训6　如厕环节分析

实训目标

(1) 掌握科学的儿童观，深入领悟幼儿身心发展特点、规律。

(2) 掌握科学的教育观、教师观，深入领悟幼儿如厕环节所必需的保教专业理论及相关知识。

(3) 明确如厕环节中教师保教工作的要求。

(4) 形成运用专业理论正确判断、分析教师在幼儿如厕环节中的言行并提出具有针对性、科学性、合理性指导建议的能力，以及运用专业理论准确分析不同年龄阶段幼儿身心发展特点的能力。

(5) 形成良好的思维习惯，观点正确鲜明，思路清晰，分析透彻，逻辑性强。

实训内容

一、学习专业理论知识

通过教师讲解和自主学习，了解有关幼儿如厕的专业理论知识，为后续实训做好准备。多种方法学习如厕环节中教师保教工作的要求。

二、观看视频

观看视频，并思考以下问题。

(1) 视频中的幼儿表现出怎样的身心发展特点？

(2) 视频中教师的哪些言行是适宜的或不适宜的？为什么？依据是什么？

(3) 针对不适宜之处，你有什么建议？

三、讨论、分析视频，完成活动分析

(1) 请个别学生完整示范活动视频分析。

(2) 教师总结评价。

(3) 教师完整示范。

四、观察列表

填写表 4-14 和表 4-15。

表 4-14　幼儿园如厕活动保育情况记录

幼儿园：______　班级：______　记录者：______　日期：______　时间：______

如厕活动	老师们做到了哪些	
	我做到了哪些	
典型案例分析		
保育工作评价和反思		

表 4-15　如厕活动环节幼儿行为表现观察表

幼儿园：______　班级：_____　日期：____　幼儿姓名：_____　年龄：____　性别：____

如厕活动	幼儿行为表现	□ 懂得如厕是一件很正常的事情，不紧张，不拒绝，有需要时大胆告诉大人。 □ 能及时如厕排便，不随地大小便，逐步做到不尿裤子，不拉裤子。 □ 会谦让、轮流上厕所；能安静、有序如厕，不在厕所逗留、打闹。 □ 有定时大小便，便后冲水、洗手的好习惯。 □ 能自己脱裤子、提裤子，学会用手纸从前到后正确擦屁股，逐步做到便后自理。 □ 不往便池内扔异物，知道便后手纸入篓。 □ 解便时不弄湿自己和同伴的衣裤，便后会整理衣服。中、大班幼儿便后能把裤子穿好，小班幼儿可在成人的帮助下进行，做到不露肚皮。 □ 了解大小便与身体健康的关系，逐步具有关注身体健康的意识，养成良好的如厕习惯。 □ 其他：
典型行为记录		
行为评析与建议		

注：根据你的观察，是的在□处打 √，否的打×。“其他”这一项需要自行进行文字说明。

注意事项

如厕环节的组织方式、引导策略、环境条件的创设等，是否建立在了解本班幼儿现状的基础上，是否能兼顾群体需要和个体差异，是否有利于培养幼儿良好的生活习惯、促进幼儿发展。

实训7　午睡环节分析

实训目标

(1) 掌握科学的儿童观，深入领悟幼儿身心发展特点、规律。

(2) 掌握科学的教育观、教师观，深入领悟幼儿午睡环节所必需的保教专业理论及相关知识。

(3) 明确午睡环节中教师保教工作的要求。

(4) 形成运用专业理论正确判断、分析教师在幼儿午睡环节中的言行并提出具有针对性、科学性、合理性指导建议的能力，以及运用专业理论准确分析不同年龄阶段幼儿身心发展特点的能力。

(5) 形成良好的思维习惯，观点正确鲜明，思路清晰，分析透彻，逻辑性强。

实训内容

一、学习专业理论知识

通过教师讲解和自主学习，了解有关幼儿午睡的专业理论知识，为后续实训做好准备。多种方法学习午睡环节中教师保教工作的要求。

二、观看视频

观看视频，并思考以下问题。

(1) 视频中的幼儿表现出怎样的身心发展特点？

(2) 视频中教师的哪些言行是适宜的或不适宜的？为什么？依据是什么？

(3) 针对不适宜之处，你有什么建议？

三、讨论、分析视频，完成活动分析

(1) 请个别学生完整示范活动视频分析。

(2) 教师总结评价。

(3) 教师完整示范。

四、观察列表

填写表 4-16 和表 4-17。

表 4-16　幼儿园午睡活动保育情况记录

幼儿园：________　班级：________　记录者：________　日期：______　时间：______

午睡活动	老师们做到了哪些	
	我做到了哪些	
典型案例分析		
保育工作评价和反思		

表 4-17　午睡活动环节幼儿行为表现观察表

幼儿园：_____　班级：____　日期：_____　幼儿姓名：_____　年龄：____　性别：___

午睡活动	幼儿行为表现	□ 午睡前能及时进行如厕等活动，做好睡前准备。 □ 能够正确穿脱衣服及鞋袜，能有序整理、叠放自己脱下的衣物。 □ 不聊天、打闹，能够安静、独立入睡。 □ 入睡时能保持正确的睡姿，不蹬被子、不蒙头、不玩玩具、不吮手、不咬被角等。 □ 需要大小便、身体不适或发现同伴有异常时能够及时告知老师。 □ 睡醒后不打扰同伴，按时起床，学习整理床铺(小班幼儿由老师帮助，中、大班幼儿要求独立完成)。 □ 其他：
典型行为记录		
行为评析与建议		

注：根据你的观察，是的在□处打√，否的打×。“其他”这一项需要自行进行文字说明。

注意事项

午睡环节的组织方式、引导策略、环境条件的创设等，是否建立在了解本班幼儿现状的基础上，是否能兼顾群体需要和个体差异，是否有利于培养幼儿良好的生活习惯，是否有利于幼儿身心健康发展。

实训8　幼儿园教师安全工作技能

实训目标

(1) 掌握幼儿常见安全事故的处理办法。
(2) 体会幼儿园安全工作的重要性，提高安全防范意识。
(3) 培养面对突发事件沉着冷静的心理素质。

实训内容

一、幼儿园意外伤害事故的观察

1. 观察目标

通过观察，了解幼儿在园中的意外伤害事故发生情况，从而了解一些意外伤害事故的防范措施。

2. 观察内容

(1) 观察(调查)了解幼儿园发生的意外伤害事故情况。
(2) 幼儿园对意外伤害事故所采用的防范措施。

3. 观察列表

填写表4-18。

表4-18　幼儿园意外伤害事故的观察(调查)情况

幼儿园：______ 观察(调查)日期：____ 幼儿班级：_____ 观察(调查)人员：______

意外伤害事故	简单描述和记录	次数
1. 摔伤和碰伤	如从小椅子上摔倒，从跷跷板或其他器械上跌落，碰到墙角等	
2. 五官或其他器官进入异物	如把瓜子塞进鼻子、小虫子飞进眼睛、吃鱼被鱼刺卡住等	
3. 烧伤、烫伤	幼儿撞到教师刚打的热水桶被烫伤等	
4. 被尖锐利器所伤	如拿铅笔扎了自己或别的小朋友等	

续表

意外伤害事故	简单描述和记录	次数
5. 被钝器伤害	篮球、锤子、沙包打到眼等	
6. 脱臼	两个小朋友互相拉扯而脱臼、撞伤脱臼等	
7. 误服药物或其他有害物	吃了成人的药物、喝了清洗剂等	
8. 触电	将小手往插座孔里插造成触电等	
9. 鼻子出血	碰破鼻子或者抠挖出血等	
10. 休克、晕厥	高处摔落休克、撞伤倒地晕厥等	
11. 卡住身体或手指	钻栏杆卡住身体，把手指往洞洞里伸卡住手指等	
其他		

4. 观察说明

(1) 在见习与实习幼儿园各选一个小、中、大班作为观察(调查)对象，持续观察一周，或向教师调查幼儿在园发生的意外伤害事故情况，写出观察报告。

(2) 当观察到意外伤害事故发生时，要及时通报教师并协助处理，事后再做记录和描述。

(3) 在伤害事故发生后，观察教师能否及时进行安全教育。

(4) 在一日生活各环节中，观察教师能否进行安全教育渗透。

(5) 观察在意外伤害发生后教师的反应，教师能否做急救处理。

(6) 孩子在幼儿园发生意外，观察教师是否和家长沟通，怎样沟通。

(7) 观察教师在一日生活各环节中，是否总在关注幼儿的安全。

(8) 对小、中、大三个幼儿班的意外伤害事故写出观察报告。

5. 观察反思

(1) 幼儿园有哪些防止意外发生的措施和方法？

(2) 幼儿园意外伤害发生后，应如何与家长沟通？

二、幼儿园安全教育的观察

1. 观察目标

通过观察(调查)，了解幼儿园对幼儿进行安全教育的情况。

2. 观察内容

(1) 教师在一日生活中的安全教育。

(2) 教师进行安全教育的方式。

3. 观察列表

填写表 4-19。

表 4-19　幼儿园安全教育观察

幼儿园：________ 幼儿班级：________ 观察日期：________ 观察人员：________

环节	安全教育的内容	安全教育的渠道	方式(正面、反面)	次数
入园				
晨检				
早餐				
早操				
教学活动				
游戏活动				
生活活动				
户外活动				
午餐				
午睡				
下午点心				
活动				
离园				

4. 观察说明

(1) 选择一个幼儿班级作为观察(调查)对象，持续观察一周，观察教师进行安全教育的环节、渠道、方式等，写出观察报告。

(2) 幼儿入园后，提醒幼儿小心走进教室，走到座位上坐好等；晨检中提醒幼儿保持不动，不要摔倒等。

(3) 早餐、午餐中提醒幼儿坐直，离热粥远一点儿不要烫着，进餐小心噎住、呛着，小心滑倒、摔倒，不要打闹等。

(4) 早操提醒幼儿保持距离，不要拥挤、推搡等。

(5) 游戏中提醒幼儿保持距离，小手搭肩，跑得不要太快，室内不要冲撞等。户外活动时嘱咐幼儿不能随意乱跑，不能推搡，不能抢夺游戏器材和材料，从滑梯滑下时要握好扶手，看下面有没有小朋友等。

(6) 生活活动中提醒幼儿注意地面湿滑，注意障碍物，喝水不要太急太快，不要站在窗台，走路要靠一侧，不能拥挤等。

(7) 午睡检查孩子头上、身上是否有尖锐的东西、小粒东西等。

(8) 离园时嘱咐幼儿路上、在家注意安全，注意保暖等。

5. 观察反思

(1) 教师是否重视一日生活中的安全教育？

(2) 幼儿园安全教育应如何实施才更有效？

注意事项

(1) 通过情景模拟和角色扮演训练，练习常见安全事故的急救技术。

(2) 能够准确判断意外事故的程度，操作准备充分，操作步骤流畅熟练。

(3) 避免在突发事件面前惊慌失措，做到沉着冷静。

(4) 注意实施急救术时操作步骤正确，避免错过安全急救的黄金时间。

背景知识

知识 1：入园环节的保育内容与要求

不同年龄阶段的幼儿，其心理发展特点和认知发展水平不同，相应的保育工作内容和要求也不同，具体如下：

1. 小班

(1) 提前做好开窗通风、换气、采光、早餐、供水等准备工作，保证室内外环境整洁，空气清新。

(2) 将已消毒好的水杯及毛巾等用品放在固定位置，供幼儿使用。

(3) 热情接待家长，与家长做好交接手续。向家长了解生病或体弱幼儿在家的饮食、睡眠、大小便等情况，及时记录家长的嘱托和要求并随时关注幼儿的具体表现。

(4) 协助保健大夫做好幼儿的晨检工作，观察幼儿的精神面貌，舒缓幼儿的精神状态和身体状况，如发现异常，及时了解原因并妥善处理。

(5) 观察幼儿情绪，舒缓幼儿的不安情绪。

(6) 以合适的方式检查幼儿有无携带危险品入园，如有，可暂替幼儿保管，下午离园时交与家长。

(7) 指导并帮助幼儿脱放衣服鞋帽。

(8) 清点幼儿人数，做好点名记录。

2. 中、大班

(1) 提前做好开窗通风、换气、采光、早餐、供水等准备工作，保证室内外环境整洁，空气清新。

(2) 指导值日生将已消毒好的水杯及毛巾等用品放在固定位置，供幼儿使用。

(3) 热情接待家长，与家长做好交接手续。向家长了解生病或体弱幼儿在家的饮食、睡眠、大小便等情况，及时记录家长的嘱托和要求并随时关注幼儿的具体表现。

(4) 协助保健大夫做好幼儿的晨检工作，观察幼儿的精神面貌，舒缓幼儿的精神状态和身体状况，如发现异常，及时了解原因并妥善处理。

(5) 观察幼儿情绪，舒缓幼儿的不安情绪。

(6) 引导幼儿自我检查，将不安全物品放在指定位置，并妥善保管。

(7) 指导幼儿独立、正确穿脱衣服鞋帽，并整齐地放到指定衣柜里。

(8) 清点幼儿人数，做好点名记录。

知识 2：游戏环节的保育内容与要求

游戏活动中同样也包含着教育与保育的内容。游戏活动中的保育工作内容与要求主要有：

(1) 游戏前组织幼儿如厕，并检查着装。

(2) 游戏活动的形式、内容要适合幼儿的生理、心理特点。

(3) 根据游戏目的和要求，做好游戏前材料、场地等准备，并对游戏的场地和设备做细致的排查，消除一切不安全因素。

(4) 开展游戏活动时尊重幼儿意愿，保证充足的游戏活动时间和空间。

(5) 活动中随时为幼儿增减衣物，保护幼儿身心健康。

(6) 配合教师做好游戏中的指导工作，协助教师处理游戏过程中出现的问题。

(7) 游戏结束后，协助幼儿收拾整理游戏场地和材料。

(8) 对幼儿的玩具和游戏材料进行定期的清洗和消毒。

知识 3：进餐环节的保育内容与要求

幼儿餐点活动的保育工作对于孩子进餐质量的保证以及健康进食习惯的养成尤为重要，不同年龄阶段幼儿的心理、生理及能力等各方面都存在显著差异，因而保育要点也不尽相同，其内容和要求如下：

1. 小班

(1) 饭前半小时应安排幼儿进行室内较为安静的活动。

(2) 做好餐前桌面的清洁和消毒工作。

(3) 营造宽松温馨的进餐氛围，安抚幼儿情绪，为愉快进餐做好心理准备。

(4) 将取来的饭菜放在安全处，以免烫伤幼儿。

(5) 帮助幼儿有序做好餐前如厕、洗手活动。

(6) 盛饭动作要轻，能根据幼儿的进食量为幼儿盛饭，少盛勤添。

(7) 帮助幼儿尝试自己取饭，提醒幼儿端平、慢走、轻拿轻放。

(8) 指导幼儿学习使用小勺进餐，提醒幼儿喝汤时两手端平饭碗。

(9) 关注个别不会咀嚼、吞咽有困难的幼儿，及时给予指导和帮助。

(10) 以亲切的口吻帮助吃饭慢、胃口不好、身体不适的幼儿吃饱吃好。

(11) 引导幼儿懂得不把饭菜放进别人碗里。

(12) 保证幼儿充裕的进餐时间，一般以 20～30 分钟为宜，不催促幼儿。

(13) 当出现打翻饭碗或撒出饭菜等情况时，帮助幼儿及时进行清理，保持进餐环境的卫生。

(14) 幼儿进餐时，不要批评幼儿，以免影响幼儿进餐时的情绪。

(15) 帮助、指导幼儿掌握饭后擦嘴、洗手、漱口的正确方法。

(16) 指导幼儿学习将餐具分类放在固定的容器里。

(17) 幼儿进餐结束后，进行湿式打扫。

(18) 有计划地组织幼儿餐后进行散步、户外观察、安静的区域活动等。

(19) 新生入园初期要详细向家长反馈幼儿进餐情况，并提出针对性的意见和建议。

2. 中、大班

(1) 饭前半小时应安排幼儿进行室内较为安静的活动。

(2) 带领值日生做好餐前桌面的清洁和消毒工作。

(3) 营造宽松温馨的进餐氛围，安抚幼儿情绪，为愉快进餐做好心理准备。

(4) 将取来的饭菜放在安全处，让幼儿懂得不靠近，以免发生烫伤。

(5) 指导幼儿有序做好餐前如厕、洗手活动。

(6) 指导值日生分发餐具，摆放整齐，轻拿轻放。

(7) 分餐时动作要轻，并根据幼儿进食量盛适量的饭菜。

(8) 提醒幼儿有序端饭菜，安静进餐，对挑食、偏食以及暴食的个别幼儿给予及时的指导和帮助。

(9) 指导幼儿正确使用筷子。

(10) 引导幼儿养成细嚼慢咽、吃饭安静、不剩饭、不暴饮暴食等良好的进餐习惯。

(11) 根据幼儿饭量大小随时添饭，保证幼儿充裕的进餐时间，一般以 20～30 分钟为宜，不催促幼儿。

(12) 当出现打翻饭碗或撒出饭菜等情况时，帮助幼儿及时进行清理，保持进餐环境的卫生。

(13) 幼儿进餐时，不要批评幼儿，以免影响幼儿进餐时的情绪。

(14) 鼓励幼儿主动整理餐具，收拾食物残渣。

(15) 引导幼儿有序地进行饭后擦嘴、洗手、漱口。

(16) 指导值日生进行桌面、地面的卫生清理工作。

(17) 组织幼儿餐后散步、户外观察或者自主选择安静的区域活动。

知识 4：午睡环节的保育内容和要求

1. 小班

(1) 为幼儿准备舒适的午睡环境，保持室内空气清新，温度适宜，拉好窗帘，调节光线。

(2) 帮助或指导幼儿睡前如厕。

(3) 上床前，将幼儿随身携带的小物件(纽扣、皮筋、发卡、线头等)集中放在一起，避免睡中玩耍，发生意外。

(4) 组织幼儿轻轻进入寝室，找到自己的小床。

(5) 用轻柔的语言提示幼儿安静、独立入睡，右侧卧或仰卧入睡。

(6) 对哭闹厉害、入睡困难或者有恋物习惯的幼儿，教师可用轻轻抚摸、拍一拍、抱一抱或送句悄悄话等方式，安抚情绪，使幼儿平静地入睡。

(7) 逐步培养幼儿喜欢在幼儿园午睡的习惯。

(8) 帮助或指导幼儿有顺序地穿脱衣服，将其摆放在固定地方。

(9) 全面关注幼儿的午睡情况，随时巡视，为蹬被子的幼儿盖好被子。

(10) 轻声提醒并照顾经常尿床的幼儿起床如厕，发现幼儿尿床要及时换洗、晒晾寝具。

(11) 护理和安慰个别幼儿入睡。

(12) 提醒早醒的幼儿保持安静，不影响同伴。

(13) 幼儿出现高烧、腹痛等紧急情况时，立即采取恰当的方式进行处理，必要时通知保健医生或立即带幼儿去医院就诊。

(14) 看睡时注意力集中，动作轻柔，说话轻声，不离岗、不做私活、不会客、不睡觉、不吃零食等。

(15) 建立午睡巡视制度，将幼儿午睡时的具体情况详细记录在表中，如情绪状况，是否咳嗽、流鼻血、睡眠异常等，便于离园时及时反馈给家长。

(16) 逐一帮助幼儿穿好衣服，重点指导幼儿逐步学会穿开身衣和套头衫，掌握穿衣顺序(先穿上衣，裤子，再穿袜子)，帮助动作慢的幼儿提高速度。

(17) 仔细检查幼儿衣服是否穿戴整齐，鞋子有无穿反，并帮助调整。

(18) 帮助幼儿梳头，组织幼儿如厕、盥洗、喝水，为带药的幼儿服药。

(19) 幼儿起床离开午睡房后，开窗通风，整理、收拾床铺，打扫午睡房。

2. 中、大班

(1) 为幼儿准备舒适的午睡环境，保持室内空气清新，温度适宜，拉好窗帘，调节光线。

(2) 组织幼儿进行散步、阅读、区域自选、午睡小讨论等安静活动，使幼儿懂得睡前不做激烈运动，保持情绪稳定。

(3) 提示幼儿主动将小物件集中放在一起，避免午睡中玩耍发生意外。

(4) 指导幼儿独立脱叠衣服、鞋袜，并在固定位置摆放整齐。重点指导幼儿学习脱袜子、衣裤的正确方法。

(5) 指导幼儿盖好被子，保持正确的睡姿，尽快入睡。

(6) 全面关注幼儿的午睡情况，随时巡视，为蹬被子的幼儿盖好被子。

(7) 轻声提醒并照顾经常尿床的幼儿起床如厕，发现幼儿尿床要及时换洗、晒晾寝具。

(8) 护理和安慰个别幼儿入睡。

(9) 提醒早醒的幼儿保持安静，不影响同伴。

(10) 幼儿出现高烧、腹痛等紧急情况时，立即采取恰当的方式进行处理，必要时通知保健医生或立即带幼儿去医院就诊。

(11) 看睡时注意力集中，动作轻柔，说话轻声，不离岗、不做私活、不会客、不睡觉、不吃零食等。

(12) 建立午睡巡视制度，将幼儿午睡时的具体情况详细记录在表中，如情绪状况，是否咳嗽、流鼻血、睡眠异常等，便于离园时及时反馈给家长。

(13) 组织幼儿随音乐做 3～4 分钟的起床操，唤醒幼儿身心。

(14) 指导幼儿独立有序地穿好衣服、鞋袜，重点指导幼儿学习整理床铺。

(15) 组织幼儿有序地进行如厕、盥洗、喝水等活动，帮助或指导幼儿学习梳头发、系鞋带。

(16) 幼儿起床离开午睡房后，开窗通风，整理、收拾床铺，打扫午睡房。

知识 5：幼儿园一日生活的内容

1. 入园、离园

入园、离园是幼儿从家庭到幼儿园和从幼儿园到家庭的环境转换环节。做好入园、离园工作，有助于增进家园沟通，帮助幼儿适应环境转换，让幼儿感受到幼儿园的亲切，感受到自己是幼儿园的主人，从而以愉快的情绪开始和结束一天的园内生活。

入园包括晨检、晨间活动和晨谈。晨谈是在班级幼儿基本到齐后，成人组织的集体谈话活动。话题可能会来自多方面，如有计划的主题活动讨论、当天即将进行的活动介绍、晨间活动时教师观察了解到的幼儿关注点或幼儿引发的事件等。

离园是幼儿结束在园一日生活、等待家长来接的环节，也是幼儿告别幼儿园和老师、同伴的时间。

2. 自由游戏

自由游戏是幼儿主动发起的活动。幼儿可以在各活动区中按照自己的兴趣、意愿或想法选择同伴及材料开展活动。自由游戏为幼儿主动探索和学习提供了充分的机会，有助于增强幼儿的自尊心和自信心，让其体验自由、自主的乐趣。每次自由游戏时间应持续 30 分钟以上。

3. 教育活动

幼儿园教育活动是有目的、有计划地引导幼儿进行活动的多种形式的教育过程。应根据活动目标、内容以及幼儿学习该内容的特点来确定采用小组活动方式还是集体活动方式，并尽可能地多开展小组活动。教育活动的时间安排应根据幼儿注意力发展的年龄特点和活动中幼儿的表现灵活掌握，一般小班 15 分钟左右，中班 20 分钟左右，大班 25 分钟左右。

小组活动为幼儿提供了跟同伴与教师进行交谈、讨论、合作和分享经验的机会，更容易让幼儿主动积极地操作材料，并按自己的速度和方式去参与活动；同时有利于教师关注幼儿的个体差异，了解每一个幼儿的发展状况，进而采取适宜个体的方式提供帮助和支持。小组人数一般以 5～8 人为宜。

集体活动是指参与活动的所有幼儿在同一时间内做相同的事情，整个活动过程以教师的引导或指导为主。集体活动有利于幼儿自我控制能力、注意力、良好倾听习惯和集体意识的培养，但难以满足幼儿发展的个别需要。因此，不是所有的教育内容都适合采用集体活动的形式。

4. 生活活动

生活活动是满足幼儿基本生理需要、帮助其养成良好生活习惯、提高自理能力的活动。生活活动安排、组织得合理、有序，才能有效满足幼儿的基本生理和心理需要，才能帮助幼儿建立良好的生活秩序，才能增强幼儿的自我意识，使之认识到自己是有能力的人，才能提高幼儿的自理能力，增强其自信心，获得心理上的安全感和成就感。

生活活动包括餐点、饮水、如厕、盥洗、午睡等环节。在这些环节中，有些是需要定时安排的，如餐点、午睡；有些则是要根据幼儿的个体需要灵活安排的，如饮水、如厕、盥洗。

(1) 餐点。

幼儿园餐点的提供方式各地有所不同，有两餐一点、一餐两点、三餐一点、三餐两点等。幼儿园可以根据本地的实际情况确定餐点提供方式，但要注意，幼儿进餐应定时、定量，两餐之间间隔以 3～4 小时为宜。准备餐点时，应注意温度适中。

(2) 饮水。

幼儿园要为幼儿自由饮水提供便利条件，各活动室内要提供固定饮水的地方以及相应的设备，如保温水桶或饮水机、消毒设施、一人一杯一位等。饮水地点及设备要有明显的、符合幼儿年龄特点的标记。饮水设备放置要稳固，便于幼儿接水。

(3) 如厕。

幼儿园要有符合幼儿特点的专用厕所，便于幼儿自己如厕。幼儿厕所要保持整洁通风，地面干燥，无污垢、无异味。

(4) 盥洗。

幼儿园要为幼儿盥洗提供安全、卫生、舒适、便利的条件，如适宜于幼儿洗手的设备、一人一块擦手毛巾等。为幼儿提供的擦手毛巾要方便幼儿取放。

(5) 午睡。

幼儿教师通常在午餐后组织幼儿午睡，一般时间在 2 小时左右，也可以根据幼儿的个体差异和季节变化调整午睡时间，但原则是可减少但不宜过长。幼儿园要为幼儿提供适宜午睡的地方，做到一人一床一被一位；要保持空气畅通；通道便于幼儿安全进出；要结合季节气候的变化和卫生要求；定时更换和清洗卧具。

5. 户外活动

户外活动有助于满足幼儿身体运动的需要，提高幼儿的身体适应能力，增强其体质。寄宿制幼儿园每天户外活动时间应不少于 3 小时，全日制幼儿园应不少于 2 小时，半日制幼儿园应不少于 1 小时。高寒、高热地区的幼儿园可根据天气变化酌减。户外活动应以幼儿的自由锻炼和自由探索为主，可以采用体操、体育游戏、散步等形式。教师应确保户外活动场地、器械及材料的安全，并安排幼儿在成人的视线范围内进行活动。

6. 过渡环节

过渡环节是幼儿由一个活动过渡到另一个活动的过程。过渡环节可以让幼儿在宽松、自然、有序的环境中，自主地完成要做的事情，为下一个活动做好心理准备，养成有序生活的良好习惯。在过渡环节，幼儿可以做很多事情，如收拾整理玩具和材料、如厕、洗手、喝水、更衣、聊天等。过渡环节的安排要自然、灵活、有序，减少幼儿不必要的等待。教师可利用过渡时间作为幼儿的学习机会，如念诵儿歌、做手指游戏等，帮助幼儿学会安全、有序、快速地过渡。

总之，幼儿在一日生活中的各个环节的经历及所获得的经验都会对他们的学习和发展产生重要影响。幼儿教师应通过一日生活的各主要环节的安排与组织帮助幼儿学会自理、学会学习、学会交往、学会自我调节，为其日后的学习和发展打下良好基础。

知识 6：户外活动对幼儿的意义和教育重点

1. 户外活动对幼儿的意义

户外活动作为幼儿体育活动的基本形式之一，具有与其他体育活动形式相同的目的与任务，可以促进幼儿生长发育，增强幼儿体质。幼儿在户外进行体育活动，不仅能有效地锻炼身体，而且能更多地直接接受阳光、新鲜空气、水分等自然因素的刺激。这对于幼儿骨骼的发育以及呼吸系统、神经系统的健康尤为重要。同时还可以在户外活动中培养幼儿不怕困难、团结合作的品质和勇于创新的精神。因此，有效开展幼儿户外活动尤为重要。

2. 户外活动的教育重点

由于幼儿年龄小，自我保护意识和能力比较缺乏，不能清楚地预见自己行为的后果，再加上家长对孩子的过度保护，导致幼儿本能的自我保护意识与能力悄然减退或缺失，极易给自己或他人带来危险。所以，在自由活动中对幼儿进行自护教育迫在眉睫，幼儿自护意识与能力的培养应成为幼儿园户外自由活动环节的教育重点。

知识7：气管异物急救

气管异物是较常见的幼儿意外事故，也是引起5岁以下幼儿意外死亡的主要原因之一。每年假期是幼儿气管异物事故的高发期，家长要特别注意，以防意外发生。幼儿的咳嗽反射及喉头保护性反射尚不成熟，若进食时哭闹、嬉笑、跑跳或口含小物品突然深吸气，极易将异物吸入气管中。最易引起气管阻塞的异物有花生米、黄豆，这两种物品遇水膨胀后更不易取出；此外还有果冻、硬币、小纽扣等。当异物落入气管后，最突出的症状是剧烈的刺激性呛咳，较大的或棱角小的异物(如大枣)会把气管阻塞，短时间内即可发生喘憋死亡。还有一种软条状异物(如酸菜条)，吸入后刚好跨置于气管分支的嵴上，像跨在马鞍上，虽只引起部分梗阻，却会成为长期的气管内刺激物，导致患儿长期咳嗽、发烧，甚至引起肺炎、肺脓肿，同样会导致死亡。

气管异物症状可分为四期：异物进入期、安静期、刺激或炎症期、并发症期。教师或家长要尽可能在第一期发现并及时去除异物，此时，急救法就显得尤为重要。当幼儿发生异物呛入气管时，教师或家长不可过于惊慌而不知所措，应先鼓励幼儿咳嗽以咳出异物，若不行，可试用下列手法将异物排出。

(1) 海姆立克急救法：这是一种利用幼儿肺部的残留气体，形成气流将异物冲出的急救方法。抢救者站在患儿身后，从背后抱住其腹部，双臂围环其腰腹部，一手握拳，拳心向内按压于患儿的肚脐和肋骨之间的部位，另一只手捂按在拳头之上，双手急速用力向里向上挤压。

(2) 推压腹部法：使患儿仰卧于桌子上，抢救者将一只手放在其腹部肚脐与剑突之间，紧贴腹部向上适当加压；另一只手轻柔地放在患儿胸壁上，向上和向胸腔内适当加压，以增加腹腔和胸腔内的压力。

(3) 拍打背法：立位，抢救者站在患儿侧后方，一手臂置于患儿胸部，围扶患儿，另一手掌的根部在患儿肩胛间区脊柱上给予连续、急促而有力的拍击，以利于异物排出。

(4) 倒立拍背法：此法适用于婴幼儿。倒提其两腿，使头向下垂，同时轻拍其背部，通过异物自身的重力和呛咳时胸腔内气体的冲力，迫使异物向外咳出。

若以上方法无效或情况紧急，应立即将患儿送至医院。但应注意，在送往医院前一定不要给患儿吃饭、喝水，以便医生尽早手术。

为了预防幼儿气管异物的发生，要避免幼儿在吃东西时哭闹、嬉笑、跑跳，引导幼儿吃饭时细嚼慢咽。尽量不要给幼儿吃豆子、花生、瓜子等不易咬嚼的食物，更不要给幼儿强迫喂药，这些都容易造成幼儿气管异物的发生。在幼儿的活动范围内应避免存放小物品，如小纽扣、图钉等，防止出现意外。需要特别注意的是，有时幼儿吃东西出现呛咳后长期反复咳嗽，按气管炎治疗仍不见好转，就应考虑是否有气管异物的可能，应送幼儿到医院做进一步的检查。

知识 8：幼儿园健康检查制度的主要内容

1. 注重幼儿健康检查

(1) 幼儿初次入园须由妇幼保健站进行健康检查，填写健康检查表和保健卡。

(2) 经体检、化验等项目检查确无传染性疾病，且最近两个月内无传染病接触史者方可入园。

(3) 在园幼儿离园一个月以上者，返园时须重新体检。对有传染病接触史的幼儿要进行检疫，经体检证实健康者方可回班。

(4) 定期了解幼儿的生长发育状况，掌握在园群体幼儿的生长发育水平，及时发现疾病和异常情况，并进行预防、治疗。

(5) 定期体检，全园幼儿每年全面体检一次，体检率达 95%，每半年为幼儿测身高、体重、视力一次，并做好健康分析、评价，常见病统计及缺点矫治。每年 5 月份为幼儿进行全面检查一次，按 WHO 体格发育评价标准对幼儿身高、体重进行评价。

(6) 体检中发现的营养不良、贫血等异常者，均应转为体弱儿，进行专案管理。

(7) 对体检中发现的疾病如沙眼、龋齿或问题儿童等要建立档案，及时予以矫治，矫治与转归情况详细记入缺点矫治登记或档案中。

(8) 坚持晨检及全日观察制度，认真做好一摸(有无发烧)、二看(咽部、皮肤和精神)、三问(饮食、睡眠)、四查(有无携带不安全物品)、五记录，发现问题及时处理。

2. 注重教师健康检查

教师每年须全面体检一次，发现患有肝炎或其他传染病者，必须立即离职治疗，待痊愈后，持市县(区)级以上医疗保健证明，方可恢复工作。患有慢性痢疾、乙型肝炎、乙肝表面抗原阳性、滴虫性阴道炎、化脓性皮肤病、麻风病、结核病、精神病等的保教人员应调离工作岗位。

3. 注重食堂从业人员健康检查

(1) 食堂从业人员必须政治思想好，心理素质好，有健康的身体，责任心强。

(2) 食堂从业人员由幼儿园一年一聘，每学年初幼儿园与其签订聘用合同。

(3) 食堂从业人员必须具有有效的健康证明，持证上岗；每年必须到法定机构体检一次，体检符合要求，由县级以上疾病控制中心发给健康证，方可从事食堂工作。

(4) 食堂从业人员一旦患上传染性疾病(痢疾、伤寒、病毒性肝炎、活动性肺结核、化脓性或渗出性皮肤病等)，不得从事食品加工和销售工作。

(5) 食堂从业人员在个人卫生方面应做到“四勤”：勤洗手、勤剪指甲、勤洗澡理发、勤洗衣服。保持良好的个人卫生习惯。

(6) 食堂从业人员不能穿拖鞋上岗，不能戴首饰上岗。

(7) 食堂从业人员每天早上上岗前由幼儿园的行政领导或食堂负责人进行认真检查，凡是个人卫生不符合要求的，不得上岗。

知识 9：矫正幼儿问题行为的五种方法

1. 正强化法

方法解析：正强化法是问题行为矫正中最基本的方法，又称阳性强化法或积极强化法。

简单地说，当幼儿的某一问题行为不出现(也即正常行为出现)时，立即给予奖赏，以帮助其建立正常行为。比如，矫正功能性遗尿。白天，当幼儿出现尿意时，鼓励他暂时不排尿，每次控制成功后，均给予其奖赏。每日延长2～3分钟，直至出现尿意后能控制45分钟。一般需经三个月的治疗。在矫正中，成人要用好奖赏品，也就是强化物。强化物一般分为五类：① 消费性强化物，如糖果、饮料等一次性消费物品；② 活动性强化物，如看电视、郊游等活动；③ 操作性强化物，如涂颜色、跳绳、做游戏等；④ 拥有性强化物，指一段时间内幼儿可拥有、享受的东西，如穿自己喜欢的衣服，有属于自己的小红旗、玩具等“私有财产”；⑤ 社会性强化物，指幼儿喜欢接受的语言刺激或身体刺激，如赞扬、点头、微笑等。

操作要领：在进行正强化矫正时，成人要选择幼儿喜欢、需求的强化物。奖赏要立即兑现，要说明是出现了哪一种行为后给予的奖赏。强化物的数量不宜多。在幼儿做到期望的行为后，应逐步取消物质奖励，以赞扬、微笑等代替。

适用范围：矫正幼儿神经性厌食症、偏食、遗尿、多动、缄默、孤独、学习困难等问题行为。

2. 惩罚法

方法解析：惩罚法又称厌恶疗法，指幼儿出现某一问题行为后，立即使之受到厌恶刺激或失去正在享用的“私有财产”，将问题行为与不愉快的或惩罚性的刺激结合起来，经多次重复，问题行为逐渐减少甚至消失。一般来说，惩罚法需要与其他矫正方法和教育配合使用，才能全面纠正幼儿的问题行为。

惩罚法有以下三种类型：

(1) 体罚：当幼儿出现问题行为时，即刻给予一个厌恶刺激(包括能激起痛感或其他感官不舒适的刺激，如令人厌恶的声音、难闻的气味等)或惩罚物，以达到阻止或消除这种问题行为发生的目的。

(2) 谴责：当幼儿出现问题行为时，及时给予严厉的否定性或警告性提示(包括瞪眼睛、用力把他抓住等动作)，以阻止或消除问题行为的出现。

(3) 暂停：当幼儿出现问题行为时，及时暂停他的玩耍活动或没收他的玩具等，以阻止问题行为的出现。

操作要领：惩罚必须及时，即在问题行为出现后立即惩罚。两者间隔时间越短，效果越好。成人必须以冷静的态度来使用惩罚物，避免因情绪激动而加重惩罚的强度，造成不必要的危害。这里必须强调，惩罚法有一定的副作用，强烈的惩罚会引起幼儿不良的情绪反应，有损幼儿心理的正常发育，幼儿也可能会模仿成人的惩罚行为来对待其他幼儿。惩罚只能纠正旧的问题行为，并不能帮助建立新行为，在使用惩罚法时，成人必须有意识地帮助幼儿建立新的正常行为。因此，惩罚法应在其他方法无效而不得已时才采用。

适用范围：矫正咬指甲、吮手指、遗尿、拔毛癖、攻击性行为、强迫症等异常行为。

3. 负强化法

方法解析：负强化法是指幼儿出现某一正常行为时就可避免不良的厌恶刺激(或称负强化物)，久而久之，该正常行为的出现频率就会增加，而与之对应的问题行为就会减少或消失。例如，对爱咬指甲的幼儿，可在其手指甲上涂胡椒粉或黄连粉，使其一咬指甲便会产生不适感。为了避免这种厌恶刺激，幼儿会不再咬指甲，由此改掉问题行为。

操作要领：选择的厌恶刺激必须使幼儿产生一定的不适感(如苦、热、冷等)，并能在正常行为出现时立即终止(例如，不咬指甲就不会尝到胡椒粉)。选择的厌恶刺激必须是学校教育和社会道德所能容许的，并且不会危害幼儿的身心健康和人身安全。

适用范围：矫正自伤、咬指甲、吮吸手指、爱哭等问题行为。

4. 消退法

方法解析：指当儿童表现出某种不良行为时，不给予其强化或处罚，即不予理睬、不予关注，从而使该行为出现频率下降，直到儿童的这种不良行为消退掉。比如，一个 2 岁的幼儿每晚必须由父母陪伴才能入睡，否则就大声哭闹、不能入睡，“陪伴入睡”成了不良入睡行为的强化物。针对这种情况，可采取消退法。治疗时，父母将幼儿安置在床上后，告诉他必须自己睡觉，然后离开。实施第一天，幼儿大声哭闹的时间可能长达 50 分钟甚至 1 个小时。第二天，哭闹时间可能减少至 15～30 分钟。一般坚持到第十天晚上，哭闹行为可能就会完全消失。

操作要领：对有多种问题行为的幼儿，要先选定一种行为进行矫正，然后再逐个解决。要创造消退治疗的环境，在实施矫正之前，需将计划告诉幼儿。在幼儿园实施消退法时，要让家长参与，做到家园一致，避免问题行为在幼儿园逐步消退，却在家里不断得到强化。在消退法实施初期，问题行为可能会加重，甚至产生情感抵触和攻击性行为。此时，应坚持矫正，否则会继续加重问题行为。若矫正后问题行为重现，可再进行几次消退训练，直至问题行为彻底消除。

适用范围：矫正爱发脾气、多动症、神经性呕吐、偏食等问题行为。通常而言，消退法应与正强化法结合使用，如对偏食、爱发脾气的幼儿，这样不仅可以消除其问题行为，也有助于其建立并强化良好行为。

5. 模仿法

方法解析：模仿法即通过观察、学习、模仿来建立和加强良好行为，减少、消除问题行为。模仿法通常有影视或录像模仿、现场模仿、参与模仿、想象模仿四种类型。

操作要领：确定的楷模应与幼儿的年龄、性别相似，越相似就越容易获得模仿效果。或以幼儿熟悉或崇拜的人(如教师等)为楷模。要延长示范行为的表现时间，让幼儿多看一看。模仿行为产生后，要给予强化。

适用范围：矫正恐惧、退缩、孤独、胆怯、焦虑等多种问题行为。

除以上方法外，纠正幼儿问题行为的常用方法还有间歇强化法、行为塑造法、系统脱敏疗法、代币制疗法、认知行为疗法、催眠疗法等，如有需要，可在专科医生的指导下合理使用。

作 业

1. 幼儿园保育和教育目标制定的依据是什么？

2. 分析 4～5 岁年龄段幼儿入园及晨读活动的视频。
3. 分析 4～5 岁年龄段幼儿午睡环节的视频。
4. 分析 4～5 岁年龄段幼儿离园环节的视频。
5. 分析 4～5 岁年龄段幼儿游戏活动的视频。
6. 分析 4～5 岁年龄段幼儿集中教育活动的视频。
7. 分析 5～6 岁年龄段幼儿进餐环节的视频。
8. 分析 5～6 岁年龄段幼儿饮水环节的视频。
9. 分析 5～6 岁年龄段幼儿如厕环节的视频。
10. 通过视频，回顾并熟悉常见安全事故的种类和急救操作方法。
11. 进入实训基地(幼儿园)，对生病幼儿做适当的护理演练。

第二部分　幼儿教师素养综合测评

实训1　学前儿童发展心理学

实训目标

(1) 理解学前儿童发展心理学的相关概念、基本规律与特征和学前儿童发展基本理论的代表人物。

(2) 掌握学前儿童感知觉发展特点。

(3) 了解记忆和想象的概念、分类、特点及培养方法。

(4) 理解思维的概念、特征、种类和基本过程。

(5) 掌握语言和情绪的概念、分类、作用和发展特点。

(6) 了解个性特征的基本概念和发展特点。

实训内容

一、学前儿童发展心理学基本理论

1. 学前儿童发展心理学的相关概念

(1) 心理学：研究心理现象发生、发展及变化规律的科学。心理现象包括心理过程和个性心理两类。

① 心理过程：认知过程、情感过程、意志过程。

② 个性心理：个性倾向性、自我意识、个性心理特征。

(2) 发展心理学：心理学的一个分支，是研究心理发展规律的科学。

(3) 学前儿童发展心理学：研究个体从出生到进入小学之前的心理发展规律和特征的科学。

2. 学前儿童心理发展的基本特征

(1) 发展的连续性。

(2) 发展的阶段性。

(3) 发展的方向性。

(4) 发展的不平衡性。

(5) 发展的个别差异性。

3. 3～6岁儿童心理发展的主要特征

1) 3～4岁儿童心理发展的特征

(1) 认识活动以具体形象性为主要特征。

(2) 情绪变化大。

(3) 学习方式以模仿为主。

2) 4～5岁儿童心理发展的特征

(1) 活泼好动。

(2) 思维以具体形象思维为主。

(3) 初步遵守行为规则。

3) 5～6岁儿童心理发展的特征

(1) 好学好问，表现出强烈的求知欲和好奇心。

(2) 抽象思维能力萌发。

(3) 个性初具雏形。

4. 学前儿童心理发展的主要理论

1) 格赛尔的成熟势力学说

主要观点：支配学前儿童心理发展的因素有两个——成熟和学习，其中成熟是主要因素。成熟决定学习的最终效果。

2) 弗洛伊德的精神分析学说

(1) 人格结构理论。弗洛伊德把人格分为本我、自我、超我三个层次。

(2) 人格发展理论。弗洛伊德把儿童的心理和行为发展划分为五个阶段，即口唇期(0～1岁)、肛门期(1～3岁)、性器期(3～6岁)、潜伏期(6岁至青春期)、生殖期(青春期以后)。

3) 华生的行为主义学说

主要观点：一切学习都是以一种刺激替代另一种刺激，并建立条件反射的过程，即刺激-反应(S-R)；人的行为完全是由环境决定的。

4) 皮亚杰的认知发展学说

主要观点：皮亚杰把儿童认知发展分为四个阶段，即感知运动阶段(0～2岁)、前运算阶段(2～6岁)、具体运算阶段(7～12岁)、形式运算阶段(12岁及以后)。

二、学前儿童感知觉发展特点

感觉是人脑对直接作用于感受器的客观事物的个别属性的反映。知觉是人脑对直接作用于感受器的客观事物整体的反映。感知觉的关系，合称为感知觉，感觉是构成知觉的基础，没有感觉就不可能有知觉，但知觉比感觉复杂得多，不能把知觉归结为感觉的机械总和。各种感觉一经构成知觉，便会有机地发生联系，也就是说，知觉还反映事物个别属性之间的关系。知觉的产生还会受到其他心理成分的影响。学前儿童感知觉发展特点如下：

(1) 儿童的感觉是在活动中发展起来的。直立行走和摆弄、操作、使用各种物体的动作，对于扩大视野、进一步发展各种感觉都起重要的促进作用。

(2) 从近距离感觉逐渐转向远距离感觉。儿童出生后，首先发展的是以肤觉、味觉为中心的近距离感觉，随后逐渐发展以视觉、听觉为中心的远距离感觉。

(3) 从不分化到逐渐发生分化。婴幼儿常出现现象（如色听），这是各种感觉未能分化的表现，随着儿童抑制功能的发展，逐渐达到各种感觉的分化。

(4) 各种感觉从单独起作用到相互结合。儿童出生后的前半年，主要是通过各种感觉去认识事物。以后随着动作的发展，视觉、听觉、运动觉、触觉之间建立了多种联系，产生对复合刺激的反映，这就是儿童知觉的发生。

三、学前儿童记忆和想象的发展

1. 3～6岁儿童记忆发展的特点

(1) 记忆保持的时间逐渐延长。

(2) 无意识记占优势，有意识记逐渐发展。

(3) 机械识记为主，意义识记开始发展。

2. 学前儿童想象的发展特征

(1) 无意想象占主导地位，有意想象逐渐发展。具体表现为没有目的性、想象的主题不稳定、想象受兴趣和情绪影响、仅满足于想象过程。

(2) 再造想象占优势，创造想象开始发展。具体表现为再造想象多依赖成人的语言描述，缺乏新颖性。

(3) 想象脱离现实，与现实相混淆。

四、学前儿童思维的发展

1. 0～3岁儿童思维的发生

(1) 直观的概括。

(2) 动作的概括。

(3) 词语的概括。

2. 3～6岁儿童思维的发展

(1) 一般特征。

① 小班儿童以直观动作思维为主。

② 中班儿童以形象思维为主。

③ 大班儿童的抽象逻辑思维开始萌芽。

(2) 3～6岁儿童判断推理能力的发展趋势。

① 由依据事物的表面特征向依据事物的本质特征发展。

② 由以自身生活经验为依据向以事物客观逻辑规律为依据发展。

(3) 3～6岁儿童理解能力的发展。

① 由主要依据事物具体形象逐渐向依靠语言说明发展。

② 由对个别事物的理解发展到对事物联系的理解。

③ 对事物的理解停留在表面层次。

(4) 学前儿童思维能力的培养。

① 丰富学前儿童的语言，培养他们的思维能力。

② 在活动中训练学前儿童的思维能力。

③ 营造有利于学前儿童思维发展的环境。

五、学前儿童语言和情绪的发展

1. 情绪情感概述

情绪是指人们对客观事物是否符合自己需要、愿望和观点而产生的内心体验。情感是指人们对客观事物是否满足自己的需要而产生的态度体验。

2. 学前儿童情绪情感的发展

(1) 0～3 岁儿童情绪情感的发展。

① 哭：婴儿最早的情绪反应。哭既是一种生理现象，也是一种心理现象。

② 笑：第一阶段，反射性微笑(0～5 周)，是一种生理表现。第二阶段，社会性微笑(5 周起)，具有社会性功能。

③ 恐惧：生来就有的本能反应。

(2) 3～6 岁儿童情绪情感的发展。

① 情绪的社会化。

② 情绪的丰富和深化。

③ 情绪的自我调节能力越来越强。

六、学前儿童个性和社会性的发展

1. 个性的概述

(1) 个性的概念：个性又叫人格，是指一个人独特的、稳定的、本质的心理倾向和心理特征的总和。简单地说，个性就是一个人的整体精神面貌。

(2) 个性的结构：个性的结构包括个性倾向性、个性心理特征和自我意识。

(3) 个性心理特征：个性心理特征是个性心理系统的特征系统，它指的是个体身体上经常地、稳定地表现出来的心理特点，主要包括气质、性格等。

2. 社会性发展的概念

社会性发展即学前儿童的社会化，是指学前儿童从一个生物人逐渐掌握社会的道德行为规范与社会行为技能，成长为一个社会人，逐步步入社会的过程。

3. 学前儿童社会性发展的内容

(1) 人际关系的确立。

(2) 性别行为的发展。

(3) 亲社会行为的发展。

(4) 攻击性行为的发展。

注意事项

(1) 注重运用学前儿童发展心理学的理论知识指导实践。

(2) 在实训过程中注意结合具体案例，理解和掌握有关学前儿童记忆、想象的概念以及发展特征的相关内容。

(3) 结合案例记忆，理解学前儿童思维的概念、发生和发展的趋势。

(4) 结合案例理解和掌握学前儿童的个性、社会学等概念。

实训2　学前儿童卫生学

实训目标

(1) 掌握学前儿童解剖生理特点以及身体生长发育的规律，掌握营养学基础知识，了解托幼机构的膳食管理。

(2) 了解学前儿童常见疾病的有关知识及基本急救措施。熟悉教育环境创设及教育过程中的卫生要求，系统了解学前儿童常见心理卫生问题及教育对策。

(3) 能够对学前儿童的身心发展进行科学评价，具备一定的实际工作能力，将来在实际工作中能够切实做到维护和增进儿童的身心健康。

实训内容

一、学前儿童的生理特点及卫生保健

(1) 了解皮肤、眼和耳的构造与功能。

(2) 掌握小儿皮肤、眼和耳的生理特点与相应的卫生保健措施。

二、学前儿童的生长发育及健康评价

(1) 幼儿形态指标和生理指标的测量。

(2) 幼儿身体发育状况的评价。

三、学前儿童的心理健康及保健

(1) 调查幼儿心理健康问题。

(2) 幼儿心理问题的诊断、分析与矫治。

四、学前儿童的营养和膳食卫生

(1) 观察记录幼儿进食情况。
(2) 分析评价幼儿园一周食谱，编制幼儿一日食谱。

五、学前儿童生理疾病的防护

(1) 学前儿童疾病一般症状的辨别。
(2) 学前儿童常见传染病及其防护。
(3) 学前儿童常见病及其防护。
(4) 掌握基本护理技能。

六、学前儿童意外伤害的预防和急救

(1) 重要急救术的练习。
(2) 气管异物和骨折的急救处理；小外伤、中毒、中暑、烫伤、晕厥和惊厥的处理。

七、托幼机构保教活动的卫生

(1) 照料幼儿的日常生活。
(2) 组织指导幼儿的教学、游戏和体育锻炼。
(3) 接待幼儿入园并进行晨检，为幼儿查体。

八、托幼机构物质环境的卫生

观察分析某幼儿园物质环境的卫生状况。

注意事项

(1) 能够科学评价学前儿童的生长发育。
(2) 尊重儿童，能做好幼儿园幼儿的生活管理。
(3) 学习理论知识和课程实践教学相互结合，加深学生对讲授内容的理解。

实训 3　学前教育学

实训目标

(1) 通过本实践教学环节的训练，学生将学会把理论的知识转化为实际的教育技能。

锻炼和培养学生从事幼儿园课程与教育活动的设计及指导能力，使之熟悉幼儿园教学实际，培养教学实践能力，并能正确地评价幼儿园教育活动。

(2) 通过实践教学活动，学生能够理解、掌握和运用本课程的基础知识和基本理论，形成科学的幼儿教育观，提高幼儿园保教工作所必需的基本技能和技巧，以获得幼儿园教育教学工作所必需的综合应用能力，形成从事幼儿园教师职业所必备的综合素质，更好地适应我国幼儿园教育改革对新时代幼儿教师的职业要求。

实训内容

一、学前教育基本理论与技能

1. 学前教育概述

(1) 学前教育的性质：基础性、公益性。

(2) 学前教育的目标与任务。

(3) 学前教育机构的产生与发展。

(4) 中外学前教育家的教育思想。

2. 幼儿园教育

(1) 保教结合的原则。

(2) 以游戏为基本活动的原则。

(3) 教育的活动性和活动的多样性原则。

(4) 发挥一日活动整体教育功能的原则。

3. 幼儿园班级管理

(1) 概念。幼儿园班级是幼儿园进行保教活动的基本单位。幼儿园班级管理指幼儿园班级中的保教人员通过组织、计划、实施、调整等环节，把幼儿园的人、财、物、时间、空间信息等资源充分利用起来，以达到高效率实现保育、教育的目的。

(2) 幼儿园班级管理的内容。

① 生活管理。

② 教育管理和家庭教育管理。

③ 幼儿社区活动管理。

④ 班级交流管理。

(3) 幼儿园班级管理的方法。

① 规则引导法。

② 情感沟通法。

③ 互动指导法。

④ 榜样激励法。

⑤ 目标指引法。

(4) 幼儿园班级管理的原则。

① 主体性原则。

② 整体性原则。

③ 参与性原则。

④ 高效性原则。

二、幼儿园环境

1. 幼儿园环境的概念

幼儿园物质环境包括幼儿园的场地、围墙、房舍、桌椅、设备设施、玩具、图书等有形的东西。幼儿园精神环境包括教师和幼儿的精神状态、情绪、人际关系、教师对幼儿的态度、教师对家长的态度等。

2. 幼儿园环境的功能

幼儿园环境体现着一所幼儿园的教育品质、办园理念和特色，体现着园长的办园思想，体现着教师教育水平和专业素养，能够促进幼儿认知和社会性的发展，有利于幼儿良好习惯的养成和经验的积累，有利于教师组织与引导能力的提升，对家长有宣传和引导作用，对幼儿园安全运行有促进作用，是家园沟通的桥梁，是幼儿园办园理念和办园特色的物化。

3. 创设良好幼儿园环境应遵循的原则

(1) 安全、实用、美观、节约、发展适宜。

(2) 了解幼儿的年龄特点和发展需要。

(3) 理解和尊重幼儿的特点、差异、兴趣、人格。

(4) 适宜、和谐、动态、过程。

三、幼儿游戏

1. 幼儿游戏的含义及种类

1) 幼儿游戏的含义

游戏是幼儿最喜欢的活动，符合幼儿身心发展的特点，是幼儿生活的主要内容，是幼儿对生长的适应，是幼儿的自发性学习。

2) 幼儿游戏的种类

(1) 依据幼儿的认知特点分类，幼儿游戏可分为感觉机能性游戏、象征性游戏和规则性游戏。

(2) 依据游戏的社会性特点分类，幼儿游戏可分为独自游戏、平行游戏、联合游戏和合作游戏。

(3) 依据教育目的分类，幼儿游戏可分为自发游戏和教学游戏。

(4) 依据教育作用分类，幼儿游戏可分为角色游戏、建构游戏、表演游戏、体育游戏、智力游戏和音乐游戏。

2. 幼儿游戏的特征与功能

1) 幼儿游戏的基本特征

幼儿游戏的基本特征包括：主动的、自愿的；在假想的情景中反映周围的现实生活，没有强制的外在目的；伴随愉悦的情绪。

2) 幼儿游戏的主要功能

幼儿游戏的主要功能包括：促进幼儿身体的发展；促进幼儿智力的发展；促进幼儿创造力的发展；促进幼儿情感的发展；促进幼儿美感的发展。

3. 幼儿游戏的指导

(1) 教师对幼儿游戏的指导策略。

(2) 教师对幼儿游戏的介入。

① 介入的角色定位。

② 介入的时机。

③ 介入的方式。

(3) 幼儿园各类游戏活动的指导。

① 角色游戏的指导。

② 建构游戏的指导。

③ 表演游戏的指导。

④ 智力游戏的指导。

⑤ 音乐游戏的指导。

⑥ 体育游戏的指导。

(4) 幼儿园班级管理的方法：规则引导法、情感沟通法、互动指导法、榜样激励法和目标指引法。

(5) 幼儿园班级管理的原则：主体性原则、整体性原则、参与性原则和高效性原则。

4. 幼儿园教育活动设计与实施

(1) 幼儿园教育活动概述：《幼儿园教育指导纲要(试行)》指出，幼儿园教育活动是教师以多种形式，有目的、有计划地引导学前儿童进行生动、活泼、主动活动的教育过程。

(2) 幼儿园教育活动类型。

① 根据组织形式划分，幼儿园教育活动分为集体教育活动、小组教育活动，个别教育活动和自选教育活动。

② 根据教育活动的预设程度划分，幼儿园教育活动分为正规教育活动和非正规教育活动。

5. 幼儿园教育活动的原则与方法

(1) 幼儿园教育活动的原则：科学性原则、思想性原则、活动性原则、发展性原则、直观性原则和个别对待原则。

(2) 幼儿园教育活动的方法：观察法，实验法，游戏法，操作法，参观法，谈话、讨论法，讲解、讲述法。

四、教育评价

1. 幼儿园教育评价的内涵与目的

(1) 幼儿园教育评价的概念：幼儿园教育评价是以幼儿园教育目标为评价标准，在系统测量的基础上，对幼儿园教育项目、幼儿教师素养综合测评活动及其相关因子进行价值判断，以促进幼儿全面发展的过程。

(2) 幼儿园教育评价的目的：促进幼儿和幼儿园教育的发展。

2. 幼儿园教育评价的类型与功能

(1) 幼儿园教育评价的类型如下：

① 根据评价的范围划分，幼儿园教育评价分为宏观评价、中观评价和微观评价。

② 根据评价的功能划分，幼儿园教育评价分为诊断性评价、形成性评价和总结性评价。

③ 根据评价的主体划分，幼儿园教育评价分为自我评价、他人评价。

④ 根据评价的参照体系划分，幼儿园教育评价分为相对评价、绝对评价和个体内差异评价。

⑤ 根据评价对象划分，幼儿园教育评价分为幼儿发展评价、教师工作评价、幼儿园课程评价和托幼机构教育质量评价。

(2) 幼儿园教育评价的功能：导向功能、诊断功能、鉴定功能和育人功能。

3. 幼儿园教育评价的原则和方法

(1) 原则：尊重性原则、科学性原则、全面性原则、客观性原则、个别化原则和情境性原则。

(2) 方法：观察法、问卷法、访谈法、档案袋法、测验法和自我评价法。

4. 幼儿园教育评价的内容与标准

(1) 对幼儿学习与发展的评价。

(2) 对幼儿园教育活动的评价。

(3) 对幼儿园教育工作的整体评价。

注 意 事 项

(1) 学生要善于思考，善于学习，不能仅仅局限在教材与教师讲课范围内，而应该开阔视野，活跃思想，培养自己的科研能力，训练自己的理论分析能力和思维能力。

(2) 学生在学习理论与实践活动中应形成正确的幼儿教育观念，初步掌握幼儿教育工作的规律，学习幼儿教育工作的方法。

(3) 学生应理解学前教育学中的基本概念和基本理论，学会灵活运用它们解决实际问题，掌握运用所学的理论知识对幼儿园教育现象进行分析和评价的能力，以及与幼儿、家长进行沟通的能力。

(4) 学生应结合自己所学理论和直观的实践感受，设计出不同领域幼儿活动计划，并能在班上或幼儿园实践操作。

背景知识

知识 1：儿童心理发展的关键期对早期教育的启示

关键期是指人或动物的某些行为与能力的发展的特定时期，如在此时给以适当的良性刺激，会促使其行为与能力得到更好的发展；反之，则会阻碍发展甚至导致行为与能力的缺失。各种心理功能成长与发展的关键期不同，由于在关键期内，个体比较容易接受某些刺激的影响，比较容易进行某些形式的学习，因此要求我们在教育过程中要抓住儿童心理发展的关键期，给予充分、有效的教育和训练，促进婴幼儿心理最优发展。

知识 2：智力性别的差异

(1) 数学能力的性别差异。数学能力是对数学原理和数学符号的理解与运用能力，这种能力主要表现在计算和问题解决上。男生在算术理解、空间关系、抽象推理等方面较占优势。

(2) 言语能力的性别差异。在言语方面，男女也各有优势。女孩言语获得比男孩早，在言语流畅性和读、写、拼等方面占优势，但男孩在言语理解、言语推理以及词汇丰富方面比女孩强。

(3) 空间能力的性别差异。空间能力是体现性别差异最明显的一种能力。在空间知觉和心理旋转测验中，男性明显优于女性；在空间想象力测验中，男女差异不显著。

知识 3：营养性缺铁性贫血的预防

(1) 妊娠后期，孕母需增加含铁丰富的食物或服补血药物。

(2) 坚持母乳喂养，乳儿自出生后 3 个月左右可逐渐加含铁丰富的辅食，如肝泥、菜泥、豆腐、肉糜等，尽早让婴儿适应五谷杂粮的味道。

(3) 2 岁以后的儿童膳食应多选用含铁多的食物，添加适量的铁制剂和维生素 C。维生素 C 可使三价铁还原成二价铁，使铁易溶于水，便于吸收。

(4) 早防早治消化营养紊乱及感染性疾病。

知识 4：神经性习惯

在学前儿童中，神经性习惯，如吮吸手指、咬指甲、拔毛发、习惯性阴部摩擦等都是常见问题行为，与儿童年龄存在一定关系。预防儿童吮吸手指的习惯，关键在于从小培养其良好的习惯，定时定量地进食，饥饱适度，创造良好心理社会环境，提供丰富的玩具和材料，不能采用粗暴的教育手法，恐吓、打骂、涂抹苦味剂等方法也许能纠正部分儿童吮吸手指的行为，但更好的方法是以感兴趣的活动去吸引儿童的注意力，满足儿童的合理需求。学前儿童咬指甲的行为常发生在心理紧张之际，应从消除其心理紧张入手。儿童用手抚弄自己的生殖器，或用其他方式刺激阴部的行为习惯被称为习惯性阴部摩擦。预防习惯性阴部摩擦，关键在于培养儿童良好的生活习惯，保持皮肤清洁和干燥，让儿童养成上床就入睡，醒来就起床的习惯，纠正儿童的睡眠姿势，不要给儿童穿太小太紧的裤子，注意儿童有无寄生虫感染，为儿童安排感兴趣的活动，将其注意力转移到游戏活动中去。

知识 5：我国幼儿园教育目标

我国幼儿园教育目标是“对幼儿实施体、智、德、美等方面全面发展的教育，促进其身心和谐发展”。幼儿园教育目标是完成幼儿园教育任务，提高幼儿园教育质量的重要指导思想，国家通过这一目标对全国幼儿园教育进行领导和调控。幼儿园教育目标是根据教育目的并结合幼儿园教育的性质和特点提出来的。我国幼儿园教育的目标是培养全面发展的幼儿，它体现了我国教育目的的基本精神，并兼顾了幼儿园教育性质和特点。幼儿园教育目标与学校教育目标略有不同，把“体”放在第一位，这是因为，在幼儿阶段，身体的正常发育和机能的健全发展较以后各年龄阶段更为重要的缘故。教育从根本上说就是培养人，所以教育目标是否合理，除了符合社会要求之外，还要看是否符合教育对象的身心发展规律。

知识 6：现代社会对幼儿教育提出的要求

(1) 培养全面素质。从世界学前教育的发展来看，幼儿教育目标从以往的只重视知识的传播转向重视体、智、德、美全面发展。

(2) 重视培养竞争意识、竞争道德、竞争能力。使幼儿从小学会与自己的过去竞争，不断自我完善，不断超越自我，具备与他人竞争的能力和心理素质。

(3) 重视培养幼儿开阔的眼界、宽广的胸怀、开放性的思维习惯。鼓励幼儿认识变化、适应变化、促进变化，为幼儿适应未来变化万千的社会打下基础。

(4) 重视培养创新精神。知识经济时代是以知识为资本、智能为财富，以不断学习、不断创新为基本特征的。学会学习和不断创新将成为未来社会的时代精神。

知识 7：达成良好师幼关系的基本条件和基本做法

师幼关系是指教师和学生在教育教学活动中结成的相互关系，包括彼此所处的地位、作用和态度等。《幼儿园教育指导纲要(试行)》中指出：“要建立良好的师生、伙伴关系，让幼儿在集体生活中感受温暖，心情愉快，形成安全感、信赖感。”“教师的态度和管理方式应有助于形成安全、温馨的心理环境，言行举止应成为幼儿学习的榜样。”师生关系的基本条件有三个：真诚、接纳与信任、深切的了解。达成良好师生关系的基本做法包括：

(1) 帮助幼儿适应环境的变化，消除分离焦虑，积极主动地与幼儿交往。

(2) 对幼儿和幼儿的活动真正关注并感兴趣。

(3) 理解与宽容地对待幼儿的错误。

(4) 帮助幼儿形成良好的同伴关系。

(5) 帮助幼儿摆脱不良行为习惯。实现良好的师生关系的主要责任者是教师与保育员。这些人都必须具有健全的人格和良好的身体，还要具有正确的“爱”的精神。所有幼儿教育工作者团结起来，保教结合、协调一致，才能使儿童身心得到和谐健康的发展。

作　业

1. 理解并记忆 3～6 岁儿童心理发展的主要特征。
2. 如何培养学前儿童的想象力。
3. 如何发展学前儿童的言语能力。
4. 布置一套综合测评试题。
5. 查找并阅读相关的幼儿园教育案例，尝试分析并解决问题。
6. 自选领域，尝试设计一个幼儿园教育活动。
7. 查找并阅读相关的幼儿园教育活动案例，尝试用正确的标准进行评价。

参 考 文 献

[1] 陈幸军. 幼儿园教师教育技能[M]. 北京：人民教育出版社，2009.
[2] 任明，韩燕. 学前教育技能实训与考核指导[M]. 北京：教育科学出版社，2019.
[3] 李兰芳. 幼儿教师教育技能综合训练教程[M]. 上海：复旦大学出版社，2012.
[4] 刘懿. 幼儿园教育活动设计与指导[M]. 北京：人民邮电出版社，2014.
[5] 赵洪. 幼儿园教育活动设计与指导[M]. 北京：北京理工大学出版社，2018.
[6] 黄瑾. 幼儿园教育活动设计与指导[M]. 上海：华东师范大学出版社，2007.
[7] 谭娟，朱凯利. 幼儿园教育活动设计与实施[M]. 西安：西北大学出版社，2014.
[8] 曾彬. 幼儿园课程[M]. 北京：清华大学出版社，2017.
[9] 杨毅. 幼儿园多媒体课件设计与制作[M]. 北京：人民邮电出版社，2017.
[10] 丁名夫，崔素霞. 幼儿园教师课件设计与制作[M]. 北京：中国书籍出版社，2018.
[11] 张永梅. 幼儿教师口语[M]. 北京：清华大学出版社，2016.
[12] 江毅馨. 三笔字[M]. 长沙：湖南师范大学出版社，2018.
[13] 任书东. 幼儿游戏创编与指导[M]. 长沙：湖南师范大学出版社，2013.
[14] 许卓娅. 幼儿园课程理论与实践[M]. 南京：南京师范大学出版社，2002.
[15] 蔡萍，丁卫丽. 幼儿园节日课程[M]. 南京：江苏教育出版社，2010.
[16] 宋文霞，王翠霞. 幼儿园一日生活环节的组织策略[M]. 北京：中国轻工业出版社，2012.
[17] 华夏. 学前儿童音乐教育与活动设计[M]. 北京：北京大学出版社，2017.
[18] 齐颖，梁宇. 学前儿童音乐教育实训指导教程[M]. 北京：北京师范大学出版社，2020.
[19] 王小鹤. 学前教育专业教育实习手册[M]. 郑州：郑州大学出版社，2018.
[20] 余春晓，余巧娟. 幼儿园备课·说课·听课·评课[M]. 北京：中国轻工业出版社，2020.
[21] 伍香平. 幼儿园优秀社会活动设计 65 例[M]. 北京：中国轻工业出版社，2020.
[22] 郭咏梅. 幼儿园优秀语言活动设计 70 例[M]. 北京：中国轻工业出版社，2020.
[23] 董旭花. 幼儿园优秀科学活动设计 88 例[M]. 北京：中国轻工业出版社，2020.
[24] 范惠静. 幼儿园优秀健康活动设计 80 例[M]. 北京：中国轻工业出版社，2019.
[25] 陈学群. 优秀美术活动幼儿园设计 99 例[M]. 北京：中国轻工业出版社，2020.
[26] 廖贵英，张子建. 幼儿园游戏活动实训手册[M]. 上海：复旦大学出版社，2019.